이 말 한마디 듣기 위해
이 세상에 왔노라

이 말 한마디 듣기 위해
이 세상에 왔노라

| 안경애 편집 |

백봉 김기추 거사의 선 이야기

운주사

추천사

보림선원 서울선원에서 백봉거사의 가르침을 펼치고 있는 일심행一心行 안경애 원장은 일찍이 40년 전, 부산대학교 학생시절에, 백봉거사의 보림선원에서 정견正見을 인가받은 화제의 주인공이다. 그 시절에 백봉거사는『금강경』과『유마경』을 교재로 하여 대중에게 매일 저녁 두 시간씩 설법을 강행하고 있었다. 백봉거사의 법문을 열심히 들은 지 채 한 달이 안 된 한 여대생이 홀연히 화두를 타파하여 거사의 인가를 받았었다. 이 사건은 당시 부산 불교계에서는 희유한 뉴스였으며, 화두를 들고 참선공부를 하던 대중들을 놀라게 했었다.

세월이 흘러 백봉거사의 법맥이 두절될 것을 걱정한 제자들이 2011년 가을에 서울 강남에 보림선원을 열고, 일심행을 선원장으로 추대하여 선생의 법문을 홍포하기 시작한 지 벌써 2년이 되었다. 일심행 원장은 백봉 선생님의 법문 중에서 요긴한 것만 추려서 문답형식으로 편집하여 강의하였는데, 이 책은 그동안 강의하고 공부한 내용들을 엮은 것이다.

일찍이 백봉거사의 애제자로서 각별한 지도를 받았던 일심행 원장의 저술이므로, 그 내용에는 한 점의 착오도 없을 것이며, 선생님의 법문 구절마다 적절한 질문을 덧붙여서, 설법을 쉽게 이해하도록 편집한 것이 눈에 띄는 특징이다.

　우리가 배우려고 하는 불교에는 세속제와 승의제가 혼재하므로 공부하기가 쉽지 않다. 특히 처음 입문하는 불자들은 제대로 불법의 요체를 배우기가 지극히 어려운 것이 우리나라의 실정이다. 화두를 가지고 참선하는 불자들도 기본 경전을 배우지 않고 간화선에만 몰두하다보면 십년공부가 도로徒勞에 그치는 경우가 허다하다. 이러한 불자들에게 이 책은 좋은 길잡이가 될 내용을 싣고 있다. 단시간에 정견을 터득하고자 하는 불자라면 한 번 읽어볼 만하며, 이 책을 통하여 마음에 대한 이해가 한층 더 깊어지리라고 본다. 이런 귀중한 법문을 담은 책을 추천하는 글을 쓰게 된 것을 다행으로 생각하며 간단한 추천사로 저자의 그동안의 노고에 찬사를 드린다.

야청 황정원

머리말

앨범을 꺼내 사진을 봅니다.

1976년에 백봉 선생님과 어른 도반님들, 그리고 20대의 도반들과 함께 찍은 사진입니다.

대학 3학년 때 선생님을 뵙고 공부하던 때가 엊그제 같은데, 선생님과 어른 도반님들의 육신은 이 세상에 계시지 않고, 청년이던 20대 세 사람은 서리 내린 머리와 함께 할머니가 되어 있습니다. 이처럼 변한다는 사실은 너무나 분명하고 확실해서 모두들 잘 알고 있을 것 같지만, 실제로는 실감이 잘 오지 않는 부분입니다.

스승의 법문에 감히 손을 대어 문답식으로 편집한 것은 선생님의 법문을 좀 더 쉽게 이해하고 널리 전하고자 하는 단순한 소망에서 비롯되었습니다. 2009년 겨울, 그 소망을 선배 도반들과 상의하여 허락받았고, 2011년 봄에 초고를 완성하였습니다. 그리고 그해 10월 강남 선릉에 개원한 보림선원 서울선원에서 도반들과 함께 공부하면서 다시 정리하여 출판까지 하게 되었습니다.

여기에 실린 내용은 선생님의 법문 중에서 요긴하다고 생각되는 부분들을 발췌하여 학인들이 정견을 세우는 데 도움이 되고

자 문답식으로 편집한 것입니다. 이 책을 읽어 가는 독자들이 스스로 대화의 주체가 되어 참여한다면 더욱 내용을 잘 이해하면서 즐겁게 읽을 수 있을 것입니다. 한편, 법문의 생동감을 그대로 전하기 위해 가능하면 구어체 문투를 살리되, 요즘 사람들이 이해하기 어려운 어법이나 사투리 등은 일부 수정하였습니다.

한국의 현대불교를 새롭게 밝힌 백봉 김기추 선생님은 57세에 깨달음을 얻고, 78세에 입적하실 때까지 재가자와 청년 불자를 위하여 부처님의 정법을 널리 전하셨습니다.

선생님은 학인들의 올바른 안목을 틔워 주기 위해서 철저한 당신 살림살이와, 독창적이면서 분명하고 명쾌한 선지禪旨로 열정적인 사자후를 토해 내셨습니다. 세간과 타협하지 않되 세간을 끌어안으면서 자비와 열정으로 정법수호의 오롯한 길을 가셨고, 스승이란 무엇인가를 보여주셨습니다. 처음 선생님을 뵈었을 때 들은 "죽어도 내가 죽고 살아도 내가 산다"는 우레와 같은 말씀이 지금도 생생합니다.

백봉 선생님의 법문은 다음과 같은 특색을 가지고 있습니다.

첫째, 자성개발自性開發의 강조입니다. 학인들이 허공성虛空性의 이치를 깨쳐서 자성을 되밝힐 수 있도록, 모습이 없는 허공을 비유로 수많은 허공법문을 하였습니다. 방편으로 내세운 '허공으로서의 나'의 허공은, 허공의 성품, 즉 허공성을 가리킵니다. 허공성, 즉 절대성·평등성 자리에 앉아서 되돌아 허공성인 일체 만법을 굴리는 것을 설파하였습니다.

"전부 허공성 놀음이야. 난 허공성을 주로 해서 가는 사람이여. '나는 허공성이다' 이거 하나에요. 이거 내 살림이에요. 허공성 이 것이 내 주인공, 바로 나야. 그 이외에 나타나고 하는 것은 전부 가짜여. 가짜 놀이 하는 데 우리는 들어가지 말자 이거여. 이 공부를 하려면 전부 허공성이라는 것이 바탕이 되어야 돼."

둘째, 요즘 시대에 알맞은 새로운 수행 방편인 거사풍과 새말귀(新話頭)를 주창함으로써 현대의 많은 사람들이 대도에 들어올 수 있는 길을 열어놓았습니다.

거사풍은 재가자들이 가정과 생업을 지켜가는 바쁜 세간살이 가운데서도 올바른 수단방편으로 깨달음을 얻을 수 있는 길이며, 새말귀는 내가 바로 부처인 도리를 알아서, 부처임을 깊이 믿고 결정하여 부처행을 하는 수행법입니다. 즉 밥 먹고 일하는 것이 모두 견성의 도리가 되는 것입니다.

선생님은 산업과 과학이 발달한 현대에는 예전과 공부 방편이 달라져야 하고, 특히 전체 중생들을 제도하려면 화두 방편이 바뀌어져야 한다고 강조하셨습니다. 많은 사람들이 이 시대에 알맞은 새로운 공부 방편을 갈망하고 있는 이때, 40여 년 전에 새말귀를 주창한 점은 놀라운 일입니다.

셋째, 경이나 어록의 문자풀이가 아니라 철저한 당신의 살림살이로 독특하고 창의적인 말과 방편들을 자유자재로 사용하였으며, 일반인들은 선 도리에 접근하기 어렵다는 고정관념을 부수어 알아듣기 쉽게 설법하였을 뿐만 아니라, 될 수 있으면 한글로 표현하였습니다. 따라서 법문이 생생하고 살아 꿈틀거리며 분명하고 명쾌하여 40년 전이나 지금이나 항상 새롭고 감동적입니다.

넷째, 학인들이 먼저 정견正見을 세우고, 아무리 작은 것이라도 자기 살림살이 가지는 것을 매우 중요하게 여겼으며, 그 정견을 바탕으로 행으로 옮기는 것을 당부하고 또 당부하였습니다.

이 책은 저의 짧은 소견으로 편집되었으니 모든 불찰은 저에게 책임이 있습니다. 지금 이 순간에도 자신의 등불을 밝히기 위해 정진하고 계시는 눈밝은 이들의 지도와 편달을 바랍니다. 아울러 오늘날 백봉 선생님의 가르침이 온전히 전해질 수 있도록, 그리고 이렇게 책으로 출판될 수 있도록 물심양면으로 애써 주신 보림선원의 모든 선후배 도반님들과 운주사에 감사드립니다.

부처님의 정법과 백봉 선생님이 주창하신 새로운 공부방편인 거사풍과 새말귀가 널리 전법되어, 모든 이들이 참면목을 하루속히 되밝히고, 자유로운 삶의 주인으로서 모든 생명들과 더불어 건강하고 따뜻하고 행복한 세상을 이루어 갈 수 있도록 서원합니다.

백만자성등이 환하게 밝혀지이다.

2013. 9.
一心行 안경애 합장

추천사 5
머리말 7

첫째 마디

공부의 윤곽과 바탕 15
◀ 공부의 윤곽과 바탕 _15 ◀ 선이란 무엇인가? _23
◀ 상대성은 절대성의 굴림새 _32

몸뚱이는 무정물이다 38
◀ 수술 법문 _38
◀ 몸뚱이는 소유물이 아니라 관리물이다 _43
◀ 몸뚱이는 성품이 없다 _46 ◀ 진짜 내 몸 _50

허공은 모습이 없다 57
◀ 허공법문 _57 ◀ 허공은 시간과 공간이 끊어졌다 _58
◀ 허공은 변할 것이 없다 _70 ◀ 허공과 성품은 둘이 아니다 _76

허공으로서의 나 85
◀ 타이어 법문 85 ◀ 허공으로서의 나 88

둘째 마디

일체 만법 허공성 109
◀ 듯 _109 ◀ 청정본심淸淨本心; 해말쑥한 마음 _127
◀ 동정일여動靜一如 거래본적去來本寂 _131
◀ 일체 만법一切萬法 허공성虛空性 _142

진짜 공덕행功德行　160

업과 참회　176

견성　184

셋째 마디

거사풍居士風을 세운다　209

새말귀　219
- 새말귀 _219
- 새말귀를 가지는 바탕 _233
- 새말귀 실제수행 _241
- 비명비암非明非暗과 공적체空寂體 _252

색신과 법신은 둘이 아니다　280

삼매정중三昧定中에서 한 생각을 나툰다　284

성태聖胎를 기른다　295

넷째 마디

공부의 마음 가짐새　317
- 빠르고 느림이 없다 _317
- 단멸斷滅이 아니다 _342

부록 예불송　351

이 말 한마디
듣기 위해
이 세상에 왔노라

첫째 마디

공부의 윤곽과 바탕

◀ 공부의 윤곽과 바탕 ▶

—— 선생님, 공부를 시작하려면 제일 먼저 어떻게 해야 합니까?

백봉 우리가 상승설법上乘說法을 들어서 이해하기 어렵다 하더라도 윤곽만 잡을 수 있다면 다행으로 알아야 합니다. 윤곽만 잡아 놓으면 팔진미의 밥상을 받아놓은 거나 한가지예요.

—— 그게 무슨 말씀인지요?

백봉 언제 되어도 되는 거예요. 언제 먹어도 밥은 내가 다 먹기 마련이에요. 그러니 인연관계나 업연관계 등 여러 가지 문제로 어렵다 하더라도 하루속히 윤곽을 잡도록 합시다.

—— 공부의 윤곽을 잡는다는 말씀은 처음 듣습니다. 공부의 윤곽을

　　　　잡는다는 것이 무슨 말입니까?

백봉　공부의 윤곽을 잡는 것은 그리 어렵지 않습니다. '허공으로서의 나'라고 생각하면 그만이에요.

—— 예? '허공으로서의 나'라고요?

백봉　물론 처음 듣는 사람들은 무슨 말인지 모르겠지만 '몸뚱이도 허공성虛空性, 생각하는 슬기 자리도 허공성, 산하대지도 허공성, 태양도 허공성'이라고 하는 말이 그 말입니다.

—— 허공성이요?

백봉　앞으로 설법을 쭉 듣는다면 몸뚱이도 허공성이고, 밉다 곱다, 좋다 나쁘다 생각하는 자리도 허공성이라는 걸 알게 돼요. 그런데 알아도 실감이 잘 안 나.

—— 실감이 나지 않는 이유가 무엇입니까?

백봉　'몸뚱이가 나다' 하는 그릇된 생각 때문에 그렇습니다. 몸뚱이가 내 소유물이 아니고 관리물이라고 해도 누가 가져가는 거 아니고, 또 내 소유물이라고 해도 죽을 때 되면 죽지 별 수 있나요? 그런데 몸뚱이를 진짜로 알기 때문에 결정이 딱 안 되는 겁니다.

—— 몸뚱이가 내가 아니라고요? 몸뚱이가 진짜 내가 아닙니까? '몸뚱이가 내 소유물이 아니고 관리물이다'라는 말씀도 처음 듣는 말입니다.

백봉　언제나 몸뚱이는 가짜인 줄만 아세요. 몸뚱이가 가짜인 줄만 알면 나중에 '가짜 중에서 진짜'를 찾아낼 수 있습니다. 그때 가야 비로소 공부가 됩니다. 그 전까지는 공부가 잘 안 됩니다.

— 몸뚱이가 가짜라는 말씀도 어리둥절하지만 '몸뚱이가 가짜인 줄 알아야 가짜 중에서 진짜를 찾을 수 있다. 그 전까지는 공부가 잘 안 된다'고 하시니 더욱 당황스럽습니다.

백봉 일초직입一超直入해서 여래땅(如來地)에 들어가는 법도 있지만 초학자로서는 윤곽을 잡을 줄 알아야 합니다.

무엇을 외우는 것을 공부로 삼지 마세요. 많이 듣는 것을 공부로 삼지 마세요. 차분하게 마음이 가라앉아서 나라고 하는 아만상我慢相이 없어져야 합니다. 내가 아닌 걸 '나다' 하는 거, 실은 아무것도 아닙니다. 사실 몸속에 똥밖에 안 들었어, 다른 무엇이 있나요?

— 선생님 말씀이 이해가 잘 안 됩니다.

백봉 마음자리 하나 알기 위해서 우리가 공부하고 참선하고 염불하는 겁니다. 다른 거 아닙니다.

— 그런데 마음자리 알기가 매우 어렵지 않습니까?

백봉 참말로 어렵느냐? 사실 어렵다면 어렵습니다. 왜냐하면 우리가 마음을 잘못 가지기 때문에 어려운 겁니다. 허공을 찾는 사람도, 허공을 버리려고 하는 사람도 다 어리석은 것과 같이.

이 공부는 공부를 하기 위한 공부가 아니라 안 하는 공부를 하는 겁니다. 아는 지식을 전부 버려버리는 겁니다. 그러니까 안 하는 공부를 하는 거예요.

— 안 하는 공부를 어떻게 하는 것입니까?

백봉 인연因緣에 따라서 법연法緣에 따라서 낮도 되고 밤도 되는데, 내가 전부 다 받아들일 수 있는 거예요. 내가 다 받아들일 수 있는 그 자리가 얼마나 소중합니까? 받아들이고 안 받아들이는 것은 여러분 자신들입니다. 그 자리 고귀한 자리입니다. 그 자리는 절대의 자리입니다. 그 자리가 무서운 자리입니다. 그 자리가 나는 걸 받아들이고 죽는 걸 받아들이는 겁니다. 났다 죽었다 하는 것은 인생의 권리 행사입니다.

—— 예? 나는 것도 권리 행사고 죽는 것도 권리 행사라고요?

백봉 나는 것도 나의 권리 행사고 죽는 것도 나의 권리 행사입니다. 물론 실다운 것이 아니고 환상놀이지만. 환상놀이를 함으로써 인간 생활을 엮어가는 것이거든요. 아무것도 모르는 사람들은 부모가 낳았다고 하지요.

—— 모든 사람들은 부모님이 낳지 않았습니까?

백봉 본래 그 자리를 탁 알아버리면 나고 죽는 것이 전부 권리 행사라 장난에 지나지 않습니다. 그 자리가 바로 진심 자리라. 진심 자리를 알면 그 자리는 그대로 명확하게 드러날 뿐입니다.

공부를 지어 나갈 수 있는 바탕은 첫째도 슬기고, 둘째도 슬기고, 셋째도 슬기입니다. 이것을 확실히 알아야 됩니다.『금강경』에 부처님께서 "삼천대천세계에 가득한 칠보로 보시하면 그 공이 크다 하더라도 금강경에 있는 사구게 읽은 공덕을 못 당한다"고 말씀하셨습니다.

—— 그 이유가 무엇입니까?

백봉 삼천대천세계에 가득한 칠보라 해도 이건 모습이거든. 금·은·보화 같은 거, 공덕이 크지요. 하지만 『금강경』의 사구게四句偈를 외우고 그대로 행하면서 남에게 말해 주는 그 공덕만 못하다고 했어요. 부처님을 거짓말쟁이라고 우리가 말할 수도 있어요. 나중에 죄를 받든 안 받든…… 그러나 우리 불자로서는 부처님의 말씀을 거부할 수 없거든요.

── 부처님의 말씀을 거부할 수 없는 이유가 무엇입니까?

백봉 도리에 딱 맞단 말이에요. 이理와 사事가 딱 맞아.

"삼천대천세계에 가득한 칠보 보시", 이거 헛된 거 아니에요? 사구게, 그건 벌써 자성을 개발하는 것이거든요. 이것이 진짜입니다.

그 다음에 "항하사 모래 수의 몸을 사루어", 항하사 모래 수의 몸도 한정이 없지만 세포니 뭣이니 계산한다면 상상할 수도 없을 거예요.

── 예, 상상할 수 없는 숫자입니다.

백봉 아침에 항하사 모래 수의 몸을 사루어서 부처님께 공양해. 낮에 항하사 모래 수의 몸을 사루어서 부처님께 공양해. 저녁에 항하사 모래 수의 몸을 사루어서 부처님께 공양한다 하더라도 『금강경』에 있는 사구게를 읽는 공덕만 못하다고 했어요.

이거 여러분들이 아시는 거예요. 그런데 이걸 읽으면서도 모습놀이를 해. "너희가 나를 볼 때 빛깔이나 소리로 보면 사도를 행하는 거야" 이런 말씀도 하셨고, "칠보탑을 쌓아 올려도 밥 한 숟가락 뜨는 사이에 마음을 가라앉히는 공덕만 못하다"고도 했어요.

곳곳에서 이렇게 말씀해 놓았어요.

자기 자신이 바로 해말쑥한 법신이란 걸 확신해야 된다는 거예요. '모습놀이는 안 된다!' 그렇다면 우리 불자들은 이걸 믿어야 되지 않겠어요? 항하사 모래 수의 몸을 사루어서 부처님께 아침에도 공양하고 낮에도 공양하고 저녁에도 공양하고는 '부처님 나 살려주소' 이런 공덕을 천년만년 지어도, 단 한 식경만이라도 내 마음 가라앉히는 공덕보다 못하다는 거예요. 마음을 탁 가라앉힌 이 공덕이 그 공덕보다 몇십 배 몇백 배 몇천 배 낫단 말이 그 말입니다. 이거 여러분들 오늘부터 딱 결정해야 됩니다.

여기서 한 가지 더 구체적으로 얘기한다면, 내가 모습놀이를 해서 그 가피력으로 좋은 복덕을 받았다고 가정합시다. 또 염불하거나 송경誦經해서 광명이 나타나고 부처님이 나타났다고 한다면, 그것을 아는 놈은 누구인가요? 내가 아는 거 아니에요?

— 예, 그렇습니다.

백봉 설혹 부처님이 나타났다고 하더라도 아는 놈이 없으면 어떻게 그걸 알 거요? 광명이 나타났어. 이것을 아는 놈은 누구인가요? 법을 알려면 참말로 알아야 됩니다. 거짓으로 아는 것은 모르는 것만 같지 못합니다.

요즈음 대개 보면 절에 가서 절 잘하고 염불 잘하는 걸 보고 대보살로 칭하는데, 그거는 사도 중의 사도예요. 이거는 내가 서울서도 말하고 늘 말하고 있습니다. 그러나 어리석은 사람들은 못 알아듣거든. 무슨 말인지 못 알아들어.

── 그런데 저도 무슨 말씀인지 못 알아듣겠습니다.

백봉 　그러니까 아는 놈은 누구인가요?
── 예, 내가 압니다.
백봉 　아는 건 내가 알거든. 물론 염불을 하면 부처님의 환상이 나타나. 그 환상은 내가 만든 거예요. 또 광명도 나타나. 그것도 내가 만든 것이거든.
── 예? 그것을 내가 만든다고요?
백봉 　만약 내가 만든 걸 내가 만들지 않았다고 가정하더라도 그걸 아는 놈은 내가 아닌가? 나를 빼놓고 어떻게 내가 아느냐? 그 말이에요. 여기 부처님이 있고 내가 있는데, 아는 놈이 있어야지. 아는 놈이 절대 아닌가요?
── 선생님 말씀이 조금 이해됩니다.

백봉 　우리가 이렇게 따져 들어가야 됩니다. '사실을 사실대로 알자' 이거 아니에요? 다른 거 없어요. 그러니까 잘나나 못나나 잘나면 잘남으로서의 절대의 내 존재, 못나면 못남으로서의 절대의 내 존재입니다. 물론 이 살덩어리, 고깃덩어리 이것이 절대가 아니라, 이 고깃덩어리를 굴리고 다니는 이 자리가 절대의 존재거든. 이걸 여러분들이 확고하게 알아야 됩니다. 불교 공부라는 건 다른 공부하고 달라서 모든 지식, 세간에서 이렇다 저렇다 하는 지식을 모두 버리는 공부거든요.
── 모든 지식을 버리면 어떻게 됩니까?

백봉 바로 본래의 지혜가, 해말쑥(淸淨)한 지혜가 나타납니다. 그러니까 이 자리를 우리가 깨쳐 알자는 것이에요.

우리가 부처님의 가피력을 (상대적으로 차별 현상, 즉 상대성을 무시하는 법이 아닙니다) 바라고 있습니다만, 가피력도 보통 사람들의 가피력과 문제가 다르죠. 근본적으로 환히 아는 자리에서 우리가 한 번씩 해보는 얘기입니다.

── 선생님의 말씀이 이해는 되나 아직 어리벙벙합니다.

백봉 여러분들의 몸뚱이를 끌고 다니는 이 자리는 너무 익숙해. 허공이 너무 익숙해. 허공이 너무 익숙하기 때문에 허공을 무시해 버려. 여러분의 몸뚱이를 끌고 다니는 부처 자리, 깨달은 그 자리가 너무 익숙하기 때문에 여러분들이 무시할 따름이에요. 이걸 여러분들이 잊어서는 안 됩니다.

여러분들이 이 자리에 인생 문제를 해결할 각오와 다짐을 하고 오지 않았다면 앞으로의 설법에 지장이 있습니다. 모릅니다. 알 듯 말 듯 하고 있는 거예요.

자! 공부하는데 돌아가지 맙시다! 바로 직행합시다! 직행한 사람도 많습니다. 허공이 어디 있습니까? 잡으려 해도 없고, 피하려 해도 피할 수 없고, 가도 가도 끝없는 허공이니까, 도대체 어느 허공인고?

나중에는 '이 자리구나! 찾으려 한 것도 전부 헛거로구나! 버리려 하는 것도 전부 헛거로구나!' 합니다. 마음 찾으려는 것도, 마음 버리려는 것도, 탐진치 버리려는 것도, 사량 분별 망상 버리려는 것도 전부 헛것입니다.

── 그러면 어찌 하면 되겠습니까?

백봉 이건 인간 절대에 속한 문제입니다. 지구를 다 준다 하더라도 이 것부터 먼저 가져야 됩니다. 이거는 영원에 속하는 문제이기 때문에 그렇습니다. 우리가 공부하는데 어떻든지 올바른 방편을 가질 수만 있다면 이런 다행이 없습니다. 하니까 우리는 이제 직행 버스를 타고 가도록 노력합시다. 길은 나왔죠? 그 길로만 다니면 됩니다.

── 예, 선생님 명심하겠습니다.

◆ 선이란 무엇인가? ◆

── 선생님, 우리가 어떻게 해야 마음자리를 밝힐 수 있겠습니까?

백봉 첫째도, 둘째도, 셋째도 선 도리禪道理 이외에는 없습니다.

── 선禪이란 무엇입니까?

백봉 선이란 우리의 본래의 말쑥한 성품을 그대로 드러내는 거예요.

── 그런데 우리가 본래의 말쑥한 성품을 그대로 드러내지 못하는 이유가 무엇입니까?

백봉 우리는 사량 분별 때문에, 그리고 이 몸뚱이 가죽 주머니에 대한 애착 때문에 이걸 여의질 못해. 그래서 우리는 전부 이걸 위해서 살아.

── 그러면 우리의 본래의 말쑥한 성품을 드러내기 위해서 어떻게 해야 합니까?

백봉 우리는 이 몸뚱이가 헛것임을 알아야 돼. 그렇다고 이걸 무시하라는 건 아니지만. 몸뚱이에 주저앉지 아니하고 다른 경계에도 주저앉지 아니하면 말쑥하게 되지 말라고 해도 저절로 말쑥하게 되는 거예요.

말쑥하게 되기 위한 하나의 방편을 선이라고 할 수 있어요. 다시 말해서 선이란 여러분이 가지고 있는 슬기, 그 슬기를 닦는 거예요. 슬기 자리를 캐내는 거예요.

슬기는 얻는 데 있는 것이 아니라 전부 놓는 데 있습니다.

── 무엇을 놓습니까?

백봉 '사량 분별을 전부 놓아버려라', 이 말이에요.

── 사량 분별이란 무엇입니까?

백봉 사량 분별이란 '이건 이렇구나, 저건 저렇구나' 분별하는 것이에요.

── 무엇 때문에 사량 분별을 놓아버려야 됩니까?

백봉 우리의 마음은 경계에 따라서 마음이 일어나거든. 경계란 헛것이거든. 헛것인 경계에 따라서 마음이 일어나니까 그 헛것에서 일어난 마음도 헛마음이란 말이죠. 진짜 마음이 아니거든. 그걸 망심妄心이라 하는데, '망심을 놓으라', '분별을 놓으라' 이 말이에요. 얻는 것이 아니라.

―― 그런데 선생님, 우리가 가지고 있는 슬기란 본래 말쑥한 거 아닙니까?

백봉 여러분이 가지고 있는 슬기가 사량 분별 때문에 지금 전부 어두워졌거든. 흐려졌어. 구정물처럼 되어 있거든. 그러나 사량 분별을 싹 걷어내면 그만 말쑥한 것만 남아.

―― 그러면 슬기를 캐내려면 어떻게 해야 합니까?

백봉 슬기를 캐내는 데는 가라앉은 마음이 필요해요.

가라앉은 마음, 한문으로 정할 정定자, 나는 '가라앉는다'라고 했어요. 마음을 가라앉혀 버려. 사량 분별을 안 해. 이것이 선이에요. 다른 거 아니에요. 본래의 슬기를 증득하는 데의 수단과 방편이 마음을 가라앉히는 것이거든요. 이것이 바로 선이에요.

―― 선생님, 마음을 가라앉히려면 어떻게 해야 됩니까?

백봉 어떤 사람들은 '가만히 앉아 있는 것만이 선이다' 이렇게 생각하고 있습니다. 절대로 그것이 아닙니다. 그러나 앉는 것이 선 아닌 것도 아니에요. 앉는 것도 선이라 앉을 땐 또 앉아야 돼요.

행주좌와行住坐臥를 통해서 내가 경계에 머물지 않는 것이 내 마음 가라앉히는 거예요. 경계에 머물지 않음은 분별이 없는 것이거든. 이것이 내 마음 가라앉히는 거예요. 그것이 선이에요.

『금강경』에 부처님께서 "행주좌와, 다니고 머물고 앉고 눕는 것이 전부 선이다" 이러셨는데 이걸 여러분들이 꼭 알아야 됩니다.

―― 예, 명심하겠습니다. 선생님.

백봉 솔직한 말로 요즈음 아무것도 지도할 줄 모르는 사람들을 보면 아침부터 저녁때까지 하루 종일 앉아 있는 걸 공부 잘 한다고 하지요. 그거 모르고 하는 말이여.

── 그렇지만 선을 한다고 하면 주로 앉아서 하는 거 아닙니까?

백봉 세상에 앉은뱅이 부처가 어디 있나요? 앉을 줄도 알아야 되고, 걸어 다닐 줄도 알아야 되고, 누울 줄도 알아야 돼. 이렇게 하면서도 모든 경계에 휘둘리지 않아, 좋다 나쁘다 하는 데 휘둘리지 않아.

── 경계에 머물지 않고 경계에 휘둘리지 않으려면 어떻게 해야 합니까?

백봉 내가 여러분들에게 방편으로 '보아도 봄이 없이 보고, 들어도 들음이 없이 들어야 한다'고 하는 말이 그 말이에요. 보아도 봄이 없이 봐, 들어도 들음이 없이 들어. 그러면 나의 성품이 말쑥할 거 아니에요? 이것이 진짜 선이에요.

예전 어른들은 어떻게 하셨느냐? 부처님 십대 제자 중 한 명인 사리자가 조용한 곳을 찾아가서 나무 밑에 앉았어. 유마거사가 야단하셨어. "앉는 것만이 선이 아니다."

"모든 행동을 그대로 하면서도 산하대지에 머물지 않아야 한다"고 말씀하시지 않았어요?

또 회양선사 같은 분은 "이놈아! 앉은뱅이 부처가 어디 있느냐?"고 야단치신 일이 있잖아요? 육조대사도 그랬거든요.

그런데 아무것도 모르는 사람들은 가만히 앉아 있으면 공부 참 잘 한다고 하지요.

── 그렇지만 선생님, 바쁘게 돌아가는 일상생활 가운데서 공부한다는 것이 가능할까요? 그래도 앉아야 되지 않을까요? 그런데 앉을 시간을 내지 못하니 우리 같은 세간 사람들이 공부할 수 있을까요?

백봉 그러니까 '아이고, 나는 시간이 없어서 앉지 못한다', 절대로 이렇게 한탄하지 마세요. 그렇게 생각하는 사람들 참 많아요. 그리고 어떤 사람들은 선하는 걸 꼭 앉는 것만이 선이라고 생각하고 있거든. 그건 큰일 납니다.

우리가 앉는 것만이 선이라는 관념, 이거 완전히 부수어야 돼요. 이건 내 말이 아니고, 부처님 말씀이에요. 예전에 유마거사도 그렇게 말씀하셨고, 회양선사도 그러셨고, 육조대사도 다 그랬습니다. 야단났습니다. 앉기만 앉으면 야단납니다.

하지만 앉는 것도 좋아요. 저녁때는 앉아야죠. 저녁때는 일을 안 하잖아요. 밤엔 앉고 낮엔 일을 해야지요. 우리가 앉은뱅이 부처 되려는 것은 아니거든.

── 그러면 앉을 때 어떻게 앉아야 됩니까?

백봉 앉을 때 '말쑥한 나의 성품을 보기 위해서 내가 앉았다'라고 생각해요. 예불송의 십물계에 '선의 새김을 세우지 말라(勿入禪想)'는 말이 이 말이에요. '나는 선을 한다. 나는 아침부터 저녁까지 선을 한다'라고 하는 이 사람이 어디로 가든지 나름대로 별별 생각 다 하면, 그건 종일 아니라 십년 앉아본들 소용없어.

여러분들 가만히 생각해 보세요. 지금 현재 여러분이 가지고 있는 당장의 마음, 이 말쑥한 자리가 분별 때문에 말쑥한 자리가 나타나지 않았을 뿐이지, 만약 여러분들이 분별을 딱 쉬면 당장의 마음 그대로가 내 성품이에요. 당장의 마음이 지견도 일으키는 마음이거든. 이 마음을 딱 증득하는 것이 진짜 선이에요. 우리가 무엇을 하든지 '나'라는 것을 놓치지 않아야 해. 당장의 마음을 놓치지 않아야 해.

─ 당장의 마음이 무엇입니까?

백봉 지금 현재 여러분들이 가지고 있는 마음, 당장의 마음. 과거의 마음도 아니고 미래의 마음도 아니고 지금 당장의 마음. 지금 내 말을 듣는 그 마음. 내 얼굴을 보는 그 마음이에요.

지금 여러분들이 나다, 너다 하는 것도 전부 눈이라는 기관, 코라는 기관, 귀라는 기관으로, 생각하는 대로 닿질리는 대로 이런 생각 저런 생각으로 행하는 거 전부 헛거예요. 그걸 하긴 해야 돼요. 안 하면 안 돼. 하긴 하는데 '이건 헛거다!'라는 생각을 가지고, 언제나 눈에 안 보이는 내 마음의 당처, 당장의 마음을 그대로 쭉 놓치지 않는 것이 진짜 선이라는 걸 알아야 됩니다.

─ 선생님 말씀이 어렵습니다.

백봉 여러분 가만히 생각해 보세요. 좋은 건 좋은 것대로 설법이고, 나쁜 건 나쁜 것대로 설법이에요. '이렇게 하니 이렇게 된다. 그렇게 하니 그렇게 되는구나.' 이거 설법 아니에요?

─ 글쎄요, 그런 것도 설법이라 할 수 있겠습니까?

백봉   내 눈에 비치는 것이 이러하니까 좋다. 내 기분도 좋아. 또 나쁜 것이나 고생하거나 죽는 걸 보면 내 마음이 안됐어. 그거 설법 아니에요?

── 그러면 세상살이 전부가 다 설법이란 말씀입니까?

백봉   어느 곳이 도량 아닌 곳이 없고, 어느 것이 공부 아닌 것이 없거든. 저 『벽오동』에 있죠? "정결한 도량은 어디에 있는고? 전삼삼前三三이요 후삼삼後三三이로구나. 앞도 셋셋 뒤도 셋셋" 노래 부른 거예요. 이렇게 하면 대강 알겠죠? 내가 지금 앞도 셋셋 뒤도 셋셋에서 다 말해 버렸어. 뜻만 말하지 않았을 뿐이에요. 그러니까 여러분들이 스스로가 '옳지!' 하고 이걸 깨쳐야 돼. 이것이 설법이고 공부예요. 진짜 선이에요, 진짜 선. 이걸 여러분들이 알아야 됩니다. 일체처一切處가 다 선이라는 거 알아야 되거든요.

── 선생님께서 일체처가 다 선이라고 하시지만, 어떻게 해야 선을 할 수 있는지 잘 모르겠습니다. 알아듣기 쉽게 설명해 주십시오.

백봉   우리가 알아듣기 쉽고 행하기 쉬운 것은 그저 머물지 않아야 돼. 누군가 와서 "야! 이 도둑놈아!" 하더라도 그 안에 머물지 않아야 돼. '아, 저놈 못 배웠구나, 가죽 주머니 행실이 그렇구나'라고만 할 뿐이지. 누가 와서 좋다 하더라도 거기에 머물지 않아야 돼. 좋다 하면 거기에 머물러서 내 심성이 동요된단 말이여. 움직인단 말이여. 움직이면 안 되거든.

── 예, 알겠습니다.

백봉 여러분이 어디 가서 설법을 들을 때 선 도리로 들어야 됩니다.

── 선 도리로 설법을 듣는다는 것은 어떻게 듣는 것입니까?

백봉 설법을 들어서 내가 분별하면 돼요. '이 사람은 이것을 교학적敎學的으로 말하는구나. 이 사람은 이승 도리二乘道理로 말하는구나.' 그걸 딱 알아서 설법을 들으면, 바로 선 도리가 돼 버리는 거라. '내가 이 말을 듣고 있다. 내가 지금 듣고 있다.' 이러면 남이야 이승 도리로 말을 하든지 선 도리로 말을 하든지 되돌아서 그것이 전부 선 도리가 돼 버려요.

── 그러면 설법을 듣는 것이 바로 선이 된다는 말씀인가요?

백봉 그렇지. 그러면 벌써 설법을 듣는 것이 아니라, 설법을 듣는 그 자체 '내가 설법을 듣고 있다. 가죽 주머니가 듣는 것이 아니고 내 법신이 듣고 있다.' 이런 생각을 가져서 이승 도리를 딱 분별하면 그것이 바로 선이거든.

── 그러면 세간살이에 바쁜 저희들도 공부할 수도 있을 것 같습니다만……

백봉 어떤 사람들은 '아이고, 나는 바빠서 공부 못 한다'고들 하지. 물론 처음에 이 정도라도 알려면 시일이 좀 걸리겠지요. 시간도 필요하겠지요. 하지만 여러분들처럼 이런 걸 알면 시간에 절대로 구애받지 않아요.

── 예, 그럴 수 있을 것 같습니다.

백봉 소를 죽이는 도살장 그 자리가 바로 도량이에요. 이거 확신 가져야 됩니다. 여러분! 좌우간 내가 중요하게 말하고자 하는 것은, 설법을 들어도 선 도리로 들으면 바로 여러분들이 선을 하고 있어요. 현재 선을 하고 있는 거예요. 그러니 설법이라는 건 선 도리라야 한다는 말이 있잖아요?

그러니 여러분이 앞으로 설법을 듣는다 해도 반드시 선 도리의 설법을 들어야 됩니다. 선 도리의 설법을 듣는 것이 그만 그대로 바로 선이에요. 가만히 생각해 봐요. 그걸 어떻게 생각하는고?

── 그렇게 될 것 같습니다.

백봉 만약 교학만 아는 사람은 교학적으로 설법을 하게 돼. 선 도리로 설법이 안 되거든. 교학적으로 하는 설법을 들으면 그거 교학이거든. 선 도리가 아니고. 그러기 때문에 나는 단언합니다. 불서라도 선 도리로 쓴 책을 보는 사람은 선을 하는 거예요. 교학적으로 쓴 것은 교학이에요. 설법을 들어도 선 도리로 하는 설법을 들으면 설법 듣는 그 자체가 바로 선이에요. 만약 선 도리를 모르고 교학적으로 하면 그건 바로 교학이죠.

── 무엇 때문에 그렇습니까?

백봉 행주좌와 전부 선이거든. 말을 듣고 주고받고 하는 것이 전부 선 아니에요? 이해 가는가?

── 예, 이해됩니다.

백봉 전부 선이거든.

── 예, 선생님 명심하겠습니다.

◀ 상대성은 절대성의 굴림새 ▶

백봉 자, 우리 생각해 봅시다. '차가 있으니 차라는 마음이 생겼다', 언뜻 들으면 그 말이 맞는 것 같습니다.

── 그 말이 맞지 않습니까? 무엇이 있어야 마음이 생기지 않습니까? 아무것도 없으면 어떻게 마음이 생깁니까?

백봉 중생들이 다 그렇게 생각하고 있습니다. 경계에 닿질려서 일어나는 마음을 내 마음이라고 생각하고 있습니다. 이거 상대성인데 상대성이라는 걸 몰랐어요. 다시 말하자면 물건 밖의 물건을 볼 줄 알고, 마음 밖의 마음을 볼 줄 알아야 되는데 몰랐거든.

── 물건 밖의 물건, 마음 밖의 마음을 어떻게 봅니까?

백봉 절대성絶對性 자리를 몰랐기 때문에 상대성相對性에 딱 붙들려 매놓은 거예요. 이거는 내 말보다 여러분 자신들이 잘 알 겁니다. 상대성, 전부 상대성입니다. 그런데 상대성은 '변한다'는 도리를 몰랐어. 다시 말하자면 '옷이 있기 때문에 옷이란 마음이 생겼다' 이러거든. 하지만 경계에 닿질려서 일어나는 마음은 망심이야. 중생들은 그 마음을 내 마음으로 알아.

── 예? 그 마음이 내 마음이 아니라면 또 다른 마음이 있습니까? 그러면 그러한 생각들은 어디서 옵니까?

백봉 이것이 절대성 자리에서 오는 것을 몰랐단 말이에요. '꽃이 있으니 꽃이라는 마음이 생겼다면, 그 마음은 어디서 생겼나요? 또 꽃은 어디서 왔는가?' 이거를 아는 분이 부처님이에요. 이거를 알아서 행하는 분들이 부처님 제자로서 선지식들이에요. 절대성을 알았어요.

— 선생님, 상대성이란 무엇입니까?

백봉 어느 것이든지 이름자가 붙은 거, 말마디가 붙은 것은 상대성이여. 말마디가 붙은 것은 상대성인 줄 딱 아세요.

— 그러면 절대성이란 무엇입니까?

백봉 말마디가 붙지 못해. 도저히 말로 표현이 안 돼. 이것이 절대성이에요. 우리가 지금 절대성이라고 말하지만 할 수 없이 절대성이란 말마디를 붙이고 있어요. 이렇게 말마디를 안 붙이면 어찌해 볼 도리가 없단 말이여. 그러니 어쩔 수 없이 절대성이라는 말마디를 붙인 거여. 말마디만 붙으면 상대성인 줄 알아야 돼요. 상대성은 말이 붙지 않는 절대성에서 나왔단 말이여. '말이 붙지 않은 데서 나왔기 때문에 말마디가 붙고 이름자가 붙는다.' 이렇게 생각하면 됩니다. 모습을 나투기 때문에 차별 현상이라, 차별 현상!

— 그 모습은 어디서 왔습니까?

백봉 절대성은 상대성을 나퉈.

— 절대성에서 상대성을 나툰다는 말씀이 이해가 잘 안 됩니다.

백봉 상대성은 절대성의 굴림새에요. 만약 이 거짓 것인 상대성이 없으면 절대성이 있으나마나 아니겠어요?

—— 절대성은 상대성을 나투는 재주도 있는데, 어찌 거짓 것인 상대성이 없으면 절대성이 있으나마나 입니까?

백봉 빛깔도 소리도 냄새도 없는데 뭐할 거여!

—— 아무것도 없으면 소용없지요, 있으나마나니까요.

백봉 이놈이 거짓 것을 나투어서 인생놀이를 시작해. 이게 재미있는 거여. 지금 우리가 인생놀이 하는 거여. 그러니까 이 자리를 얘기한 겁니다. 다른 거 아닙니다. '내 몸뚱이가 진짜가 아니다. 가짜다. 가짜기 때문에 자꾸 변하는 거다. 다시 말하자면 상대성이다.' 절대성, 상대성 이거 참 좋은 말이여. 허공중에 이루어진 모든 것, 산이다 물이다 강이다 장엄불토다 극락세계다 지옥이다 하는 거 전부 상대성이거든. 또 남자다 여자다, 크다 작다, 잘났다 못났다, 좋다 나쁘다, 불법이다 부처다 중생이다, 이것도 상대성이거든. 태양이다 공기다 바람이다 이거 전부 다 상대성이거든.

—— 세상의 모든 모습이 변하는 상대성이라면 우리가 꼭 알아야 할 것이 무엇입니까?

백봉 여러분들이 결정지을 것은 딱 하나 '상대성은 절대로 진짜가 아니다!' 이렇게만 생각하면 되는데, 아! 이놈이 실감이 안 가!

—— 상대성이 절대로 진짜가 아닌 까닭이 무엇입니까?

백봉 꽃이다 새다 돌이다 나무다 할 것 없이 전부 상대성이여. 그러니까 명자名字가 있어.

—— 명자가 있다는 것이 무슨 말씀입니까?

백봉　어떤 모습이 있어. 상相, 모양, 이것은 상대성이여. 상대성은 진짜가 아니야. 상대성은 변하는 거여. 꽃이 피는 것도 변하는 도리거든. 우리가 나서 자라고 늙는 것도 변하는 도리거든. 변하기 때문에 거짓이지.

── 그러면 변하고 거짓인 상대성은 어디서 왔습니까?
백봉　이것쯤은 이제 우리가 생각할 수 있어. '옳지! 이것은 절대성에서 왔다!' 아직까지는 우리가 절대성을 몰라도 좋아요. 물론 나중에는 알아야 되겠지. 상대성은 절대성에서 왔다. 절대絕對, 상대相對. 상대는 마주하는 것, 절대는 아무 것도 없는 것, 상대가 없는 걸 절대라고 하거든요. 우리가 말마디로만 알아도 좋아요. 상대가 아닌 절대 그 성품에서 왔다. 그러니 상대성이다. 이것만 딱 알아버리면 불경佛經 볼 필요 없습니다. 연구할 필요도 없습니다. '나도 절대성에서 왔다!'

── 상대성이 절대성에서 오고, 저도 절대성에서 왔다면 그래도 무언가는 있기 때문에 올 수 있지 않겠습니까?
백봉　절대성 자리는 이름도 없고 모습도 없거든. '절대성의 굴림새가 상대성이다.' 우선 이걸 여러분들이 알아야 됩니다. 우선 말마디라도 여러분들이 알아야 됩니다. '절대성의 굴림새가 상대성이다!'

── 선생님 다시 한 번 말씀해 주십시오.
백봉　나무다 돌이다 지구다 사람이다 축생이다 할 것 없이 전부 상대성인데, 상대성이 거짓은 거짓이지만 절대성 자리가 깃들어 있어.

그러니 절대성의 굴림새가 상대성이에요. 모습이 거짓은 거짓이지만 절대성이 깃들어서, 입이라는 기관을 통해서 말도 하고 눈이라는 기관을 통해서 보기도 하는데, 상대성은 절대성의 살림살이에요. 상대성은 변하는 거여. 절대성은 변하지 않는 것이고.

— 절대성은 왜 변하지 않습니까?

백봉 절대성 자리는 빛깔도 소리도 냄새도 없어. 변할래야 변할 것이 없어. 났다 죽었다 하는 것도 변하는 도리거든요. 만약 절대성 자리에 변할 것이 있다면 상대성이거든요. 그런데 희한해, 모든 생각을 다 해. 그래서 거짓 몸뚱이 같은 걸 나투어서 인생살이를 시작해. 이 문제를 가지고 여러분들이 씨름을 하면 인생 문제가 해결됩니다.

— 이 문제를 가지고 어떻게 씨름해야 인생 문제를 해결할 수 있겠습니까?

백봉 빛깔도 소리도 냄새도 없기 때문에 우리는 그만 절대성 자리를 생각 안 해. 우리가 정말로 절대성 자리로서의 굴림새인 상대성을 안다면 (상대성은 변하는 것이라고 이제 아니까) 한 살 두 살 때의 몸도 없고, 열 살 스무 살 때의 몸도 없는 것 아니에요?

— 예, 없기는 없습니다만 자라지 않았습니까?

백봉 이 놈이 절대성에서 왔다 하는 것만 여러분들이 딱 알고, 내가 지금 상대성을 굴리고 있지만 '절대성 자리가 굴린다' 이 도리만 알아버리면 그때는 문제가 다 해결되는 겁니다.

— 그런데 무슨 말씀인지 이해가 잘 안 됩니다.

백봉 말이 간단해서 여러분들이 납득이 잘 안 가서 그렇지, 이것만 납득해 버리면 문제는 다 해결되는 겁니다.

── 예, 선생님 명심하겠습니다.

몸뚱이는 무정물이다

◀ 수술 법문 ▶

"만약에 너의 병든 양쪽 다리를 끊어내고 갓 죽은 일본 사람의 알맞은 다리로 바꾸어 붙여서 무병인無病人을 이루었을 때, 너의 어머니는 너의 어머니요 너의 아내는 너의 아내요 너의 자식은 너의 자식이라 일러도 좋겠는가?"
"좋다 마다이겠습니까."

"만약에 이번에는 너의 병든 양쪽 팔을 끊어내고 갓 죽은 중국 사람의 알맞은 팔로 바꾸어 붙여서 무병인을 이루었을 때, 너의 어머니는 너의 어머니요 너의 아내는 너의 아내요 너의 자식은 자식이라 일러도 좋겠는가?"

"좋다 마다이겠습니까."

"만약에 이번에는 너의 병든 염통과 콩팥을 도려내고 갓 죽은 미국 사람의 알맞은 염통과 콩팥으로 바꾸어 넣어서 무병인을 이루었을 때, 너의 어머니는 너의 어머니요 너의 아내는 너의 아내요 너의 자식은 너의 자식이라 일러도 좋겠는가?"
"좋다고 하지 않겠습니까?"

"만약에 이번에는 너의 병든 허파와 간장 심장을 도려내고 갓 죽은 독일 사람의 알맞은 허파와 간장 심장으로 바꾸어 넣어서 무병인을 이룰 때, 너의 어머니는 너의 어머니요 너의 아내는 너의 아내요 너의 자식은 너의 자식이라 일러도 좋겠는가?"
"좋겠지요."

"만약에 이번에는 너의 병든 목구멍과 이·혀·뇌를 뽑아내고 갓 죽은 불란서 사람의 알맞은 목구멍과 이·혀·뇌로 바꾸어 넣어서 무병인을 이룰 때, 너의 어머니는 너의 어머니요 너의 아내는 너의 아내요 너의 자식은 너의 자식이라 일러도 좋겠는가?"
"글쎄요."

"만약에 이번에는 너의 병든 눈알을 개 눈알로 코는 원숭이 코로 귀는 고무로 머리털은 가발로 바꾸어 넣어서 무병인을 이룰 때, 너의 어머니는 너의 어머니요 너의 아내는 너의 아내요 너의 자식은 너의 자식이라 일러도 좋겠는가?"

"큰일났습니다. 왜냐하면 나의 몸은 나의 어머니가 낳아주신 나의 몸이 아니고 일본·중국·미국·독일·프랑스 사람의 것이 확실하고, 또한 개와 원숭이의 것임도 분명할 뿐 아니라 또는 남의 손을 빌려서 만들어진 것도 있으니, 어머니를 어찌 나의 어머니라 이르겠으며 아내를 어찌 나의 아내라 이르겠으며 자식을 어찌 나의 자식이라 이르겠습니까? 이럴진댄 나는 누구이며 어느 나라 사람이며 어떤 물건입니까?"

"단단히 들어라!
이리저리 모여져서 다시 이루어졌지만 몸뚱이란 본래로 성품이 없으면서도 법에 따라 줄곧 변하는 가죽 주머니이니, 어찌 정법定法이 있어서 국적을 말하고 인종을 가리랴. 다만 연에 따라서 뉘라도 쓰면 주인인지라 너의 색신인 줄로 알라.
왜냐하면 너에게는 보고 듣고 생각하는 놈이 있으니 이것이 바로 참너인데, 이놈은 본래로부터 빛깔도 소리도 냄새도 없으면서 영특스리 맑고 밝으나 어떤 물건이라 일컬을 수도 없는 것이다.
이러므로 부득이 마디 말을 빌려서 마음이니 성품이니 슬기로 부르는데, 의젓하여 하늘과 땅이 나뉘기 앞의 소식으로서 부처도 얻어내지 못하나 중생도 버리지 못하는 것이다. 사리가 이렇듯이 분명하니 다만 너는 여자의 몸으로 바뀌어지지 않은 것만이라도 다행으로 생각하되 소중하게 맺어진 상대적인 인연을 의심하지 말고, 어머니로서 존경하고 아내로서 아끼고 자식으로서 사랑함이 당연한 처사라 하겠다.
이 소식에 몸을 한 번 뛰쳐라!"

백봉 자, 이 소식에 몸을 한 번 뛰쳐야 돼! 이 소식에 몸을 뛰치지 못하면 공연히 서울서 여기까지 온 차비만 없애버렸어. 나도 헛말만 했고. 내 목만 타고. 자, 일본사람 다리예요. 요즘 그리 될 겁니다. 의술이 발달해서 뇌도 수술한다니까 될 겁니다.
─ 예, 그렇습니다.
백봉 집에 돌아가면 아내도 있고 자식도 있고 어머니도 있어. 다리 하나 바꾸어 놓았어. 대답이 어떻노?
─ 좋다 마다라고 했습니다.
백봉 자신만만한 대답이에요. 그럴 거예요. 다리 하나쯤 바꾸었다고 해서 무슨 상관이 있나요? 자, 그런데 전부 바꾸어졌어. 어떻게 되겠습니까? 만약에 여러분이 수술했다면 어떻게 되겠느냐 말이에요.
─ 참으로 난감한 일입니다.
백봉 이 사람 국적이 어디입니까? 국적이 어디에요? 한국사람 것은 아무것도 없지?
─ 예, 없습니다.

백봉 만약 손가락이 하나라도 있으면 손가락 국적은 한국이요, 다리는 일본이요, 팔은 중국이라. 자, 국적이 어디일꼬? 의학이 발달되면 실제로 이리 돼. 의학이 발달되지 않았더라도 이건 증명되는 거여. 의학적으로 완전히 바꿔 놨어. 의사에게 물어 봐요. 머리털, 손톱, 눈알까지 다 바꿔 놨어. 그러니 한국사람 아니지?
── 글쎄요, 그렇다고 한국사람 아닌 것은 아니지 않습니까? 예를 들면 컴퓨터를 고치는데 각국에서 생산되는 부품으로 고쳤다면 부품의 국적은 달라도 그 컴퓨터가 만들어진 회사가 달라지는 건 아니지 않을까요? 사람에게도 해당되는지 잘 모르겠습니다만.

백봉 이건 관념이 아니거든. 과학적이고 의학적이거든.
── 예, 그렇습니다.
백봉 이것이 남의 일이 아닙니다. 여러분 자신들의 일이에요.
── 예, 그럴 수 있을 것 같습니다.

백봉 이건 솔직한 말일 겁니다. 어머니의 인연은 없거든, 완전히 바뀌었으니. 어찌 아내가 자기 아내냐 말이에요. 관념적으로는 한국이라는 관념이 있고, 우리 어머니라 할지 모르겠지만 어디 관념만 가지고 되나요? 사실이어야 되거든.
의학적으로 볼 때에 도저히 어머니라고 할 수가 없어. 어머니라 하고 아내라 하고 자식이라 한다면 이건 어불성설語不成說이여. 색신色身을 바탕으로 한다면 그렇거든. 거짓말 아니에요.
── 가만히 생각해보면 그렇긴 그렇습니다.
백봉 그러니 이 사람 어찌 하면 좋겠느냐 말이에요. 집에 돌아갔어. 그러면 어머니를 어머니라고 해야 되지 않겠어요? 그런데 지금은 관계가 없어. 지금은 눈곱만큼도 관계가 없어. 어머니나 아내나 자식이라는 말마디가 있긴 있지마는 그 사람들과 무슨 관계가 있느냐 말이여, 솔직한 말로.
── 어떡하면 좋을까요? 참 난감합니다. 그래도 가족은 가족 아닐까요?

◀ 몸뚱이는 소유물이 아니라 관리물이다 ▶

백봉 그럼, 이걸 공개합시다! 여러분, 태양을 비롯해서 태양보다 더 큰 천체나 저 별들까지, 돌이나 나무나 모습 있는 것은 모두 진짜가 아니라는 것만 아세요.
── 예? 모습 있는 것이 진짜가 아니라고요? 왜 진짜가 아닙니까?
백봉 이건 자체성自體性이 없어. 태양도 하나의 모습, 돌멩이도 하나의 모습, 이 꽃도 하나의 모습이지?
── 예, 모습입니다.
백봉 어떠한 거든지 모습으로서의 물건은 실實다운 것이 아니에요.

── 모습으로서의 물건은 왜 실답지 않습니까?
백봉 모습으로서의 물건은 자꾸 변하고 있어요. 변하면서 있기 때문에 실다운 것이 아니에요.
── 여태까지 모습으로서의 물건들이 변한다는 생각을 깊이 해본 적이 없습니다. 선생님 말씀을 듣고 보니 모습이 있는 것은 자꾸 변하면서 있다는 것이 이해됩니다. '변하기 때문에 진짜는 아니겠구나'라는 생각이 듭니다. 진짜는 변하지 않고 영원히 그대로 있어야 진짜라 할 수 있을 것 같습니다.

백봉   자, 머리털은 가발로, 코는 원숭이 코로, 눈은 개 눈으로 전부 바뀐 이 사람이 어머니하고 관계있는 것은 하나도 없어. 그런데 이건 모습이거든.
──   예, 모습입니다.
백봉   모습은 실다운 것이 아니라는 결론이 나거든.
──   예, 모습은 변하기 때문에 진짜라고 할 수 없습니다.

백봉   그러면 여러분의 몸뚱이, 눈·귀·코·혀·몸·팔·다리, 이거 실다운 것이 아니거든.
──   예? 내 몸이 진짜가 아니라고요? 모습이 변하므로 실답지 않다는 선생님 말씀을 들으면 그럴 것 같은데, 직접 저의 몸뚱이를 두고 말씀하시니 어리둥절하고 무섭기도 합니다.
백봉   물론 실다운 것이 아니기 때문에 변해. 가만히 생각하면 알 수 있어.
──   그럴 것 같습니다.

백봉   바뀐 모습으로서 국적을 찾는다면 찾지 못하겠지만, 또 모습으로서 국적을 찾는다면 내 다리의 국적은 일본이요, 내 팔의 국적은 중국이요, 이런 식으로 나가야 말이 옳아.
──   예, 그럴 수 있겠습니다.

백봉   그러나 우리는 모습을 상대로 하는 것이 아니거든.
──   모습을 상대로 하지 않으면 무엇을 상대로 합니까?
백봉   내가 모습을 써. 라디오처럼 내가 써. 쓰긴 쓸지언정 모습이 실다운 나라는 생각은 없거든.

— 내 몸이 '진짜 나'라는 생각이 없다고요? 선생님의 수술 법문을 들으니 한편으로는 '몸뚱이가 나라는 생각이 없겠구나'라는 것은 이해됩니다. 만약 몸뚱이가 정말로 나라면 이식이 가능하지 않을 것 같습니다. 다른 사람들도 마찬가지고. 그러면 '이 몸뚱이가 정말로 나일까? 진짜 나는 누구일까?' 하는 의문이 듭니다.

백봉 이 사람이 수술하고 나서 거기에 의심을 품었던 모양이라. 그러면 문제는 반이 풀렸어. 일본이나 독일이나 미국이나 불란서 사람의 것이지만 그건 실다운 것이 아니라 항상 변하는 거여. 자체의 지혜가 없는 거여. 우리가 이걸 붙들고 말할 수 없는 거지.

— 가만히 생각해 보면 항상 변하는 모습을 붙들고 뭐라 말할 수는 없겠습니다.

백봉 이 사실을 걷어잡고 어머니를 찾아야 되겠고 아내를 찾아야 되겠고 자식을 찾아야 된다 말이여. 이것이 다른 사람의 일이던가요? 이것이!

— 바로 저의 일이 될 수도 있다는 생각이 듭니다.

백봉 바로 여러분 자신의 일이에요. 여러분이 이 사실을 바로 깨닫는다면 문제가 달라져. 여기 들어올 때와 나갈 때는 사람이 바뀌어서 나가게 되는 거예요.

— 선생님, 어쩐지 두려운 생각이 듭니다.

백봉 몸뚱이는 누구라도 쓰면 주인이라. 성품性品이 없으니 내가 쓰면 내가 주인이 되는 것이지. 몸뚱이는 내 관리물이지 내 소유물은 절대로 아니거든.

─── 선생님 말씀은 이치에도 맞고 일리도 있습니다만 여태까지 나라고 철석같이 믿고 의지하던 이 몸뚱이가 내 소유물이 아니고 관리물이라고 하시니 어리둥절하고 당황스럽습니다.

◀ 몸뚱이는 성품이 없다 ▶

백봉 사람의 몸뚱이를 말하려면 의학적이라야 되거든요. 우리가 몰라서 그렇지 너무나 의학적이고 너무나 과학적이에요. 머리다 손이다 다리다 오장육부를 갖추어서 이걸 하나의 사람이라 하는 거예요.

─── 예, 그렇습니다.

백봉 그런데 이걸 하나씩 떼어 놓고 봅시다. 만약 내 팔이 끊어졌다 하면 끊어진 팔은 사람이 아니거든.

─── 예, 끊어진 팔을 보고 사람이라 하지는 않습니다.

백봉 '사람이 가졌던 팔이다'라고 말할 수는 있어.

─── 예, 그렇습니다.

백봉 어찌 이 손이 사람이냐 말이여. 그러나 사람에게는 손이 있기 마련이야. 그러니 하나의 사람이라 하면 숱한 이름들이 모여진 거예요.

── 예, 그렇습니다.

백봉 여러분, 봐요! 얼굴만 해도 눈썹이 있지, 눈이 있지, 코가 있지, 귀가 있지, 여기에 세포니 뭣이니 그런 건 숫자가 하도 많아서 그만둔다 하더라도 머릿속으로 들어가면 뇌도 있어. 숱한 이름들이 모여진 것이 사람이에요. 가만히 생각해 보세요.

── 예, 그렇습니다.

백봉 그런데 이놈들을 따로따로 떼어 놓으면 사람이라 할 수 없어. 머리털은 머리털대로 떼어놔, 손은 손대로 떼어놔, 다리는 다리대로 떼어놔, 오장은 오장대로 전부 떼어놔, 어찌 그것들이 사람이냐 말이여. 알아듣겠나?

── 예, 그것들은 이미 사람이라 할 수 없습니다.

백봉 사람이란 이놈들이 모여서 사람인 거예요. 여러분의 몸뚱이란 그것들이 모여져서 하나의 사람이라고 생각하고 있는 거예요. 만약 어떤 경우에 전부 떼어놓으면 사람이란 없어.

── 예, 전부 떼어놓으면 사람이라고 할 수 없습니다.

백봉 팔이 있고 머리가 있고 다리도 있어. 다리가 있다 하더라도 어찌 다리가 사람이냐 말이에요. 팔은 팔이지 어찌 팔이 사람이냐 말이에요.

── 예, 그렇습니다.

백봉 그러나 전부 여기 다 모여 있기 때문에 사람 아닌 것도 아니야. 그

몸뚱이는 무정물이다 47

런데 머리털은 머리털대로 성품이 없어. 귀는 귀대로 성품이 없어. 눈은 눈대로 성품이 없어. 손은 손대로 발은 발대로 성품이 없어. 다 성품이 없어.

그런데 이놈들을 총감독하는 놈이 하나 있어. 그놈은 눈에 안 보여. 만약 그놈이 눈에 보이면 누가 훔쳐갈 거여. 안 보이기 때문에 다행이지. 머리다 폐다 오장육부다 다리를 모아놓고 하나의 사람이라고 만들어 놓은 이 자리는 있거든. 그래서 사람놀이를 해. 여러분들이 하면서도 몰라. 가만히 생각해 보소.

—— 그런데 선생님, 머리털·눈·귀·손·발이 성품이 없다고 하시는데 성품이란 무엇입니까?

백봉 여러분에게는 보고 듣고 생각하는 놈이 있으니 이놈이 바로 '참나'라. 이놈은 본래로부터 빛깔도 소리도 냄새도 없으면서 영특스리 맑고 밝으나 어떤 물건이라 일컬을 수도 없어. 이러므로 부득이 마디말을 빌어서 마음이니 성품이니 슬기라고 부르는데, 의젓하여 하늘과 땅이 나뉘기 앞의 소식으로서 부처도 얻어내지 못하나 중생도 버리지 못하는 것이라.

성품 없는 눈·귀·손·발을 감독하는 이놈이 하나 딱 있어서 손을 쓸 때는 손을 써, 눈을 쓸 때는 눈을 써, 귀를 쓸 때는 귀를 써, 발을 쓸 때는 발을 써. 가만히 생각해 보면 참 멋진 '내'가 하나 있어. 무엇인지 모르지? 무엇인지 몰라.

—— 눈·귀·손·발을 감독하는 '나'를 왜 모릅니까?

백봉 빛깔도 소리도 냄새도 없는데 어떻게 알 거여? 그러나 머리를 뒤서 머리를 써, 눈을 둬서 눈을 깜빡거려, 또 코를 둬서 숨을 쉬어. 그야말로 빛깔도 소리도 냄새도 없는 자리야. 그러나 실감들이 안 와. 내가 머리니 눈이니 이렇게 말한 것은 여러분들에게 실감이 가도록 하기 위해서 말한 겁니다. 사실도 그렇고.

죽비도 성품이 없고 꽃도 성품이 없습니다. 그러나 성질은 있어요. 말이 좀 어렵지만. 이건 법칙에 의해서 고우면 곱다 달면 달다 쓰면 쓰다 이 성질은 있지만, 생각하고 보고 듣고 하는 이런 성품이 없는 것이거든. 그러니 여러분이 지금 끌고 다니는 이 몸뚱이는 죽비와 꽃과 다른 것이 하나도 없습니다.

―― 예? 우리의 몸뚱이가 죽비와 꽃과 다를 것이 없다고요?

백봉 성품이 없거든요. 어떻든지 여러분이 그것만 납득하면 됩니다. 그것만 여러분이 납득하면 이 몸뚱이는 성품이 없기 때문에 볼 줄도 모르고, 들을 줄도 모르고, 생각할 줄도 몰라. 눈이라는 기관을 통해서 보는 놈이 따로 있거든요. 법신, 다시 말하자면 허공으로서의 나, 다시 말하자면 절대성 자리, 성품이라 해도 좋고 마음이라 해도 좋고 이렇게 여러분들 단정해 버리세요. 단정해야 진짜 여러분을 찾아냅니다.

여러분의 몸뚱이는 성품이 없는 거니까 진짜 내가 아닙니다. 몸뚱이가 진짜 내가 아니기 때문에 어머니 뱃속에 떨어질 때는 주먹만 했는데 차차 자라서 젊은 청년이 되고 장년이 되고 나중에 노년이 되고 결국 불구덩이나 흙구덩이로 가는 거 아니에요?

―― 가만히 생각해 보면 그렇습니다.

백봉 진짜라면 그렇게 되나요? 우리의 몸뚱이는 법칙에 의해서 굴려지는 겁니다. 늙기도 하는 거예요. 따라서 내가 쓰긴 쓰는데 내 것이 아니라는 결론이 나는 겁니다.
── 말씀은 이해됩니다.
백봉 우리의 몸뚱이는 성품이 없기 때문에 다만 내가 이걸 쓰고 있을 따름이라. 그러니까 성품이 없으면서 법칙에 따라 변하는 거예요. 이게 변하는 도리거든요.

◆ 진짜 내 몸 ▶

백봉 거 참 희한한 거예요. 아주 쉬운 예로 내가 약을 먹는데 혀에 약을 대면 약이 써. 그런데 목구멍에 들어가면 쓴 맛을 모르거든요.
── 예, 목구멍에 넘어가 버리면 쓴맛을 모릅니다.
백봉 좌우간 어떻든지 혀를 통해서 쓰다 달다 하거든요.
── 예, 그렇습니다.

백봉 그런데 혀 자체가 쓴맛을 아는 것은 아니거든요.
── 예? 혀에서 맛을 모르면 무엇이 압니까?
백봉 혀 자체는 느낌이 없는 거예요. 자체성 自體性이 없는 거예요. 이건 여러분들도 잘 아시는 거지. 물론 눈도 자체성이 없고 귀도 자체성이 없지. 혀에도 자체성이 없는데 쓰고 단 걸 알아.
── 그러면 쓰고 단 걸 아는 자리가 무엇입니까?

백봉 아는 자리가 빛깔도 소리도 냄새도 없는 자리예요.

── 이해가 잘 안 됩니다. 다시 한 번 더 설명해 주십시오.
백봉 다시 말하자면 화나는 일이 있으면 성을 내. 성내는 자리가 빛깔도 소리도 냄새도 없는 자리거든.
── 빛깔도 소리도 냄새도 없는 자리가 어떻게 성을 냅니까?
백봉 성을 낼 때는 이 몸뚱이를 써. 얼굴이 벌개지고 성내는 모습이 나타나는데, 이 몸뚱이는 천지도 몰라, 자체성이 없어. 코도 자체성이 없고, 볼도 자체성이 없고, 입도 자체성이 없는데 성난 표정이 나타나거든. 빛깔도 소리도 냄새도 없는 자리가 성을 내거든.
쓰다 달다 짜다는 맛을 아는 그놈이 절대성 자리인데 빛깔도 소리도 냄새도 없거든요. 여러분들이 '빛깔도 소리도 냄새도 없는 이 자리가 진짜 내 몸이다.' 이것만 딱 인정하면 좋겠는데, 당최 여러분들이 그리 안 되는 것 같아.
── 예, 그렇습니다.

백봉 '빛깔도 소리도 냄새도 없는 이 자리가 진짜 내 몸이다.' 이렇게 생각만 가지면 모든 문제가 다 풀려 버립니다. 실에 있어서는.
── 어떻게 그럴 수 있습니까?
백봉 '빛깔도 소리도 냄새도 없는 이 자리가 진짜 내 몸'이라는 것을 안다면, 진짜 내 몸 이 자리는 허공과 더불어서 영원한 거예요.
── '빛깔도 소리도 냄새도 없는 진짜 내 몸' 이 자리가 허공과 더불어서 영원하다는 말씀이 무슨 말입니까? 이해가 잘 안 됩니다.

백봉 허공이 언제 생겼다는 말은 있을 수 없거든.

── 예, 허공은 모습이 없어서 언제 생겼다는 말이 있을 수 없는 것은 이해됩니다.

백봉 빛깔도 소리도 냄새도 없는 법신 자리가 언제 생겼다고 말하지 못하는 거예요. 우리의 생명은 허공이나 꼭 한가지거든. 그런데 여러분들이 이것이 파악이 잘 안 돼. 또 여러분들이 말마디로 알긴 알아도 실감이 오지 않는 거라.

── 예, 그렇습니다.

백봉 이것이 바로 일초직입一超直入해서 여래 땅에 들어가는 소식입니다. 공부라고는 한 번도 해본 적이 없고, 불법이 무엇인지도 모르고, 또 인간이 무엇인지도 모르는 사람이 단박 깨쳐서 단박 부처가 되는 소식입니다. 단박 깨쳐서 단박 부처되는 사람들이 많습니다. 우리가 잘 몰라서 그렇지. 도도일하屠刀一下에 입지성불立地成佛이라.

── 무슨 말씀입니까?

백봉 도살장의 칼을 한 번 내려치는데 그 자리에서 성불했다는 말이 있어. 중국 사람이여, 돼지 잡는 백정이거든. 돼지 수백 마리 잡았을 거여. 칼질을 잘 해. 젊은 사람인데 급소를 한 번에 딱 찌르면 돼지가 죽어버려. 돼지도 역시 아는 모양이야. 그 사람 옆에 갖다 놓으면 꼼짝 못해. 어느 날 칼로 돼지 목을 찔렀는데 돼지 눈하고 자기 눈하고 정면으로 딱 마주쳤어. 그 자리에서 칼 내버리고 대도인이 된 거예요. 이것이 입지성불한 거예요.

의학적으로 여러분의 몸이란 실다운 거 아니에요. 늘 하는 말이지만 내 것이 아니거든. 내 것이 아닌 걸 내 것이라 하니 이런 원통한 일이 어디 있나요? 내 관리물은 틀림없어. 내 관리물과 내 소유물과는 근본적으로 문제가 달라요.

― 내 관리물과 내 소유물이 어떻게 다릅니까?

백봉 솔직한 말로 지금 이걸 내 몸이라 하면 열 살 때 스무 살 때 몸은 내 몸이 될 수 없어. 현재 내 몸이 여기 있으니까.

― 예, 그렇습니다.

백봉 그럼 앞으로 십 년이나 이십 년 후의 몸을 내 몸이라 하면, 지금 몸은 내 몸이 아니야.

― 예, 그렇겠습니다.

백봉 앞으로 삼십 년 후나 오십 년 후에 몸이 있을 건 사실이지? 늙든지 어떻든지.

― 예, 그렇습니다.

백봉 그러면 그때 몸이 내 몸인가? 지금 현재 몸이 내 몸인가? 과거 어릴 적 몸이 내 몸인가? 도대체 어느 것이 내 몸인가?

― 모두 내 몸인 것 같은데, 또 생각해 보면 몸이 쉴 새 없이 변하니 어느 몸을 내 몸이라 해야 될지 잘 모르겠습니다.

백봉 아무리 따져 봐도 여러분이 가지고 있는 이 육신은 여러분의 몸이 아니야. 의학적으로도 그렇고 상식적으로도 그렇고. 이거 보통 문제가 아니야. 머리가 조금만 영리한 사람들은 여기서 탁 알아

챕니다.

여러분들이 이 육신이 내 몸이 아니라는 것을 이 자리에서 깨쳐서, '내 관리물에 지나지 못하구나!' 하고 알아서 탁 걸려 들었어. '참 그렇구나! 내 몸이 아니구나! 내 관리물일지언정 내 몸이 아니구나!' 하고 여러분들이 깨닫는다면 문제는 달라지는데, 깨달은 놈이 누구인가 말이여. '옳지, 이건 내 몸이 아니구나'라고 생각하는 그놈이 누구냐 말이여.

—— 내 마음입니다.

백봉 마음이지? 그럼 마음이 무엇인고?

—— 잘 모르겠습니다.

백봉 가만히 보니 마음 자체가 없어. 빛깔도 소리도 냄새도 없어. 그러나 내 몸이 아니라는 생각을 가진 그놈은 있거든. 마음은 있거든. 그러나 찾아낼 수 없어. 그러하기 때문에 이것을 절대성 자리라고 하는 거여. 절대성 자리는 있는 데 속하는 것도 아니고 없는 데 속하는 것도 아니여.

여러분들 다 가지고 있잖아요? 가지고 있는데 그놈이 본래 빛깔도 소리도 냄새도 없기 때문에 그만 부인해 버려.

—— 선생님 말씀이 이해될 듯하지만 알아듣기 어렵습니다.

백봉 내가 아닌 몸, 내 관리물을 보고 '나다, 내가 생각한다, 내가 어찌한다' 이런 식이라.

—— 예, 보통 그렇게 생각합니다.

백봉　그러니 그런 사람들에게 말해봤자 통하지 않습니다. 벌써 자기는 자기대로 어떤 집을 딱 짓고 들어앉았거든. 천 가지 만 가지 설법이 무슨 소용 있겠어요? 설법이란 여러분들의 잘못된 생각이 있다면 그 잘못된 생각을 바꿔 놓기 위한 것이에요. 괜히 우리가 모습놀이로 '어쩌고, 어쩌고' 하면서 좋다하는 것은 다 제이 관문 제삼 관문이에요. 첫째 문제가 해결 안 되면 어찌 제2 제3 문제가 완전히 해결되겠어요? 하여튼 이 도리만 여러분들이 알아.

─ 그 도리를 다시 한 번 말씀해 주십시오.
백봉　제일 첫째, 여러분의 몸뚱이가 실답지 않은 것. 부처님의 32상 80종호도 실답지 않기 때문에 돌아가셨어. 여러분의 몸도 실답지 않기 때문에 장차 없어질 거여.
─ 예, 그렇습니다.
백봉　부처님의 말씀대로 (또 우리가 생각해 봐도 그렇고) 자체성 없는 무정물인 몸뚱이를 끌고 다니는 이 자리, 혀에서 맛을 보는 이 자리, 빛깔도 소리도 냄새도 없는 이 자리는 없어지는 것이 아니거든. 이 자리가 인연대로 여기에 몸을 나투고, 저기에 몸을 나투어. 중생의 인연대로. 부처님쯤 되면 마음대로 인연을 써. 중생들은 인연에 쓰이지만 부처님들은 인연을 굴리거든요, 쓰거든요. 마음대로 나투는 건데, 자, 이렇게 얘기하면 다 알아들어요. 알아듣지만 실감이 안 가. 실감이 안 가. 답답해 죽겠어.

─ 저도 안타깝습니다. 어떻게 하면 실감이 가겠습니까?

백봉 여러분들이 실감만 한다면 문제가 달라집니다. 여러분들이 내 설법을 많이 들을 것도 없어요. 이 설법만 그대로 걷어잡고 씨름해 나가면 되지. 나중에 법을 굴리는 건 별문제예요. 그러나 세상 사람들은 '아이고 불법이 어렵다. 설법하는 거 어려워서 도대체 알아듣지 못하겠다' 이렇게 말하는 분도 있고, 이러니 얘기를 해도 내가 가슴이 막혀.

허공은 모습이 없다

◀ 허공법문 ▶

백봉 여름이었어요. 공부하고 있는 학생 중에 한 사람이 안 보여.
"어디 갔나?" 하니 "예, 여기 있습니다."
보니 창밖에서 졸고 있어요. 들어오라고 했지요.
"너 어제 허공 봤나?" 눈이 둥실해.
"이 허공 말입니까?"
"그래, 어제 허공 봤나, 그 말이다. 의심스럽게 생각하지 마라."
"어제 허공 봤나?"
"예, 어제 허공 봤습니다."
"그럼 오늘 허공 봤나?"
"예, 봤습니다."

"내일 허공 봤나?"

"예? 안 봤습니다."

"하하하……"

말은 옳은 말이여. 정직한 말이거든. 내일 허공 안 봤거든. 내일이란 말마디, 그 명자名字에 휘둘려서. 내일이란 아직 안 왔거든.

"네가 소위 대학생 아니가? 허공 자체에 어제와 오늘이 있더냐? 허공이란 건 빛깔도 소리도 냄새도 없는데, 그래 어제 오늘이 있더냐?" 가만히 생각하더니

"예, 맞습니다. 허공 자체에 어제 오늘이 없습니다. 아무것도 없는 거니까. 빛깔도 소리도 냄새도 없으니 어찌 여기에다가 어제니 오늘이니 내일이니 이런 말을 하겠습니까?"

"너 백 년 전 허공 봤나?"

"예, 봤습니다."

"그럼 백년 후 허공 봤느냐?"

"예, 봤습니다."

◆ 허공은 시간과 공간이 끊어졌다 ◆

백봉 하늘과 땅이 나뉜 다음에 허공이 생겼습니까?

── 하늘과 땅도 허공중에 있으니 허공이 있어야……

백봉 지구가 생긴 지 46억 년밖에 더 돼요? 허공중에서 지구가 생기고 태양도 생기고 별도 다 생겼는데, 이건 전부 허공이 있은 뒤에 생

긴 것이거든요. 그러면 허공은 언제부터 있었나? 여러분들 의심 날 거예요.

── 예, 궁금합니다. 허공이 언제부터 생겼습니까?

백봉 이렇게 물으면 묻는 분들이 바보여.

── 예? 어째서 바보입니까?

백봉 무슨 모습이 있어야 언제부터 있었다 이러지. 허공은 아무런 모습이 없어. 그러니까 이 자리에는 언제부터 있었다, 언제 없어진다는 말이 붙질 않아. 그러기 때문에 '언어가 끊어진 자리다' 이러는 거예요.

── 이해가 잘 되지 않습니다.

백봉 이거 납득이 잘 안 갈 거여. 이거 중대한 문제라. 우리는 이 자리를 절대로 관념으로 말하는 게 아녀. 생사 문제는 관념으로 해결되는 것이 아니란 말이여, 그렇지?

── 예, 그렇습니다.

백봉 어디까지나 과학적이라야 되지 않겠나? 그리고 논리적이라야 되지 않겠나?

── 예, 그러합니다.

백봉 그러면 우리가 '허공이 언제부터 있었는가?' 하는 것을 문제 삼을 수 있지 않겠나? 우리가 미련하든 똑똑하든 문제 삼을 수 있겠지?

── 예, 문제 삼을 수 있습니다. 허공 문제를 해결하는 가장 중요한 점이 아닐까 하는 생각이 듭니다.

백봉 그러면 옳든 그르든 이것에 대한 답을 우리가 해야 되지 않겠나?
── 예, 답을 해야 합니다.

백봉 그러면 '허공이 언제부터 있었는가?' 하는 말이 성립되겠나?
── 글쎄요……
백봉 모습이 있어야 언제부터 있었다는 말이 적합하지. 모습이 없는데 언제부터 있었느냐는 말이 적합하겠는가?
── 모습이 없다면 언제 생겼다는 말이 성립되지 않습니다.
백봉 또 모습이 있어야 언제 없어진다는 말이 성립되겠는데, 모습이 없는데 언제 없어진다는 말이 성립되겠는가?
── 없어질 모습이 없으니 언제 없어진다는 말이 성립되지 않습니다.
백봉 가만히 생각해봐. 그렇지 않겠나? 이치가 그렇지 않겠나?
── 예, 그렇습니다.

백봉 여러분들 이거 자신 딱 가져 버리세요. 모습이 있으면 언제라는 말이 성립돼. 그렇겠지?
── 예, 그렇습니다.
백봉 아무것도 없는데 언제란 말이 어찌 성립되겠는가? 성립 안 되지?
── 예, 성립 안 됩니다.
백봉 우리는 이것을 확실히 알아둬야 돼. 모습이 없는 허공에 언제부터라는 말이 성립되겠느냐 말이야. 그러니 무시無始라, 비롯(시작)이 없어. 또 모습이 없는 허공에 언제 없어진다는 말이 성립 되겠느냐 말이여. 그러니까 마침이 없는 것이거든.

'허공!
시작이 없다는 거 단단히 알아야 됩니다!
모습이 없다는 거 단단히 알아야 됩니다!'

누가 묻거든 그렇게 딱 얘기해 주셔야 됩니다. 우리가 시간적으로 따져봐서 과거 현재 미래가 있는 거지, 사실은 과거·현재·미래가 없는 겁니다.

── 예? 과거·현재·미래가 없다고요? 우리는 시간 속에서 살고 있지 않습니까?

백봉 여러분이 과거·현재·미래가 없다는 사실을 뼈저리게 느끼시려면 시간이 어디서 오는가를 알아야 됩니다.

── 시간은 어디서 오는 것입니까?

백봉 '모습에서 온다', 이런 생각을 가지세요. 지구도 하나의 모습이거든요.

── 예, 지구도 하나의 모습입니다.

백봉 여기에 시간이 들러붙어. 모든 것, 태양도 별도 나무도 전부 모습이야. 시간이라는 건 모습에서 오는 것이지. 죽비도 모습이야. 언제 나무를 심어서, 언제 만들고, 어느 시간에 내가 손으로 이렇게 해. 죽비라는 모습이 없다면 무슨 시간이 들러붙겠는가?

── 예, 그렇습니다. 가만히 생각해 보면 어떤 모습이 태어나서 변화하여 사라지는 동안을 시간이라고 합니다.

백봉 고금古今이라는 것은 시간을 꿰뚫는 거예요. 시간과 공간을 꿰뚫는 것이거든. 모습에서 시공간이 생기는 거예요. 공간에 대해서 내가 한번 말한 적이 있지?

―― 공간이란 무엇입니까?

백봉 어떤 물건이 턱 나투기 시작해서 없어질 때까지는 시간이요, 이것이 나툼으로부터 사그라져, 사그라졌다가 다시 나툴 때까지를 공간이라고 해요. 사그라졌다가 다시 나투는 사이를 공간이라 하고, 나투었다가 다시 사그라지는 사이를 시간이라 하는 거여. 세상 사람들이 시간이니 공간이니 하는 말은 잘 쓰지.

―― 모습이 나투었다가 사라지는 동안을 시간이라 한다는 것은 상식적으로 이해가 됩니다만, 모습이 사라졌다 다시 나투는 사이를 공간이라 하시니 이해가 잘 안 됩니다.

백봉 사람을 예로 든다면, 어머니 뱃속에서 떨어져서 불구덩이에 갈 때까지 이것이 시간이라. 그러나 불구덩이에 들어간 뒤로부터 다시 어머니의 배에 위탁하는 사이를 공간이라 하는 거예요. 불구덩이나 흙구덩이에 들어간 뒤로부터 어머니의 뱃속에 들어갈 때까지는 아무것도 없다고 생각하는데……

―― 아무것도 없지 않습니까? 무엇이 있습니까? 시간과 공간이라는 이 말마디에는 어떤 의미가 들어 있습니까?

백봉 그것이 있기 때문에 있어. 어떤 것이 있기 때문에 불구덩이에 들어간 뒤로부터 어머니의 뱃속에 나올 때까지 사이를 공간이라고 하는데, 무엇인가 있어. 어머니의 배에 떨어져서 불구덩이에 들어갈 때까지는 내가 있다는 걸 알아.

── 예, 내 몸이 있다는 것을 압니다.

백봉 변하는 몸뚱이, 이걸 시간이라 할 수 있어. 불구덩이에 들어간 뒤에도 무엇이 있기 때문에 어머니의 뱃속에 인연을 맺어서 다시 들어가. 그러니까 '모습이 없기 때문에 공간이라 한다', 이렇게 생각하면 돼요. 알아듣겠나?

── 글쎄요, 시간이 동안이라는 것은 알겠는데, 공간이라는 것은 여태까지 상식적으로 생각하는 것하고는 다른 것 같습니다.

백봉 시간과 공간이란 보통 하는 말인데, 보통 사람들은 사실을 모르고 시간 공간, 시공간이라고들 하지. 다시 말하자면 지구가 나타났어. 지구가 46억 년 전에 나타났는데 그때부터 시간이라. 지금 시간이 흐르고 있어. 지구는 모습이 있기 때문에 시간이 흐르고 있어. 나중에 언제 없어질지 모르겠지만 지구가 없어질 때까지가 시간이야.

── 예, 그것은 이해됩니다.

백봉 지구가 없어져도 지구의 요소는 있거든. 지구가 없어져서 다시 생길 때까지가 공간이라고 보면 돼. 지구를 이룰 수 있는 무엇이 있기 때문에 없어졌던 놈이 다시 생기기도 한단 말이지. 만약 지구가 쪼개져서 그만 가루가 되어 없어지면 공간이란 말도 없어. 지구가 없어지고 다시 생기는 것이 얼마나 오래 걸릴지는 모르지만 다시 생길 때까지가 공간이거든.

—— 선생님 말씀을 들으면 시간과 공간이 말만 다르지 다른 것이 아니지 않습니까?

백봉 그러니까 시간과 공간이라는 건 둘을 두고 하는 말이 아니라 하나를 두고 하는 말이야. 예를 들면 물거품은 물위에 있는 것이거든. '이놈이 물거품처럼 나툴 때를 시간이라 하고, 물거품이 사그라질 때를 공간이라 한다', 이렇게 생각하면 돼.

—— 그러면 없어지는 것이 아니지 않습니까?

백봉 그러니까 벌써 이 말마디부터 이상하다 말이여. 없어지는 것이 아니거든. 없어져 본들 공간이라는 이름으로서 나타나고, 있으면 시간이라는 이름으로서 나타나. 다시 말하자면 그런 것이 있단 말이여. 알겠지?

—— 이해하기 어렵습니다.

백봉 하나의 물건인데 나투었다가 사그라지고, 사그라졌다가 나투고 이렇게 생각하면 돼요. 나툴 때는 시간이라 하고 사그라질 때를 공간이라고 하는 거예요. 우리말로 하면 시간은 동안이요 공간은 군데거든.

—— 알 듯 말 듯 합니다.

백봉 나투는 것은 동안, 사그라질 때를 군데라 하는데, 군데와 동안은 성품이 꼭 한가지여. 그러하기 때문에 동안은 동안이나 이름뿐인 동안이고, 군데는 군데나 이름뿐인 군데라 할 수 있거든. 알아듣겠지? 별 의미가 있는 게 아니여.

시간과 공간은 우리가 늘 하는 말이거든. 사람들이 의미를 알고 말을 하느냐? 의미를 모르고 말을 하느냐? 이것이여.
이제 시간·공간 알겠지? '시간이 많이 흘러갔는데' 하고 보통 많이 쓰지 않나? 이거 빤한 거 아닌가. 그런데 질문이 이렇게 많은 걸 보니 어려운 모양이네.

── 예, 보통의 시간과 공간 개념하고 다릅니다.

백봉   그런데 보통 시공간 이렇게 생각하지 않나? 여러분들 학교에서 배우지 않나? 시간이라는 건 모습이 있으면 딱 들러붙어. 이거는 알지? 시간이라는 것은 모습에서 나오는 것이거든. 그렇지 않나?

── 예, 그것은 이해됩니다.

백봉   지구도 생겼기 때문에 시간이 생긴 거 아닌가? 생긴 때를 얘기하는 거야.

── 예, 그렇습니다만 공간은 물체가 요만큼 또는 물질이 요만큼 있거나 물체와 물체의 사이를 공간이라 하지 않습니까?

백봉   천만의 말씀. 그거 말이 되나? 일반 사회에서 하는 말. 공간이라는 것은 없어진 거로부터 다시 생길 때 사이를 공간이라 해야 하거든. 공간이라는 말이 그렇지 않나?

── 글쎄요, 시간과 공간이 한가지라는 것을 생각해 본 적이 없습니다.

백봉   그러니까 시간과 공간이라는 이 말에는 벌써 철학이 딱 들어가 있어. 시간과 공간이라는 이 말에는 무엇인가 하나가 있다 말이여. 우주의 진리가 하나 있는데 슬기를 나툴 때, 모습을 나툴 때는 시간으로 간주되고, 그놈이 없어진다 할지라도 없어진 것이 아니거든. 없어진 것을 다시 나툴 때를 공간이라 생각하면 돼요.

─ 그러면 선생님 말씀은 무엇을 말하고자 하는 것입니까?
백봉 '원래 하나다. 이런 것을 나툴 때를 뜻할 뿐이지 않느냐' 이거라. 그렇지? 응? 사람이 되었든 지구가 되었든 무정물이 되었든 간에. 그러니 제일 첫째, 지구가 이루어져서 사라질 때까지를 시간이라 하지.
─ 예, 그렇습니다.

백봉 공간이란 건 뭣을 뜻하느냐? 지구가 한 번 생겼다가 사그라진 때, 이것이 공간이에요. 그래서 시공간이라 하는데, 시간이란 것은 바로 모습에서 온 것이야.
─ 예, 시간은 모습에서 온 것입니다.
백봉 그런데 모습 자체가 실다운 것이 아니라 말이여.
─ 예, 모습이란 진짜가 아닙니다. 쉬지 않고 변하기 때문입니다.
백봉 모습 자체가 실다운 것이 아니니 여기서 오는 시공간도 실다운 것 아니라는 건 빤한 일이거든요. 빤한 일이여.
─ 예, 이치적으로 모습이 실답지 않으니 그 모습에서 오는 시간과 공간도 실다운 것이 아니라는 것은 이해됩니다.

백봉 현재 이 몸뚱이를 가지고 있다 할지라도 이거는 실다운 것이 못돼.
─ 예? 몸뚱이가 왜 실답지 않습니까?

백봉   변하기 때문에.

── 그러면 진짜는 무엇입니까?

백봉   이 몸뚱이를 거느리고 다닐 수 있는 그 법신 자리, 이것이 부처 자리거든. 진짜거든. 또 내 얘기를 들을 수 있는 법신 자리, 이것이 진짜 여러분이거든.

── 선생님께서 차근차근 하시는 말씀이 이치에도 맞고 이해되어 가다가도 몸뚱이를 거느리고 다니는 법신 자리가 진짜 나라고 하시는 말씀만 나오면 실타래가 엉클어지듯이 헷갈리고 공중에 붕 뜨는 느낌입니다.

백봉   그러면 진짜 법신 자리의 분수로 봐서 어찌 법신 자리에 과거가 있고 지금이 있을 수 있겠어요?

── 이치적으로는 없습니다.

백봉   시공간이 끊어진 자리이기 때문에 과거라는 말을 설혹 했다 할지라도 모습을 바탕으로 해서 빌려 온 말이지, 실에 있어서는. 법신 자리, 시공간이 끊어진 자리기 때문에 과거나 현재나 꼭 한가지거든.

── 시공간이 끊어진 자리기 때문에 과거나 현재나 꼭 하나라는 것은 이치적으로 이해되지만 너무 크고 어마어마한 말씀이라 사실 두렵습니다.

백봉   그러니까 이 시공간은 쓸데없는 헛된 겁니다. 헛된 것이에요. 실다운 것이 아니에요. 그러나 시공간의 앞 소식인 그 자리, 그 슬기 자리는 억 년 전에도 그거요, 억년 뒤에도 그겁니다. 작년에도 그거요, 명년에도 그거요, 현재 이 자리도 그겁니다. 지금 이 자리에서 여러분들이 한 생각을 턱 일으키는 첫 곡절(마디), 그 자리는 하늘과 땅이 생기기 전부터의 소식입니다. 이걸 알아야 됩니다.

── 그런데 선생님, 선생님께서 이치적으로 말씀하실 때는 이해도 되고 알아듣는 것 같았는데 문지방만 넘어서면 '그래도…' 하니 무엇 때문에 그렇습니까?

백봉 우리는 변하는 모습을 진짜로 알아서 거기에 얽히어 찌들려 있기 때문에 처음에 언뜻 들으면 그럴 듯 싶은데 납득이 잘 안 가. 설혹 납득이 잘 안 간다 할지라도 사실인 데야 어떻게 하겠느냐 말이여. 이걸 여러분들이 딱 파악해야 됩니다.

── 예, 명심하겠습니다. 선생님.

백봉 그러니까 어떤 분들은 알았을 겁니다. 또 아신 분들은 여기에 대해서 따로 설법할 필요조차 없어요. 그러나 아직까지도 분별이 사그라지지 않은 분들이 있다면 이거 어렵습니다. 분별상分別相, 이거만 떼 내면 되는데…… 과거・현재・미래라는 명자名子, 그 명자에 딱 들러붙었어. 이런 명자, 이름자에 딱 들러붙어서는 이거 무슨 말인지 모릅니다. 자체성自體性이 없는 이 몸뚱이 때문에 이름자놀이, 명자놀이를 하게 마련이에요. 그러나 명자놀이를 하는 건 좋은데 이 몸뚱어리 자체가 실다운 것이 아니거든.

예를 하나 들면, 영화관에서 영화를 볼 때 영사막에 나오는 그림자와 같이 생각하면 되는데 아! 좀체 그게 안 돼요. 사실이 그러한데.

── 예, 그렇습니다. 사실이 그렇다 하더라도 좀처럼 그렇게 되지 않습니다.

백봉 그러기 때문에 이걸 부수기 위해서 성품이 없다느니, 변하는 거라니 갖은 말을 다 해도, 그럴 듯하게 알아듣다가도 나중에 가서는 달라지고 또 달라지고, 되돌아서 '아! 이거 나다, 내 몸이다' 이런 식이라 말이여.

── 정말 그렇습니다. 한 생각 바꾸기가 그렇게 어렵습니다.

백봉 그러니 우리가 공부를 지어 가는데 기복祈福행위나 모습놀이는 공부를 짓는 것과는 다른 문제입니다. 그건 교敎가 아닙니다.

── 교가 아니면 무엇입니까?

백봉 사도邪道가 아니라 외도外道라고 부처님께서 말씀하셨어요. 상승 도리上乘道理로 나가는 사람에게 "이승 도리二乘道理 모습놀이 하는 사람하고 서로 교제도 하지 말라" 이러셨습니다. 그 글 보고 내가 놀랬습니다. 중생들은 근기가 약해 놓으니까 행여 물들까봐서, 부처님도 생각이 있어서 그렇게 말씀하신 것 아니겠어요? 상승 설법을 듣다가도 이승二乘하고 접촉해 버리면, 아! 그만 삐끄러져 버려. 흐트러지지 않고 잊지 않은 그런 슬기를 잘 가지고 가다가도, 다른 데하고 접촉해 버리면 혼란을 가져온다 말이죠. 그러니까 우리는 이 점을 항상 주의해야 됩니다.

우리가 상승 도리로 공부를 하는데 있어서는 '허공이 하나이니

지도리가 하나이고 지도리가 하나이니 목숨이 하나'라는 것을 철저하게 딱 알아버려야 됩니다.
— 예, 선생님 명심하겠습니다.

*지도리(樞): 백봉 선생님께서는 진리라는 말 대신에 지도리라는 말을 쓰심. 진리라고 하면 '참된 이치'를 말하는데, 일단 '참'이라고 말하면 상대적인 '거짓'이 있게 돼서 '거짓된 이치', 즉 가리假理가 있게 된다. 그렇다면 상대성이 된다. 지도리는 절대성이다. 추기경이라고 할 때의 '추樞'자를 말한다. 누리의 알맹이는 지도리라고 해야 한다고 말씀하심. 지도리는 절대의 자리이며, '허공이 하나'라는 것도 절대에 속한다.

◆ 허공은 변할 것이 없다 ◆

백봉　나 늙었어요. 늙었지만 늙은 거 하나도 없어요. 진짜 나의 주인공은 빛깔도 소리도 냄새도 없는 자리인데 늙었다 젊었다 하는 것이 붙질 않아. 그러나 몸뚱이에는 붙어 있거든.
　　　물 같으면 법성신은 물이고 몸뚱이는 파도인데, 파도는 '아까 생겼다 지금 사그라졌다' 이런 말이 붙어. 물은 진짜지만 파도 자체가 가짜거든요. 그렇다고 파도가 물 아닌 건 아니에요. 생겼다가 꺼졌다가 생겼다가 꺼졌다가 그런 거예요. 생겼다고 해서 그 물을 여의는 것도 아니고 또 사그라졌다고 해서 그 물이 없어지는 것도 아니에요.

―― 예, 그렇습니다.

백봉 그러니까 가짜에는 시공간이 들러붙어. 때문에 시공간은 가짜에서 나온 거지 진짜에서 나온 것이 아닙니다. 진짜에서 나온 것이 아니기 때문에 가짜라. 지금 여러분들의 몸뚱이를 끌고 다니는 빛깔도 소리도 냄새도 없는 이 자리는 하늘과 땅이 생기기 전부터 있습니다. 또 지구가 뭉개진 후라도 있습니다.
이까짓 거야 불구덩이로 넣는 무정물 아니에요? 몸뚱이를 유정물이라고 말은 할지언정 실에 있어서 의학적으로 딱 따져보면 몸뚱이는 무정물이거든. 무정물이기 때문에 어릴 때 몸이 없어져도 하나도 괴롭지 않아. 열 살 먹을 때 몸이 없어져도 괴롭지 않아. 서른 살 마흔 살 먹을 때 몸이 없어져도 거기에 관심이 없어.
내가 늙었다 하는 건 변하는 도리인데, '몸뚱이가 나다' 하는 습관 때문에 변한다는 도리를 그만 잊어버리고 늙었다는 명자에 딱 찌들려 있기 때문이야.
그러니까 우리가 이런 도리를 알아서 몸뚱이를 끌고 다니는 이 자리, '이 자리는 빛깔도 소리도 냄새도 없는 자리다' 하는 걸 딱 알아버리면, 사실 오늘 이 자리에서 죽어도 아무 상관없습니다. 이 자리를 모르고 몸뚱이를 진짜 나다 이러면 죽는 거 원통해서 어쩔 거여! 거 참 원통하죠. 죽는다는 말이 제일 기분 나쁜 말입니다. 허나 흙구덩이나 불구덩이에 가기도 전에 몸뚱이는 공중에 이미 산화되는 줄 우리는 알아야 돼. 늙는다는 건 변하는 것이거든. 산화되는 거라. 그러면 공기 중에, 허공 중에 산화되는 건 무관심하고 어찌 불구덩이나 흙구덩이 가는 것에만 관심을 가지겠느냐 그 말입니다.

─ 예, 명심하겠습니다. 선생님.

백봉 몸뚱이를 끌고 다니는 건 성품이라고도 하고, 마음이라고도 하고, 뭐라고 말해도 좋아. 이 자리는 빛깔도 소리도 냄새도 없는 자리여. 허공처럼 빛깔도 소리도 냄새도 없어. 변할래야 변할 것이 없어. 성품도 변할래야 변할 것이 없고.

그렇지만 경계에 닿질려서 일어나는 마음은 자꾸 변해. 허공중에 구름이 있듯이 자꾸 변해. 변하지만 그 마음자리는 변할래야 변할 것이 없어. 그러니 허공하고 한가지여. 결국 만 년 전 허공이나 지금 허공이나 만 년 뒤 허공이나, 만 년 전 성품이나 지금 성품이나 만 년 뒤 성품이나 변하지 않는 건 마찬가지 아니에요?

─ 예, 이치적으로는 충분히 이해됩니다.

백봉 허공은 속히 알아듣는데, '너의 성품' 이러니 좀 어려워.

─ 그렇습니다. 그런데 왜 어렵게 느껴질까요?

백봉 지금까지 '이 몸뚱이를 향해서 자기 스스로 되돌아서 나다' 하는 습성에 꽉 절여 있기 때문에 어려운 겁니다. 이것 때문에 안 되는 거예요.

여러분들, 불법의 상승 도리는 절대 과학적입니다. 몇 천만 년이 지나더라도 과학이 미치지는 못하겠지만, 우리는 과학이란 말을 빌려서 얘기할 수밖에 없습니다. 그러니 여러분들 절대 관념적으로 생각하지 마세요. 그런데 우리 불교도 관념적으로 생각하는 사람들이 있어. '내가 죽으면 누구에게 의지해야지'라고 해. 하지만 관념으로 인생 문제가 해결되겠느냐 말이에요. 여러분들 생각해 보세요.

그러니 여러분들 과학적으로 들어갑시다. 앞에서 허공을 말했습니다만 사실은 지금 허공이나 만 년 전 허공이나 만 년 후 허공이나 한가지거든.

── 예, 허공은 모습이 없어서 변할 것이 없으므로 지금 허공이나 만 년 전 허공이나 만 년 후 허공이 같습니다.

백봉 몸뚱이 이건 가짜 아니에요? 가짜기 때문에 자꾸 변하는 거지. 자체성도 없는 것, 변하는 것이거든.

── 몸뚱이가 쉬지 않고 변하는 것은 확실합니다.

백봉 '진짜 나'라 하는 건 빛깔도 소리도 냄새도 없는 자리거든.

── 이 몸뚱이가 자꾸 변해 없어지고 나중에는 불구덩이나 흙구덩이로 가서 형체도 없이 사라져 버리니 진짜 내가 아니라는 것은 알겠습니다. 그런데 돌아서면 '그래도……' 하게 됩니다.

백봉 '이 몸뚱이가 나다' 하는 생각에 찌들어서 이것이 좀처럼 납득이 안 가고 의심도 나겠지만 여러분들이 자꾸 듣고 생각하면 딱 믿어집니다.

── 정말 믿어질까요?

백봉 믿어지지, 사실이니까. 그때 가야 참말로 공부가 됩니다. 여러분이 지금 다른 생각을 말하고 있지만, 다른 생각을 나툴 수 있는 그 자리는 지금이나 만 년 전이나 만 년 후나 한가지거든. 우리가 그렇게 생각하면 참말로 나는 '허공으로서의 나다', '마음으로서의 나다', '여여부동如如不動한 움직이지 않는 것이 나다' 하는 것이 딱 인정된다 말이죠. 인정될 때 내가 말하지 않더라도 답이 저절로 나오는 거예요.

내가 왜 잔소리를 자꾸 하느냐 하면, 이 법은 이렇게 따져 들어가지 않으면 인생 문제 해결이 안 됩니다. 좌우간 머리털만큼이라도 모습에 치우쳐서 '어쩌고 어쩌고' 하다가는 공부하면 할수록 외도가 굳어지기만 하는 거라. 외도가 굳어지면 인생 문제 해결은 감감해. 내가 허공이란 말을 빌려 이런 말 하니까 그럴 듯한 것 같지, 참말로 기막힌 소식입니다.

솔직한 말로 이 공부를 하는 사람들은 가만히 앉아서 손가락 하나 까딱 하지 않고 발가락 하나 움직이지 않고 억 년 전 소식을 이 자리에 가져옵니다. 억 년 뒤의 소식도 이 자리에 가져와요.

—— 예? 선생님, 어떻게 그럴 수 있습니까?

백봉 이거 무슨 뜻이냐? 여러분들의 몸뚱이를 끌고 다니는 슬기 자리, 지혜 자리, 기미(幾) 자리는 억 년 전이나 십 억 년 전이나 지구가 생기기 전이나 지구가 쪼개진 후라도 변하는 것이 없습니다.

—— 어째서 변하는 것이 없습니까?

백봉 그 자리에 빛깔도 소리도 냄새도 없기 때문에 변할래야 변할 것이 없어. 그 자리에서 한 가닥 여김을 일으켜서 이 몸들을 받은 거예요. 여러분이 지금 현재 쓰고 있는 마음은 다 변하는 겁니다.

─ 우리가 쓰고 있는 마음이 왜 변합니까?

백봉 여러분의 마음이 왜 변하느냐 하면 경계에 따라서 마음이 생기거든. 소나무를 보면 '소나무다' 하는 마음이 생겨. 꽃을 보면 '꽃이다' 하는 마음이 생겨. 바다를 보면 '바다다' 하는 마음이 생겨. 이건 상대성에 속하기 때문에 경계가 달라.

─ 그럼 경계에 따라 변하는 마음은 어디서 옵니까?

백봉 경계에 따라서 느끼는 마음은 다를지언정, 느끼는 마음의 바탕은 억 년 전이나 십억 년 전이나 허공으로 더불어서 하나입니다. 조금도 다를 것이 없습니다. 그러기 때문에 이 소식을 알면 지금 느끼고 생각하는 그 자리가 억 년 전에도 그것이거든요.

─ 너무 크고 생소한 말씀이라 어리둥절하지만 이치를 따져보면 이해는 됩니다.

백봉 억 년 전이다, 지금이다, 억 년 뒤다, 시간이라 하는 것은 모습으로서 시간입니다. 모습으로서는 어제가 있고 오늘이 있어. 하지만 그건 지구를 바탕으로 해서, 또 우리의 몸뚱이를 바탕으로 해서 실답지 않은 그 모습이 자꾸 변하는 것이거든요. 그러니까 모습으로서는 어제와 오늘이 있다 할지라도 실다운 것은 아니거든요.

─ 예, 알겠습니다. 선생님.

◀ 허공과 성품은 둘이 아니다 ▶

백봉 여러분들 이거 자신 딱 가져 버리세요. 모습이 있으면 언제라는 말이 성립이 돼. 그렇겠지?

── 예, 그렇습니다.

백봉 그렇다면 아무것도 없는데, 모습이 없는데 언제란 말이 어찌 성립이 되느냐 말이여. 성립 안 되지?

── 예, 성립 안 됩니다.

백봉 그런데 이놈, 우리가 가졌기 때문에 더 문제라.

── 예? 우리가 이놈을 가졌다고요?

백봉 아, 성립이 되든 말든 내가 무관심하면 그만이겠지만 보고 듣고 말하는 이놈을 우리가 가지고 있거든. 그런데 다행히 허공이란 말이여. 이놈을 허공이라고 해도 좋아. 성품이라고 해도 좋고. 상관없어.

그러면 이놈이 언제부터 있었나? 우리들 사람이란 참 굉장한 존재야. 사람 하나가 전 누리의 존재거든. 전 누리와 사람은 하나지 둘이 아니야. 지금 영도 앞바다 물과 태평양 물은 둘이 아니야. 절대 둘이 아니야.

── 예, 물은 하나입니다.

백봉 공연히 우리가 어떤 분별을 가지고 이리 갈라놓고 저리 갈라놓기 때문에 둘이지. 물론 바다의 이름이야 다르지. 영도 앞바다와 태평양, 바다 이름이야 다르지. 하지만 그건 우리가 분별해서 지어

놓은 거야.
── 예, 그렇습니다.

백봉　내가 인정하면 난 이놈을 찾아낼 수 있어. 그런데 찾아낼 수 없기 때문에 난 인정 안 한단 말이야. 그러나 부인도 안 해. 난 인정도 안 하고 부인도 안 해. 이거 중요한 설명이에요. 허공과 꼭 같거든.
── 인정도 안 하고 부인도 안 하는데 왜 허공과 꼭 같습니까?
백봉　만약 모습이 있다면 이걸 어떻게 같다고 하겠느냐 말이여.
── 만약 모습이 있다면 절대 같을 수가 없습니다.
백봉　같다 하면 변괴에요, 변괴. 그러기 때문에 '바로 그놈이 허공이다', 이럴 수밖에 더 있어? 이거 참 어려워요. 참 어려운 대목이에요.
── 예, 선생님 '모습이 없다'라는 말이 이해가 잘 되지 않습니다.

백봉　'마음이 허공을 싸고 있다.' '마음이 허공과 같다.' 이전 어른들도 써요. 나도 그런 말을 쓰고 있어요. 이전 어른들이 말씀하신 건 나와 같은 뜻으로 그걸 알아듣기 쉽게 하기 위해서 말씀한 것이지.
── 마음이 허공을 싸고 있다면 마음과 허공이 따로 있는 것입니까?
백봉　마음은 마음대로 따로 있고 허공은 허공대로 따로 있어서 우리의 마음이 허공을 싸고, 이걸 뜻하는 건 아니에요.
　　다시 말하자면 내가 「반야심경」을 번역한 것 중에 색즉시공色卽是空 공즉시색空卽是色의 색色을 '것'이라 하고, 색色·성聲·향香·미味·촉觸·법法에서 색色을 '빛깔'이라고 한 것과 마찬가지로, 부처님이 마음을 빛깔이라 말씀하신 것은 아니거든. 빛깔 색色자를 쓰긴 썼어. 그러나 부처님의 뜻은 그것이 아니거든. 그러기 때문에 처음엔 것이라 하고 아래에 가선 빛깔이라 하고 한 거예요. 그러니 이 설법은 상당히 어렵습니다. 말마디가 어려운 건 아니에요. 이해하기가 어려워요.

── 사실 이해하기가 어렵습니다. 그런데 왜 이해하기 어려울까요?

백봉　왜 어려우냐? 지금까지 모습놀이, 명자名字놀이에 그만 우리가 닿질려 있어. 절여 있기 때문이야.

── 그러면 비록 지금까지 우리가 명자와 모습놀이에 절여 있었다 하더라도 바로 지금 명자놀이와 모습놀이를 청산할 수는 없을까요?

백봉　만약 여러분이 명자놀이, 모습놀이를 지금 청산한다고 가정하더라도, 이놈의 잠재의식이, 자기도 모르는 잠재의식이 자꾸 그렇게 안 돼. 이것뿐이에요. 다른 거 아니에요.

그러니 여러분들 이렇게 생각하면 됩니다. 허공이 따로 있고 마음이 따로 있다면 법이 두 개 아니에요? 허공법이 있고 마음법이 있고.

── 예, 그러면 법이 두 개입니다.

백봉　나도 허공이란 말을 쓰지. 『금강경』에도 많이 쓰고 있어요.

법은 하난데 법이 왜 둘이냐? 여러분들 이렇게 한 번 생각해 보세요. 법이 왜 하나인고? 허공이 하나이니 법이 하나 아닌가? 허공이 하나이니 진리가 하나 아닌가?

―― 허공이 하나이니 법이 하나라 하면 세상에 벌어져 있는 삼라만상은 어디서 왔습니까?

백봉 산도 있고 물도 있고 사람도 있고 나무도 있는데, 그것은 하나인 그 법에서 일위일상一位一相, 하나인 절대성絶對性에서 나온 상대성相對性놀이거든. 그러니 그건 다른 문제야.

―― 절대성에서 나온 상대성이라 하지만 상대성도 법 아닙니까?

백봉 아무리 상대성놀이를 한다 하더라도 어느 것도 허공성虛空性을 벗어난 것이 없어. 산도 허공성을 벗어난 것이 없고, 물도 허공성을 벗어난 것이 없고, 낮 빛깔 밤 빛깔도 허공성을 벗어난 것이 없고, 이 책도 허공성을 벗어난 것이 없어요.

―― 모든 상대성은 허공성이라는 말씀이지요?

백봉 태평양 물은 하나라. 물은 하나지만 그 물에서 파도가 일어나는 것은 천 가지 만 가지로 일어나. 물을 절대성이라고 한다면 파도가 일어나는 것은 상대성이거든. 바람의 힘에 따라서 그 입지 조건에 따라서 큰 거품도 이루고 작은 물결도 이루는 것이거든. 그러나 물임에는 틀림없거든.

―― 예, 그렇습니다.

백봉 몸도 허공성이요, 태양도 허공성이요, 산도 허공성이요, 돌도 허공성이거든. 그건 하나거든. 허공성에 둘이 있는가?

―― 모습이 없는 허공에 하나도 없는데 둘이 있을 수 없습니다.

백봉 허공이란 건 아무 모습도 없는데 어찌 둘이 있겠는가? 이런 결론이 나오는 거 아니여? 우리가 과학적으로 이렇게 따져 들어가면 인생 문제 해결하는 거 문제 아니여. 인생 그까짓 거 뭐 해결할 것도 없어. 누리의 문제가 그대로 해결돼 버리거든. 그렇지 않아요?

— 그렇기는 하겠습니다.

백봉 그래서 우리는 이걸 확실히 알아둬야 돼. 모습이 없는 허공에 언제부터란 말이 성립되겠느냐 말이야, 도대체.

— 성립될 수 없습니다.

백봉 그러니 무시無始란 말이여. 비롯이 없단 말이여. 또 모습이 없는 허공에 언제 없어진단 말이 성립되겠느냐 말이여.

— 성립될 수 없습니다.

백봉 그러니까 마침이 없는 것이거든. 우리가 이걸 가졌단 말이여! 우리가 전부 요리를 하고 있어! 요리를 하고 있어! 그러니 나중에 상대성을 나투어서 차별상을 나투는 거 (참 희한한 걸 나투니까, 유정 무정을 나투니까) 그건 별문제로 하고.

그러니까 우리가 주인공이거든. 허공의 주인공이 누구냐 말이여. 슬기 자리 아닌가? 슬기가 나 아닌가? 자네 아닌가? 어째, 논리상으로 맞겠지?

— 이치에도 맞고, 논리적으로 이해도 갑니다만, 허공이 진짜 나라고 하시니 그 대목에서는 말이 꽉 막혀 버립니다.

백봉 또 우리가 과학적으로 말해도 맞지 않겠나? 그 이상 말할 도리가 없지 않겠나? 이치가.

―― 예, 이치는 그렇습니다.

백봉 그러기 때문에, 우리가 원칙적인 이거를 모르고 백 년을 공부해 본들 이걸 알 수 있겠는가?

―― 어려울 것 같습니다.

백봉 우리 사람의 나타난 분상으로서는 죽었다 났다 죽었다 하는 게 근본적으로 가장 중대한 문제 아닌가?

―― 예, 가장 중요한 문제입니다.

백봉 생사의 뿌리가 여기 있는 것이거든. 그러기 때문에 불교를 좀 어렵다 합니다. 이 불교 철학을 어렵다 하는 이유가 여기 있거든. 그러니까 이것부터 우리가 확실히 알아야 됩니다. 이것부터 알아야 나중에 설법을 들어도 납득이 가고 책을 봐도 납득이 가지. 이걸 모르면 도저히 납득 안 가. 그럴 듯해. 그럴 듯해도 어려워. '허참, 허공! 말은 맞단 말이여' 하고 수긍을 해. 수긍을 하면서도 어려워.

―― 예, 정말 그렇습니다.

백봉 어쨌든지 여러분들은 이 기회를 통해서, 단단히 알아두세요. '옳지, 어머니가 나를 낳아주셨다', 이거 인정하세요, 사실이니까. 그러나 그건 색신이란 말이여.
'나의 법신 자리는 하늘과 땅이 나뉘기 전부터 있다.' 이렇게만 아십시오. 이거는 거짓말이 아니에요. 거짓말 같으면 내가 여기서 설법할 수 있겠습니까? 설법해집니까?

허공은 모습이 없다 81

보고 듣고 말하는 이놈! 아무 모습이 없어요.
허공 이놈! 아무 모습이 없어요.

색신은 어머니의 배를 빌렸어. 하지만 보고 듣고 말하는 이놈은 그만 그대로가 허공이에요. 그러니 내가 지혜를 잔뜩 짜낸다 하더라도 이 이상 말이 안 돼. 내가 이러한 우리의 성품 자체를 억만 분의 일도 드러내지 못하고 있어요. 다만 우리가 이걸 개발하기 위해서 근사하게 여기에다 좀 깔짝깔짝 하고, 저기에다 좀 깔짝깔짝 할 뿐이라. 내가 이걸 어찌 말할 수 있겠노. 나는 그렇다고 치더라도, 만약 부처님이 이 자리에 오셨다면 부처님인들 어떻게 이 자리를 말씀하겠느냐 말이여. 어떻게 말씀할 수 있겠는가!
그러니까 결국 이건 조금씩 조금씩 방편으로써 한 얘기를 붙들고 자기 스스로 깨닫는 수밖에 도리가 없어. 이건 어쩔 도리가 없어. 그러기 때문에 스님들이 처자를 버리고, 부모를 버리면서 공부하는 것이고, 우리가 스님들을 존경하는 이유가 거기에 있지. (공부를 하고 안 하고, 공부가 되든 안 되든 그건 별문제로 하고) 그런 뜻이 있기 때문에 고맙다고 하는 것이거든. 다른 거 아니에요. 다 이유가 있어요.
좌우간 여러분들 단단히 들으세요. 지금 현재 여러분들이 내 말을 듣고 있는 그 자리, 그것이 바로 허공이라. 그래서 여러분이 모든 걸 종합해서 가만히 생각해 보면, 허공이 없어. 물론 마음도 없어. 아무것도 없지만 우리가 말을 나투어야 되거든. 허공이란 명자를 붙여, 마음이란 이름도 붙여서 우리가 굴리자는 말이여.

물론 굴리는 건 거짓이거든. 거짓인 거 알고 우리가 굴리자는 거예요.

―― 이렇게 굴려 나가면 나중에 어떻게 됩니까?
백봉 몸은 가짜니까 생사, 죽고 살고 연속이라. 의학적으로 과학적으로 증명됐으니 이제는 말할 것도 없고. 여러분들이 참으로 진지하게 생각해 가면, 우리의 주인공은 보고 듣고 말하는 이놈인데 '아! 그렇구나! 보는 그놈이 바로 허공이네! 어? 그러면 나도 허공이네!' 허공이란 것도 빌려 온 말이라. 이걸 법신이라고도 하는데, '아! 법신이란 말도 빌려 온 말이로구나!' 이런 생각들이 나지 않겠어요?
―― 예, 그럴 수 있을 것 같습니다.

백봉 허공이라는 말도 가짜라는 걸, 빌려 온 이름이라고 하는 걸 전제로 해서 내 말을 들어야 돼요. 허공이 어디 있나요?
―― 없습니다.
백봉 허공! 없죠?
―― 예, 없습니다.
백봉 허공이라는 것도 빌려 온 이름이에요. 빌려 온 이름. 또 우리 마음도 빌려 온 이름이에요. 마음이 어디 있나요?
―― 없습니다.

백봉 그런데 '아! 전기불이 환하구나!' 아! 이거 다 아네! 그래서 이놈을 거부하지 못합니다. 만약 우리가 아는 것도 없고 보는 것도 없고 듣는 것도 없다면 거부해 버리겠어요. 눈에 보이지 않으면 '없다' 하겠는데, 아! 있으니 답답한 노릇이라. 내버리려니 내버리지도 못해. 이걸 떡 주무르듯이 막 주무르네. 하하하!

거기 있는 노보살님, 빙긋이 웃네요. 누가 웃나요? 허공이 웃는 거 아니에요? 허공이 웃는 것이 노보살의 얼굴, 가죽 주머니를 통해서 웃음을 나타내는 거예요. 그렇죠? 우리의 얼굴에는 성품이 없다는 걸, 우리가 알지 않나요?

─ 예, 이해합니다.

백봉 그러기 때문에 이건 죽는 것이 아니라는 결론이 나오는 거예요. 죽는다, 산다는 말마디가 끊어진 자리거든.

노보살님, 팔십이 돼서 흙구덩이나 불구덩이로 가는 거 헛것이거든요. 진짜 소소영영昭昭靈靈한 그 자리는 하늘과 땅을 앞해서 의젓해 있거든요. 그러니까 걱정할 것 없단 말이지요. 하하하!

이것이 아무 모습도 없기 때문에, 우리가 걷어잡아서 말을 못하는 그런 자리기 때문에 신선한 자리고 절대성 자리지.

우리가 떡 주무르듯이 주무른다고 걷어잡을 수 있다면 그까짓 거 무슨 가치가 있나요? 몇 푼어치 가치가 돼요? 우리가 붙잡을 수 없으면서도 이 입을 통해서 마음대로 말하고, 손을 통해서 모든 형용을 이래 하니, 이거 참! 한쪽으로 생각하면 참, 고맙고 거룩하고 절까지도 하고 싶죠. 하하하!

─ 예, 선생님 명심하겠습니다.

허공으로서의 나

◆ 타이어 법문 ◆

백봉   타이어 안에 있는 공기는 같은 공기지만 타이어가 뚫어져서 여기 저기 구멍이 나면, 그 구멍에서 '삐' 하고 큰 소리가 나거나 작은 소리가 나는 것은 다 달라. 공기가 구멍을 통해서 나오는 소리는 다 다르지만 공기는 하나예요.
그러한 원리가 있기 때문에 '내가 있기 때문에 네가 있다. 내가 있기 때문에 불보살이 계신다. 내가 있기 때문에 욕계欲界·색계色界·무색계無色界가 있다' 이럴 수 있어요. 여러분들 이거 무슨 말입니까?
── 잘 모르겠습니다.

백봉 이거 단단히 들으세요. 우리의 법신法身자리, 체성면體性面자리, 성품性品자리에서 내가 나툰 것이니, 나는 벌써 이 누리를 대표한 것이에요.

―― 그러면 다른 사람은 어떻습니까?

백봉 다른 사람도 나와 꼭 같이 누리를 대표하고 있어. 나와 꼭 같은 체성면이 있어. 거기서 나툰 거여, 다른 사람도.

―― 나와 다른 사람이 체성면이 같다면 모습이 왜 다릅니까?

백봉 상대성으로 우리가 모습은 서로 다 달라. 부처님과 내가 다르고 너와 내가 다르지마는 그 바탕은 같은 거라.

―― '바탕은 같은 데 모습이 다르다', 그 이치를 잘 이해할 수 없습니다.

백봉 '내가 있음으로서 네가 있고, 내가 있음으로서 불보살도 계신다.' 또 거꾸로 말해도 돼. '불보살이 있기 때문에 내가 있다. 네가 있기 때문에 내가 있다', 이렇게 말해도 되는 거예요. '내'가 있기 때문에 제불보살諸佛菩薩도 발을 붙일 곳이 있다, 그 말입니다.

―― 어째서 '내'가 있기 때문에 제불보살이 발붙일 곳이 있다고 하십니까?

백봉 색신으로서의 내가 아니거든. 알아듣기 쉽게 비유해서 말하자면, '허공으로서의 나', '슬기로서의 나', '신성神性으로서의 나' 이걸 말한 거예요.

물론 그 '나'는 빛깔도 소리도 냄새도 없어요. 그러나 슬기가 있거든. 눈이라는 기관을 빌려서 보기도 하고, 귀라는 기관을 통해서 듣기도 하고, 입이라는 기관을 통해서 말도 할 수 있는 그 자리, 그 자리가 없다면 불보살이 어디서 나왔겠어요? 또 불보살을 끌고 다니는 그 자리가 없다면 우리는 어디서 나왔겠어요? 마찬가집니다. 여기에서

> 부처님 거울속의 제자의몸은
> 제자의 거울속의 부처님에게
> 되돌아 귀의하는 이치를알면
> 부처가 부처이름 밝히심이네

라는 노래의 의미가 나오거든요.
앞에서 얘기한 것처럼 명자에만 얽매이지 않으면 그대로 풀려 가는데, 쭉 생각하다가도 명자, 이름자만 나오면 여기에 탁 걸려 버려. 그래서 우리가 대도大道를 성취하지 못하는 겁니다. 사실은 대도니 소도小道가 있을 수가 없어. 철저히 깨친 거를 대도라 할 수 있어요. 앞에서 말한 것처럼 '내'가 있기 때문에 불보살이 있는 거예요. 또 불보살이 있기 때문에 '내'가 있는 것이거든.

── 그 이유가 무엇입니까?

백봉 바탕이 하나이기 때문에 '내가 있기 때문에 네가 있다', 이렇게 말하는 거예요. 여기서 욕계·색계·무색계도 '내'가 있기 때문에 나오는 거예요.
물거품이 있기 때문에 물이 있고, 물이 있기 때문에 물거품이 있

어. 물거품과 물이 둘인가요? 하나지. 물론 일어나는 현상은 다르더라도 물거품이 있기 때문에 물이 있어. 물이 있기 때문에 물거품이 있어. 물거품이 곧 물이고, 물이 곧 물거품이라고 해도 되거든.

그러니 빛깔도 소리도 냄새도 없는 나의 성품 자리가 허공과 같다고 할 수 있지. 우리가 가죽 주머니로서의 나가 아니고 '허공으로서의 나'라고 말하는 이유가 그겁니다. 이걸 딱 걷어잡지 못하면 공부 백 년 해봤자 소용없습니다. 만 년 해봤자 소용없습니다.

── 예, 선생님 깊이 명심하겠습니다.

◀ 허공으로서의 나 ▶

백봉 자, 여러분의 몸뚱이는 성품이 없다는 거 앞에서 내가 얘기했죠? 가만히 생각해 보면 알 겁니다. 여러분의 몸뚱이는 성품이 없습니다. 우리 몸은 일 초에도 수십만 개의 세포가 변하고 있어요. 그러기 때문에 여러분들은 가죽 주머니로서의 여러분이 아니에요. 가죽 주머니로서의 나라고 하면, 한 살 때의 몸뚱이는 어디에 있는가? 또 열 살 때의 몸은 어쨌는가? 알겠어요?

── 한 살 때, 열 살 때 몸은 계속 신진대사를 하면서 자라지 않았습니까?

백봉 그건 그대로 다 날라 갔어.

── 그때 몸은 없어졌지만 지금 이 몸은 있지 않습니까? 이 몸뚱이가 내가 아니라면 무엇을 나라고 해야 합니까?

백봉 허공으로서인 여러분이에요.

── 예? 허공으로서인 나라고요?

백봉 몸뚱이는 가짜여. 성품이 없어. 나라고 해봐도 어쩔 도리가 없어. 어리석은 사람들은 이걸 보고 나라고 하지만 어쩔 도리가 없어.

── 왜 이 몸을 나라고 해봐도 어쩔 도리가 없는 것입니까?

백봉 이거 자꾸 변하니까, 내가 아니지요?

── 네, 몸이 자꾸 변하니 어떤 몸을 내 몸이라고 할 수 없을 것 같습니다만······

백봉 과학적으로 그렇죠? 의학적으로 그렇죠? 이거 자꾸 변해. 변하기 때문에 우리가 늙는 거 아닌가?

── 이 몸이 한 순간도 머물지 않고 계속 변한다면 나라고 딱 지정할 몸이 없기는 없겠습니다. 나라고 하는 순간 이미 다른 몸으로 변했을 테니까요.

백봉 몸뚱이는 성품性品이 없죠? 그걸 말하는 겁니다. 의학적으로 의사한테 가서 물어보세요. 몸뚱이는 성품이 없어요. 그러나 몸을 끌고 다니는 보고 듣고 생각하는 이놈은 진짜거든.

── 이 몸뚱이를 끌고 다니는 놈은 어째서 진짜입니까?

백봉 왜 진짜냐? 이놈은 변할래야 변할 것이 없어. 몸뚱이는 변할 물건이 있잖아요? 모습이 있거든. 그러니까 몸뚱이는 변하는 것이거

든. 그러나 이걸 끌고 다니는 그 자리, 소소영영昭昭靈靈한 그 자리
는 변할 것이 없어요.
── 몸뚱이를 끌고 다니는 소소영영한 그 자리는 변할 모습이 없다는
말씀이지요?

백봉 뭣에 비유하면 좋겠노? 한 번 생각해 봅시다. 허공이란 것이 말만
허공이지, 본래 허공이 없어요.
── 가만히 생각해 보면 본래 허공은 없습니다.
백봉 허공, 빌려 온 이름이에요.
── 예, 허공이라는 이름뿐입니다.

백봉 그러기 때문에 보고 듣고 하는 이놈이 허공과 한가지란 말이여.
그러면 허공에 내 허공 네 허공이 있는가?
── 허공에 모습이 없으니 딱히 나눌 수가 없습니다.
백봉 없죠? 내 허공 네 허공 없죠?
── 예, 없습니다.

백봉 그러니까 여기서 '이만큼은 내 허공이다'라고 할 수 없기 때문에
여러분은 허공으로서의 여러분이란 말이여.
── 이치적으로는 이해가 됩니다만, 그래도 내가 '허공으로서의 나'라
고 하시니 얼떨떨하여 실감이 오지 않습니다.
백봉 다른 거 아니여. 내 말이 거짓말인가요? 과학적 아닌가요?
── 몸뚱이가 찰나도 쉬지 않고 변한다는 것은 알아들었습니다만, 그
래도 이 몸뚱이가 나라고 여태까지 생각해 왔는데 진짜 내가 아

니라고 하시니, 의지할 곳이 없어서 두렵기도 하고 허망하기도 해서 정신이 아득해지는 것 같습니다.

백봉 여러분은 가죽 주머니가 아니에요. 가죽 주머니는 자꾸 변한단 말이죠. 가죽 주머니가 몇 푼어치나 돼요? 만약 용감한 분이 있다면 다리 하나 끊어내요. 그것이 귀하다면 시장에 가서 팔아봅시다. 나는 돼지다리를 하나 가지고, 여러분은 여러분의 다리 하나 메고 가 봅시다. 누가 사는가. 돼지다리는 좋다고 사지만 여러분의 다리는 안 사. 갖다 놓으면 그만 겁을 내서 도망가 버려.

―― 아마 그럴 것입니다.

백봉 아, 그런 걸 가지고 귀한 내다 이러고 있으니 가만히 생각해 보세요. 우리 정신 바짝 차립시다. 돼지다리, 개다리만큼도 못한 몸뚱이를 가지고서, 시장에 가 본들 돈 한 푼 안 주는 이걸 가지고, 늘 변하는 이걸 나라고 하고 있으니, 사람이 기막힐 일 아니에요? 어떻습니까? 여러분 여기는 공부하는 자리기 때문에 딱 깨 놓고 말합니다. 오해는 하지 마세요. 왜 여러분의 몸뚱이가 천근같은 소중한 몸이 아니겠어요?

허나 일단 우리 몸뚱이를 한 번 부인해 봅시다.

―― '내 몸뚱이를 부인해 본다?' 이것이 없으면 아무것도 없지 않습니까?

백봉 부인하고 나니 벌써 나의 변함없는 허공심이네. 그러기 때문에 이것이 '허공으로서인 나'지.

── 이치적으로는 그럴 수 있을 것 같습니다만 실감이 안 옵니다.

백봉   사실은 부인하고 싶지만 참말로 이것뿐이 없어. 틀림없어. 이걸 볼 줄 아는 이놈이 하나 있단 말이지. 저 목탁 소리가 내게 들려와. 만약 이런 것이 없다면 내가 부인하겠지만 이걸 어떻게 부인하겠어요? 여러분이 이걸 어떻게 부인하겠어요?

── 부인할 수 없는 것은 사실입니다.

백봉   가만히 알고 보니 이놈이 절대성 자린데, 이놈에서 상대성인 이 육신을 나퉜거든. 이것만 안다면 몸뚱이에 왜 들어앉겠어요? 몸뚱이야 어디 가서 내버려도 그만이라. 이거 어디 좀 잘못되면 그냥 내버리고 다른 몸 받으면 되지 않아요? 얼마든지 되는 거 아니에요? 이러기 때문에 우리는 수억 수천만 번이 아니라, 수억 천만의 그 억천만 항하수 모래수와 같이 우리는 죽었다 살았다, 죽었다 살았다 이렇게 늘 지내왔어요.
허공에 어제가 있고 오늘이 있고 내일이 있을 수 없거든.

── 예, 허공 자체에는 어제 허공, 오늘 허공, 내일 허공이 있을 수 없습니다.

백봉   허공중에 구름이 끼고 해가 뜨고 하는 것은 그 자체로서의 변화지 허공이 변하는 것은 아니에요. 구름이 끼어도 그 허공, 비가 올 때도 그 허공, 날이 맑아도 그 허공이거든.

── 예, 그렇습니다.

백봉   오늘의 허공이 어제의 허공이고, 어제의 허공이 천 년 전 허공이고,

천 년 전 허공이 만 년 후 허공이거든. 여러분들 이거 납득 가죠?
── 예, 납득이 됩니다.
백봉 허공에 어떠한 모습이 있다면 오늘도 다르고 내일도 달라.
── 어떤 모습을 가진 허공이라면 그 모습이 변해 가니 같은 허공이 될 수 없습니다.
백봉 이 허공은 빛깔도 소리도 냄새도 없기 때문에 다를래야 다를 것이 없어. 그러니까 지금 허공이 바로 천 년 전 허공이고, 천 년 전 허공이 바로 지금 허공이고, 지금 허공이 바로 억 년 뒤의 허공이여.
── 예, 그렇습니다.

백봉 요즈음은 말로만 해도 이거를 다 납득합니다. '참 그렇다! 허공 하면 그렇다'라고 납득이 갑니다. 그러면 우리가 한 번 가만히 생각해 봅시다. 무정물인 이 몸뚱이를 끌고 다니는 우리의 성품 자리가 '참말로 있는가?' 하고 쳐다보니 없어. '없다' 하고 보면 눈이라는 기관을 통해서 보고, 귀라는 기관을 통해서 말을 듣는 것이 있어.

── 그러면 허공이 있는 겁니까? 없는 겁니까?
백봉 허공, 이거 없는 거여. 그런데 하나의 슬기가 나와. 태양도 나오고, 별도 나오고, 지구도 나와. 거참 이상하다 말이여! 아무것도 없는 건데. 그런데 지구도 허공에 의지해 있고, 태양도 허공에 의지해 있네. 참, 이거 기막힌 일이여!
허공! 있는 거냐? 걸어잡을래야 걸어잡을 수 없거든, 없어. 그러면 지구가 어디서 왔노? 허공에서 왔지 어디서 왔겠노? 지구가 생긴 지 46억 년 정도 된다 하니까, 46억 전에는 지구가 없었다는 말인가요? 그렇다면 이상하단 말이지. 허공이 없는 게 아니라 지구가 될 수 있는 요소, 태양이 이루어질 수 있는 요소가 있기 때문에 태양도 되고 지구도 되고 별도 된 거라.

── 예, 그럴 수 있겠습니다.

백봉 이 문제가 너무 어렵다 하더라도 그대로 볼 수밖에는. 지구나 별들이 허공중에 의지해 있네. 아, 이거 참 희한하다 말이여! 생겼으면 자꾸 어디로 떨어져야 되겠는데 떨어지지도 않고 있어. 태양과 지구와 달의 거리는 때에 따라서 넓어졌다 좁아졌다 하면서 허공에 의지하고 있으니 이 허공 무시하지 못할 거라.
어떻든지 여러분들이 이거 굳혀 버려야 돼요. 불교 공부 안 해도 좋아요. 이건 사실이니까. 사실을 사실대로 우리는 굳혀야 되거든. '허공으로서의 나다!'

── 선생님 다시 한 번 말씀해 주십시오. 어째서 '허공으로서의 나'입니까?

백봉 허공이 나를 여의지 않았어, 맞는 소리 아니에요? 허공이 나를 여의지 않았으니 나도 허공을 여의지 않았어. 물론 우리 육신도 허공성, 마음도 허공성이란 말을 안 해도 그렇다 말이여. 내가 어찌 허공을 여의겠나? 내가 어떤 죽을 죄를 지었다 하더라도 허공을 떠날 수 없거든.

―― 예, 우리는 허공을 떠날 수 없습니다.

백봉 그러니까 허공은 나를 여의지 않은 거야. 따라서 내가 허공을 여의지 않은 거여.

―― 선생님, 처음 듣는 말씀입니다.

백봉 처음 듣는 말이지? 이런 말 많이 들었어요. 사실을 말하는데 처음 듣는 말이라고 해. 늘 하는 말 아니에요? 어제 이야기를 들은 분들이 말하는 것을 보니 반향이 있는 거 같네요.

―― 무슨 말에 반향이 있습니까?

백봉 '허공으로서의 나'라는 말에 반향이 있는 모양이라. 물론 보림선원에서는 보통으로 하는 말이거든. 누리의 진리가 좀 엉뚱해. 우리의 색상신분色相身分으로 보면 너무나 엉뚱하거든.

―― 선생님, 정말 그렇습니다. 모든 모습이 허망하고 이 몸뚱이는 내가 아니다. 빛깔도 소리도 냄새도 없고, 걸어잡을 수도 없는 허공이 진짜 나라고 하시니 참으로 당황스럽습니다.

백봉 사실 색상신분이 아니면 말할 것도 없이 척척 하면 척척 아는 건데, 몸뚱이가 나라고 하는 이 고집 때문에…… 여러분들 어떻든지 '허공으로서의 나'다. 사실 허공이란 없는 거예요. 말하기 쉬워서 '허공으로서의 나' 이런 말을 빌려다 하는 거예요. '슬기로서의 나' 하면 조금 이상해. 이상할 것도 없는데 실감이 잘 안 와. 그래서 '성품으로서의 나'다 해도 실감이 잘 안 오는 거 같아. '허공으로서의 나'다 이렇게 해야 실감이 가. 그러니까 '허공이란 거짓말이다' 하는 이런 말도 하게 되지.

여러분들은 허공으로서의 여러분들이거든. 허공이란 말을 빌려다가 내가 하는 말인데, 허공으로서인 여러분이거든. 육신으로서인 여러분이 아니야. 육신은 자꾸 변하니까 육신으로서인 여러분이 되려고 해도 될 수가 없다 말이여.

—— 육신으로서인 내가 될 수 없는 까닭이 무엇입니까?

백봉 만약 육신으로서인 여러분이 된다 하면 어릴 때는 없어졌으니까 여러분도 없어져야 될 거라 말이여.

—— 예, 이치적으로 그렇습니다.

백봉 열 살 먹었을 때의 몸이 없어졌으니까 여러분도 없어져야 될 건데 어찌 지금 있는가?

—— 그건 자라는 것으로 볼 수 있지 않습니까?

백봉 그건 자라는 거다? 그럼 지금 몸뚱어리는 그대로 있는가?

—— 아닙니다. 지금 몸도 자꾸 변합니다.

백봉 일이 년 삼사오 년이 지나면 지금 이 몸뚱이도 또 없어져.

—— 예, 그럴 겁니다.

백봉 진짜는 없어지는 법이 아니야.

—— 예, 있다가 없어지는 것은 진짜라 할 수 없습니다.

백봉 없어지지 않으면서 그 인연에 따라서, 인연을 굴리기도 해서 몸을 나툰 거여.

—— 어째서 인연에 따라 몸을 나툴 수 있습니까?

백봉　여러분은 허공으로서인 여러분들이여. 부처님의 법신과 여러분의 법신은 둘이 아니야. 설혹 이 몸을 나투어서 우리가 중생놀이를 한다 하더라도 여러분의 법성신은 부처님이나 꼭 한가지거든.

── 부처님의 법신과 우리의 법신이 어찌 하나입니까?
백봉　동쪽 하늘과 서쪽 하늘이 꼭 같다 말이여. 물론 허공중에는 동쪽도 서쪽도 없지만(동이다 서다 이런 말마디를 빌어서 말하지만), 동쪽 하늘이나 서쪽 하늘이나 한가지지 다를 것이 뭐 있나요?
── 예, 허공중에는 동서남북이 없습니다. 그냥 가없는 허공이 있을 뿐입니다.
백봉　그와 마찬가지로 부처님의 성품과 여러분의 성품이 꼭 한가지거든. 조금도 다를 것이 없어. 그 성품 중에서 구름을 일으켜서 비가 오는 중이라. 그래서 중생이라. 비가 오는 중이라 하더라도 허공은 허공이거든.

── 그러면 중생과 부처님의 법신 자리가 하나라는 말씀 아닙니까?
백봉　'부처님의 법신 자리와 나의 법신 자리가 그대로 하나'라는 이걸 뜻하는 거예요. 이 얘기가 조금 높아. 그런데 여러분들이 '허공으로서의 나'라는 걸 깊이 뼈저리게 느낌으로써 이 문제가 해결되는 거예요. '허공이 하나니 지도리가 하나이고, 지도리가 하나이니 목숨이 하나거든.'
이 육신으로 봐서는 거래去來가 있어. 가고 오는 것이 있어. 하지만 법성신法性身 자리에는 가고 오는 것이 없다는 사실도 알아.

모습으로 봐서는 지구도 하나의 모습이고, 우리의 몸뚱어리도 하나의 모습이라. 모습으로 봐서는 나고 죽는다는, 물거품처럼 나고 물거품처럼 사라진다는 사실이 있지만, 역시 물거품도 물이라는 사실을 알아. 그러니까 통 털어서 하나라는 사실을 알았거든. 따라서 우리가 변하는 이 모습에 들어앉아서는 평생을 그르치는 겁니다. 앞으로 우리 보림선원에서는 절대로 모습놀이 하는 거 치워야 됩니다.

이때까지는 말 안 했습니다. 이제는 막 부숴버릴 거여! 도대체 왜 외도를 배우느냐 말이여! 외도를! 누구를 위한 외도냐 말이여! 배워서 자기네들한테 이익이라도 있으면 괜찮은데, 배우면 배울수록 점점 손해만 가는데 그걸 왜 배우느냐 말이여. 처음엔 알아듣지 못할까봐 그랬는데 이제는 그리 안 하겠어요. 화두까지 바꿔치기 할 때는 나도 어느 정도까지 자신을 가졌어요. '이제는 있는 사람들 건져야 되겠다'는 자신을 어느 정도까지 가졌기 때문에 천 년 내려온 화두를 싹 버렸습니다. 이건 허공이 뒤바뀐 거나 한가집니다. 그러니까 앞으로 생사 문제를 해결하려면 '허공으로서의 나'라는 자신을 가져야 됩니다.

"불법을 불법이라 생각하지 말라. 불법을 불법으로 생각하기 때문에 명자놀이, 모습놀이 하면 사도다"라고 부처님께서 말씀하셨어. 그런 말 들으면서도 자꾸 그렇게 한단 말이여.

— 예, 그렇습니다. 어디에 걸려서 그럴까요?

백봉 죄가 어디 있느냐? 자꾸 몸뚱이에 휘둘려 버려. 거기에 죄가 있는 겁니다.

── 몸뚱이에 휘둘리지 않으려고 해도 어느 새 휘둘리는지도 모르고 이미 휘둘려 있으니 난감합니다.

백봉 하니 여러분들 '허공으로서의 나'라는 게 어떻든지 실감이 오도록 노력하세요. 여러분들 지금 노력 안 하면 후회할 겁니다. 나중에 우리가 숨을 거둘 때 한탄해 본들 소용이 없습니다. 늦어!
우주에 비하면 좁쌀알보다 더 작은 이 지구와, 이 몸뚱이를 나라고 해 놓으니까 도대체 이거 이해가 안 됩니다. 그러기 때문에 이런 건 대개 어느 정도까지 한 고개 넘은 사람들에게 하는 설법이거든요. 이해가 잘 안 되는 대목입니다. 우리가 이 색신을 본위로 해서 여기 들어앉지 말고, 사실 이 색신이란 건 느낌이 없는 무정물 아니에요?

── 예, 그렇습니다.

백봉 이건 의학적으로 딱 증명이 되는 것이거든요. 눈이나 귀나 코나 이거 다 무정물이거든요. 실에 있어서는. 그러니까 눈이 보는 거 아니고, 귀가 듣는 거 아니라는 것도 자명한 일이에요. 본다는 것도 슬기 자리가 보는 것이지 무정물이 뭘 가지고 봅니까? 눈도 무정물, 귀도 무정물로, 이 기관을 통해서 보는 그 자리가 있기 때문에 그런 건데.

── 그런데 선생님의 말씀을 들으면 이해는 됩니다만, 눈이 보고 귀가 듣는다는 생각에서 뛰쳐 날 수 없어서 그 자리라는 말씀만 들으면 순간 '멍' 합니다.

백봉 그러니까 우리가 변하는 색신 이걸 본위로 해서 보지 말고, 그만 '허공으로서의 나'라고 본다면 이것이 전부 납득이 가. 이제 이런 도리를 알았어. 하지만 알아도 그만 깜빡 잊어버리고 '내가 듣는 다', 이런 사고방식이거든.

─ 정말 그렇습니다. 저도 답답합니다. 이해는 됩니다만 실감이 오지 않습니다. 어찌하면 좋을지 모르겠습니다.

백봉 물론 내가 듣는 거예요. 사실에 있어서 내가 안 듣는 것도 아니죠. 그러나 '이 나라는 건 색신으로서의 나가 아니고, 법신으로서의 나'라는 이 근본 바탕을 알아야 됩니다. 이걸 모르면 별별 공부를 해도 소용없습니다.

솔직한 말로 산을 저기 갖다 놓고, 물을 여기 갖다 놓고 해도 아무 소용없습니다. 생사 문제하고 무슨 관련성이 있나요? 그러니 제일 첫째, 우리는 나라고 하는 이걸(몸) 좀 여의어야 되겠는데……

─ 그렇습니다, 선생님. 어떻게 나라고 하는 이걸 여읠 수 있을까요?

백봉 나라는 걸 인정하기 때문에 남을 인정하게 되거든.

─ 예, 내가 있으니 남도 있게 되지요.

백봉 나라는 걸 인정하게 되니까 부처를 인정하게 된다 말이죠.

─ 그래도 부처님은 좀……

백봉 참말로 공부하는 분들은 살불살조殺佛殺祖를 할 줄 알아야 됩니다.

─ 예? 살불살조요?

백봉 부처를 죽이고 조사를 죽일 줄 알아야 되는데 보통사람들은 이런 말 하면 벌벌 떨어. "아, 부처를 어찌 죽이느냐?" 사실 부처를 죽일 줄 알아야 참말로 부처를 존경하는 이런 도리가 있는데, 이 도리를 알려면 상당한 시일이 걸려요.

그러니 이거 참 어려운 일이라. 그러나 여러분들은 대강 짐작하기 때문에 얘기를 합니다만, 죽인다는 말은 당장 없애버린다는 뜻이 아니라 우리가 여기에 머물지 않으면 되는 거예요. 그걸 살불살조라고 합니다. 좌우간 어떻든지 '허공으로서의 나'일 때에 이게 납득이 갑니다. '허공으로서의 나'일 때!

─ 선생님, '허공으로서의 나'가 정말 진짜 나입니까?

백봉 '허공으로서의 나'라는 게 진짜냐, 가짜냐? 이렇게 의심하는 분들이 있는데, 사실 우리의 육신이 아무 느낌도 없는데 이것이 어찌 '나'냐 말이여. 딱 깨놓고 하는 말로 우리가 이 공부를 하든 하지 않든지 간에 몸뚱이가 나일 수가 없어.

내 관리물이지 내 소유물은 절대로 되는 거 아니거든. 몸뚱이는 자꾸 변하는 거라. 우리가 한 살 두 살 먹을 때 열 살 스무 살 먹었을 때의 몸은 없는 거 아니에요?

─ 예, 엄밀히 말하자면 그때의 몸은 없어졌습니다.

백봉 이러한데도 이걸 내 거라고 인정하고 보는 거, 심의식心意識, 마음이라고도 하고, 이걸 타파하기가 그렇게 어려워요. 그거 참.

─ 정말 그렇습니다.

백봉 마음이다, 뜻이다, 식識이다, 이거 진짜 아니거든요. 물론 본래의 진심 자리, 바탕 자리가 있어서 나투는 거예요. 다시 말하자면 물이 있기 때문에 물거품이 났어. 이거 물거품이나 한가지거든요. 우리가 마음이니 성품이니 말마디는 잘 알아. 그 말마디만 가지고 어떻게 할 거냐 말이여. 말마디로서 마음이니 뜻이니 식이니 해도 이 당처當處를 모르고는, 물론 당처 하면 진심眞心이란 것도 알아, 글자도 쓸 줄 알아, 말도 할 줄 알아. 그러나 진심을 어떻게 알고 있느냐 말이여.

── 예, 그렇습니다. 선생님. 마음이니 진심이니 허공이니 하는 말마디는 알지만 그것은 달을 가리키는 손가락일 뿐 달은 아닙니다.

백봉 진심을 모르기 때문에 모습놀이를 시작하는 것이거든. 세상 사람들은 그만 경계境界에 닿질려서 일어나는 것, 꽃을 보면 '좋다' 이 생각을 마음으로 알거든. 그것도 마음은 마음이에요. 마음의 그림자예요, 사실에 있어서는. 그러나 꽃을 보면 '좋다' 하는 이 생각이 일어날 수 있는 바탕을 모른다 말이여. 이걸 알면 벌써 얼굴부터 달라집니다. 본바탕을 알면 눈동자가 확 달라져버려요. 거참, 이상합니다. 평상시에 흐릿한 사람이라도 싹 달라집니다. 그렇지 않으면 마음공부 못해. 이 공부를 못해.

정도正道로 공부한 사람들은 살기가 없어. 그만 호수와 같이 맑아. 우리 눈 따위가 아니거든요. 우리 눈하고도 문제가 달라요. 그러기 때문에 사람 눈동자 보면 벌써 사람 측량한다는 거 당연합니다. 말은 안 해도 그 사람이 공부가 됐나 안 됐나 확 알아버립니다. 다른 거 없습니다.

우리의 몸뚱이 이건 주主가 아니에요. 이건 변하는 거예요. 이건 나의 관리물이지 소유물도 아니에요. 그러니 어찌 이걸 나라 하느냐 말이여. 심의식을 굴려서 이 몸뚱이를 나라고 하면 이 설법 못 알아듣습니다. 못 알아듣는 대로 팽개쳐 버리고 놓아두어도 좋기야 좋겠지만, 그래서는 생사 문제 해결되는 거 아니거든요. 생사의 뿌리는 그런 데 있는 거 아니거든요. 그러니까 우리는 마음 가짐새부터 달라져야 되는 것이에요. 여러분들 생각에 지구만이 전全 세상인 줄 아십니까?

―― 아닙니다.

백봉 허공이라는 건 끝이 없어요.

―― 예, 허공은 끝이 없습니다.

백봉 위도 없고 아래도 없고 왼쪽 오른쪽도 없어. 이놈이 끝이 없네. 우리가 머리쪽을 위라 하고 발쪽을 아래라 하지만, 어느 놈이 위인지 우리가 알 턱이 있나요? 솔직한 말로. 그러니까 이렇게 호호막막浩浩漠漠하고 끝이 없는 세상인데 어찌 지구만이 세상이겠느냐 말이에요.

―― 그럴 것 같습니다.

백봉 보통사람들은 지구만을 의지해서 '지구가 전부다' 또 '내 몸이 전부다' 이러한 사고방식을 가지니까 오늘 설법한 것조차도 잘 안 들어갑니다. 그러기 때문에 여러분들에게 항상 하는 "허공으로서의 나라는 생각을 잊지 마시오"라는 말이 그 말입니다. 그러니 우리는 근본 인생관부터 딱 확립해야 합니다. 인생관이 확립되지 않고는 생사 문제가 도저히 해결되지 않습니다.

오늘 우리 집에 고양이가 새끼를 낳았어. 평소에는 그놈이 바깥에서 하도 고생하기에 불쌍해서 붙잡아 넣어도 잘 안 들어가더니만 새끼 낳을 때가 되니 집으로 들어가요. 새끼가 어미에게서 딱 떨어지니 어미젖을 찾네. 어미가 이리저리 핥아 주니 벌벌벌 기어서 어미 곁으로 가고. 이게 무엇입니까? 습성習性 아닙니까? 습성.

그러기 때문에 여러분들, 우리가 몸을 버릴 때에 혼미昏迷하지 않게 가려면 습성을 잘 키워야 됩니다. 우리가 습성을 잘 고르는 것이 공부에요. 다른 거 아니에요.

산하대지가 전부 공성空性이여. 내 몸뚱이도 허공성이고, 나무나 돌이나 뭐든지 다 허공성이야. 그러나 그중에 슬기가 있어. 슬기 이놈도 역시 허공성이여.

슬기를 바탕으로 해서 그것이 '진짜 나다' 이렇게 생각하고, 이 몸뚱이를 쓰긴 쓰되 '헛거'라는 거, '상대성에 속한다'는 이걸 알고, 우리가 항상 마음을 가져야 된다고 하는 말이 그 말입니다. 그럼으로써 습성이 딱 바로 잡힙니다. 올바른 습성을 가져. 고양이 새끼가 어미에게서 떨어지자 어미젖을 찾는 이런 습성, 누가 시켜서 그렇겠어요? 그러니 어떻든지 우리는 올바른 습성을 가져야 한다는 말입니다. 때문에 우리는 '허공으로서의 나'라는 걸 잊어서는 안 됩니다.
　빛깔도 소리도 냄새도 없는 이 자리가 바로 '누리의 주인공'인데 자기 자신이 누리의 주인공이라는 건 까마득히 잊어버렸어. 있는 것만 볼 줄 알지, 없는 걸 훤히 볼 줄 모른단 말이지. 허공에 아무 것도 없어. 빛깔도 소리도 냄새도 없어. 없으니까 없다 부인하고, 변하는 몸뚱이만 나라는 습성이 있기 때문에 모습놀이를 하는 거예요. 모습놀이를.

── 모습놀이를 하면 나중에 어떻게 됩니까?
백봉 나중에 어떻게 되느냐? 까마득히 잊어버려요. 까마득히.
── 무엇을 까마득히 잊어버립니까?
백봉 모습이 사그라지면 모습에 의지하던 사고방식, 모습에 의지하던 심의식이 모습과 더불어서 같이 없어져 버려. 버릇은 그대로 있을지언정 까마득히 잊어버리거든.

── 까마득히 잊어버리면 어떻게 됩니까?
백봉 자기가 숨넘어가도 넘어가는 줄도 몰라. 숨넘어가기 전까지는 '아이고 나 죽는다' 이러지 숨넘어가면 캄캄해져 버려요. 그러기 때문에 우리는 공부해야 된다는 말인데, 우리가 '허공으로서의 나'라는 걸 자각하지 못하면 솔직한 말로 이 설법 들은 거 여러분들에게 아무 이익이 없습니다.
　이 가죽 주머니는 내 관리물이니까 인연 있을 때까지 내가 소중하게 거느릴지언정, 만약 이걸 진짜 나다 해서 그만 거기에 들어앉아 놓으면 나중에 이것이(몸) 없어져 버리면 의지할 데가 없어. 이 심의식이 의지할 데가 없으니까 그만 까마득히 잊어버리는 거라. 물론 내 버릇이 훈련시킨 대로 가겠지만 설혹 좋은 데 간다 하더라도 좋은 데 가는 줄도 몰라.

── 그렇게 되면 정말 큰일이겠습니다.

백봉 　모든 것이 공空한 거예요. 이건 과학적으로 그래요. 지구도 공한 거고, 태양도 공한 거고, 사람의 몸뚱이도 공한 거예요. 하나의 그림자와 같은 거지. 우리가 이런 줄 알고 '허공으로서의 나'다 하는 것이 습관성이 딱 되어 버리면 숨이 넘어가더라도 그대로 내가 가는 곳을 알게 되는 겁니다.

── 예, 선생님 말씀이 이해됩니다.

백봉 　좌우간 어떻든지 우리는 절대로 도깨비놀이를 하면 안 됩니다. 도깨비놀이를 하면 다른 사람까지 버려. 열 번 말해서 안 들으면 그건 포기해야 됩니다. 다른 사람까지 물들인단 말이여. 공연히 물을 들여. 물들이는 건 좋은데 그 죄가 얼마나 큰지 여러분들 아십니까?

── 예 선생님, 명심하겠습니다.

이 말 한마디
듣기 위해
이 세상에 왔노라

둘째 마디

일체 만법 허공성

◉ 듯 ◉

백봉　여래如來, 같을 여如자, 올 래來자, 이거 참 좋은 말입니다. 팔만대장경을 그대로 쏟아놓은 소식입니다. 그러나 이거 아는 사람이 별로 없습니다. 우리말로 하면 '온 것 같다, 온 듯하다' 입니다.

—— 어떻게 이 두 글자에 팔만대장경을 다 넣을 수 있습니까?

백봉　온 듯, 지구도 온 듯.

—— 어떻게 온 듯입니까?

백봉　지구는 하나의 모습입니다. 그 성품이 허공성이든 아니든 그건 별 문제로 하고, 우선 지구가 모습이 있으니 생긴 때가 있어. 지구가 생긴 지 46억년밖에 안 되거든요. 그 전에는 없었으니 앞으로 60억 년이 더 있을지 600억 년이 더 있을지 미지수이긴 한데, 모습이 있으니 장차 없어질 건 사실 아니겠어요?

── 예, 그렇습니다.

백봉 그러니 '온 듯'한 거 아니에요? 납득이 갑니까?

── 다시 한 번 말씀해 주십시오.

백봉 지금 촛불이 켜졌어. 나중에 다 타면 없어져. 촛불도 켜진 듯이지. 지금 밝지요? 밝은 듯이거든. 어느 것 하나 '듯' 아닌 것이 없습니다. 구름이 가는 듯, 물이 흐르는 듯, 어떻습니까? 납득 갑니까? 여러분!

── 예, 이해됩니다.

백봉 웃는 듯 기쁜 듯 슬픈 듯. 기쁘다는 건 대단히 좋은 거예요. 여러분이 하루 종일 기뻐. 이틀이나 사흘이나 기뻐. 그 기쁨 그대로 가져집니까?

── 아닙니다.

백봉 쭉 계속해서 하루 종일, 24시간 기쁘다고 한다면 나중에 미쳐 버립니다. 또 슬픈 일이 있어서 24시간 울면 그 사람 미쳐 버립니다. 그러니까 기쁜 것도 영속이 안 돼. 영속되면 벌써 병이라. 슬픈 것도 영속이 안 돼. 영속되면 벌써 병이라. 기쁜 듯 슬픈 듯.

── 그럼 즐거운 것은 어떻게 다릅니까?

백봉 기쁜 것처럼, 하~ 이런 것이 없어. 그만 마음이 편안해서 그만 즐거울 따름이라. 즐거운 것은 표시도 없어. 그대로 괴로운 것이 하나도 없어. 안심安心이 딱 돼. 이건 영속성永續性입니다. 이건 적멸성寂滅性에 속하는 문제입니다. 기쁘면 한두 시간쯤 하하 웃고 할 수 있지만, 하루 종일 기쁘면 나중에 웃는 입이 다 아파. 나중에는 노이로제가 돼 버려. 기쁜 듯, 이 문제하고 결부해서 가만히 생각해 보세요.

여러분이 난 듯, 여러분이 나도 난 것이 아니거든요. 그러나 헛거라도 나지 않은 것도 아니여. 그렇지요?

── 예, 그렇습니다.

백봉 그런데 우리의 법신은 나고 죽고 할 것이 없거든요.

── 어째서 그렇습니까?

백봉 빛깔도 소리도 냄새도 없으니 나고 죽고 할 것이 없어. 그러나 이런 헛것을 나투었어. 이건 진짜가 아니야. 그러니 난 듯이지. 젊은 사람은 젊은 듯, 만약 그 젊음이 영원하다면 '듯'자가 붙지 않습니다. 만약 서른 살이 된 사람이 있다고 하면 앞으로 서른 살 더 되면 나처럼 늙은이가 돼 버리거든. 그러니 젊은 듯이지, 아시겠죠?

── 예, 이해됩니다.

백봉 늙은 듯, 원래 법성 자리는 늙은 것은 없지만 모습으로는 늙었거든요. 그러나 현재의 늙음을 영원히 가질 수가 없어. 잠깐 동안이거든. 늙은 듯, 기침을 하는 듯. 아까는 했지만 지금은 없어졌잖아요?

── 예, 지금은 없어졌습니다.

백봉 전부 듯이에요. 어느 것도 듯을 떠난 것이 없어요. 아픈 듯하기 때문에 병원에 가서 치료하면 낫거든. 그러니 아픈 듯이에요. 죽는 듯하기 때문에 죽어도 참말로 죽는 것이 아니거든요. 몸뚱이는 없어져. 이것은 불구덩이나 흙구덩이에 가기 전에도 산화돼서 없어지지만 중간에 산화되는 건 제이 문제로 하고, 죽는 것은 나는 것을 전제로 하는 것이거든요. 법신이 다른 걸 나투니까 죽음은 죽음이 아니야. 그러나 죽음 아닌 것도 아니야. 그러니까 죽는 듯한 거예요.

── 예, 선생님 말씀이 이해됩니다.

백봉 여러분 가만히 생각해 보십시오. 경계인 듯, 산하대지인 듯이지. 만약 산하대지가 듯이 아니고 진짜라면 하늘과 땅이 생기기 전부터 계속해서 허공과 더불어서 쭉 변하지 않아야 '듯'자가 들어가지 않는 거예요.

── 예 그렇습니다.

백봉 생겼다가 나중에 없어지는 것이니 산하대지인 듯 아니에요? 우리의 몸뚱이도 난 듯, 젊은 듯, 늙은 듯, 죽는 듯, 아니에요? 가만히 생각해 보세요. 지금 전부 듯 판에 노는 거예요. 내가 말하는 듯, 여러분이 설법 듣는 듯, 아니에요?

── 예, 듯입니다

백봉 이 듯을 참으로 알고 있어요. 그래서 거기서 야단이 나. 야단나는 것도 야단나는 듯이지 참은 아니거든. 영원히 계속 야단나는 거 아니거든. 야단나는 것이 없어지면 그대로 잊어버리고 딴 생각을 해. 전부 듯 아니에요? 경계인 듯, 성품인 듯, 경계 역시 허공성, 성품 역시 허공성.

내가 있음으로서 경계도 인정되는 거예요. 또 경계 자체가 전부 허공성이라서 헛것을 나툰 것이거든요. 우리의 몸뚱이도 헛것을 나툰 것이고.

─ 그 헛것들은 어디서 왔습니까?

백봉 어디서 왔겠어요? 가만히 생각해 보세요. 여러분의 심성에서 온 거 아니에요?

─ 예? 우리의 심성이요?

백봉 허공으로서인 여러분의 심성心性에서 말이여. 전성체全性體, 온전 전全자 성품 성性자. 전성체에서 비로소 유정有情・무정無情이 갈라진 것이거든. 유정물有情物은 슬기가 있어. 저 전기는 슬기가 없어. 그러나 결국은 한가지여. 우리도 지금 슬기 없는 것을 가지고 있거든요. 머리털은 슬기가 없거든요. 손톱이나 살은 성품이 없으니까 슬기가 없는 거예요. 다만 이 몸뚱이를 내가 거느리고 있으니 유정물이라 할 따름이지 실에 있어서는 이거 슬기가 없는 거예요. 성품이 없는 거예요. 성품이 있어야 비로소 슬기가 있는 것이거든요.

사실 내가 지금 설법하는 듯하지만 그건 듯밖에는 안 되는 것이고, 또 내가 살아 있는 듯하지만 전부 듯밖에는 되지 않는 겁니다. 그러니까 결국 우리는 듯 속에서 놀고 있어요. 이 듯을 우리가 모를 따름입니다. 이걸 참말로 알아야 생사 결판이 나는 거예요. 가만히 생각해 보세요.

─ 예, 전부 듯입니다.

백봉 가만히 생각해 보세요. 경계境界와 성품性品이 둘인가 하나인가? 또 우리는 어떤 마음 씀씀이를 가져야 되겠는가? 그 마음 씀씀이도 허공성이고, 한 번 가져 보는 듯하는 거예요. 생각해 보면 모든 것이 '듯'이라. 내가 산 듯, 설법하는 듯, 설법 듣는 듯, 아는 듯, 마는 듯……

─ 그러면 이 듯을 굴리는 자는 누구입니까?

백봉 이거 못 찾아내. 진리라는 것이 바로 캐고 들어가면 그렇게 어려운 것이 아닙니다. 그러나 모습놀이만 하던 우리의 분分으로는 처음에 납득이 조금 안 갑니다. 시장에 가는 듯, 밥을 짓는 듯, 아이들 학교에 보내는 듯, 전부 듯 아니에요? 우리가 살림살이를 이루어서 사는 듯……

솔직한 말로 사람이란 전부 듯입니다. 오늘 우리 손자가 인천 할머니에게 갔어. 이것도 하나의 사회 구성이라. 나중에 30년이나 40년 후에는 다 갈라져. 엄마도 갈라지고 저도 갈라져. 이 녀석이 커서 딴 세상을 만들어서 일가친척이 생겨. 그러나 태어날 때 혼자 태어났듯이 나중에 갈 때도 불구덩이나 흙구덩이로 혼자 가. 듯 아니에요?

─ 예, 듯입니다.

백봉 그러나 세상 사람들은 이걸 참말로, 진짜로 알아버려. 그렇다고 그걸 무가치하게 취급하라는 건 아니에요. 인연관계로 이루어졌기 때문에 그 인연에 대해서는 소중하게 취급해야 돼. 올 때는 자기 엄마 몸을 빌려서 혼자 왔지만 나중에 가족을 이루고, 사랑도 받고, 학교도 다니고, 성년이 돼서 시집장가 가면 생전 못 보던 사람하고 서로 어울려서 살아. 이해관계도 동일하고…… 10명, 20명, 30명 식구를 이루어서 살다가 나중에 갈 때는 불구덩이나 흙구덩이로 혼자 가. 올 때도 혼자 왔으니 갈 때도 혼자 가는 건 사실 아니겠어요?

―― 예, 혼자 갑니다.

백봉 전부 듯이에요. 우리가 가정을 이루는 것도 듯이고, 어떤 사업을 하는 것도 듯이고. 또 이 듯을 하지 않아서도 안 되지. 전부 듯이에요.

―― 선생님, 전부 듯이라면 진짜를 찾으려면 어디서 찾아야 됩니까?

백봉 두말할 것 없이 내 자신에서 찾아야 되지. 내 몸 밖을 향해서 찾을 곳이 없어. 그러기 때문에 허공은 하나거든요. 그러니 진리가 하나 아니에요?

―― 다시 말씀해 주십시오.

백봉 이거 참 묘한 겁니다. 허공이 하나니 진리가 하나에요. 진리가 하나기 때문에 자기가 배고프면 자기가 먹어야 돼. 내 배가 고픈데 다른 사람까지 배고프지 않아. 내 배가 부르면 다른 사람까지 배

부르지 않거든. 전부 개인이라. 또 가족이 있더라도 나를 포함한 가족이지 나를 떠나서는 있을 수 없거든. 그러니 하나 아니에요? 나중에 갈 때는 혼자 가잖아요?

우리는 듯한 가정을 이루고 사회를 이루기 때문에 전부 다 관련성이 있지. 사실은 있는 것 같지만 듯에 지나지 못한 거여. 그러니 차별현상으로 일어나는 일체 만법(일체 사실이 멀고 가까운 인연관계, 요샛말로 현실이라 합니다. 현실이라 해도 되긴 되지)에 주저앉아서 야단하지만 사실은 전부 듯이에요.

경계와 내 성품이 둘이 아니야. 다른 것이 아니야.

─ 돌도 있고 나무도 있는데 어찌 그 돌과 내 성품이 한가집니까?

백봉 의심나니까 이걸 하나로 생각해 보라는 말입니다. 이 공부는 보통 공부하고 달라서 하나의 진리를 그대로 파헤치는 것입니다. 다른 거 아닙니다. 하나의 진리를 파헤쳐 놓으면 생사生死니 복福이니 뭣이니 전부 그 속에 다 있는 거예요. 별 거 아닙니다.

─ 하나의 진리 속에 전부 다 있다는 것이 이해가 안 됩니다.

백봉 오랫동안 모습놀이 하던 습성이 있으니 좀체 이 말이 곧이 안 들립니다. 그러나 아마 듯에 대해서는 다소 납득이 갈 겁니다.

─ 예, 듯은 납득이 갑니다만……

백봉 우리가 생사 문제를 해결하려면 알아야 되지 모르고 어떻게 해결하겠습니까? 죽어도 내가 죽고 살아도 내가 살기 때문에 하는 말이에요. 우리가 이 사회에서 굉장한 뭣을 하더라도 나중에 털털

털고 혼자 가는 것 아니에요?
── 예, 혼자 갑니다.

백봉 별 도리가 없습니다. 그러기 때문에 '나'를 믿어야 됩니다. 내 성품을 믿어야 됩니다. 천하없어도 절대 나를 믿어야 됩니다. 나를 믿으라는 건 육신을 믿으라는 것이 아니라 내 성품을 믿는 겁니다.
── 내 성품을 어떻게 믿습니까?
백봉 물론 내 성품을 과학적으로, 논리적으로, 구체적으로 생각해 보면 '허공으로서의 나'니까 물론 믿겠지요. 여러분 가만히 생각해 보세요. 자기를 안 믿고 누구를 믿겠습니까?
── 그러긴 그렇습니다만.

백봉 그러나 자기의 망심을 믿어서는 안 됩니다. 경계에 닿질려서 일어나는 망심은 전부 헛것입니다. 내 꾀에 내가 속아 넘어가는 거예요. 그러나 우리의 본래의 청정심淸淨心을 믿을 수밖에 다른 도리가 없습니다. 그래서 이 세상에서 믿을 것은 자기밖에 없습니다. 물론 내외간에 서로 믿고 의지하는 것은 내가 방금 말한 믿는 것과는 문제가 다릅니다. 그건 듯 속에서 노는 거예요. 좋은 인연의 유종의 미를 거두기 위해서 그런 것이지, 참말로 생사 문제를 근본적으로 파헤쳐서 나가는 데는 '나'밖에 믿을 것이 없습니다.

── 왜 '나'밖에 믿을 것이 없습니까?
백봉 허공은 하나이기 때문에, 진리는 하나이기 때문에 그렇습니다. 그런데 소위 종교를 믿는 세상 사람들은 가장 믿어야 될 자기 성품, 자기 부처, 자기의 마음, 자기의 기미(幾), 자기의 소식은 까맣게 망각해 버리고 다른 걸 믿으려 하니 될 턱이 있습니까? 절대로 안 되는 겁니다.

—— 예, 명심하겠습니다. 선생님.

백봉 이제 우리는 이만큼 알았으니 어떻든지 듯, 이걸 여러분들 잊어 버리지 마십시오. 여러분이 회사에 나가서 사무를 본다면 사무를 보는 듯입니다. 점심을 먹는 듯, 집으로 가는 듯, 직장으로 가는 듯, 전부 듯이에요. 어느 것 하나 듯을 빼 놓은 것이 없어요. 그러기 때문에 '일체처一切處에 머물지 마라'는 말이 그 말이에요. 다른 거 아닙니다. 여러분들 가만히 생각해 보십시오. 듯을 누가 굴립니까?

—— 예, '내'가 굴립니다.

백봉 여러분이 굴리지요? 굴리는 그것이 바로 진짜 여러분이거든. 여러분들, 여기서 이것이 파악되신다면 이 이상 설법 더 들어서 뭐 하실 겁니까? 그만 인생 문제가 해결되는 것 아니에요? 가는 듯, 오는 듯, 웃는 듯, 우는 듯, 잠을 자는 듯, 밥하는 듯, 친구하고 얘기를 하는 듯. 듯을 누가 굴리느냐? 여러분이 굴리지요?

—— 예, 그렇습니다.

백봉 그러나 여러분이 굴린다 해도 찾아내지 못해요.

―― '내'가 굴리는데 왜 찾아내지 못합니까?

백봉 모습이 없기 때문에, 허공성虛空性이기 때문에. 이거 하나 여러분이 파악한다면 설법 더 들어서 뭐 하실 겁니까? 그만 인생 문제 해결되는 것 아닙니까? 죽는 듯 사는 듯, 죽는 듯이에요. 죽는 것이 아니에요. 여러분도 수억 천만 번 항하수 모래수의 몸을 받지 않았어요?

과거에는 어떻게 됐는가? 전생에는 어떻게 됐는가? 경계에 닿질리는 마음 씀씀이를 했기 때문에, 전생에 가졌던 안이비설신의眼耳鼻舌身意가 뭉개어지면서, 그 인식도 따라서 뭉개어졌기 때문에 모르고 있거든요. 전생에 나는 무슨 몸을 가졌다, 이걸 까마득히 잊어버리고 있어요. 잊어버리는 것이 원칙입니다.

―― 전생의 기억을 왜 잊어버립니까?

백봉 눈·귀·코·혀·몸이 경계에 닿질려서 눈 심부름, 코 심부름, 입 심부름, 전부 심부름만 했거든. 그것이 전부인 줄 알았단 말이지. 그것이 전부 뭉개져 버리니 아무 생각이 없어. 눈을 떠도 잘 안 보여. 귀가 있어도 잘 안 들려. 평상시에는 잘 들렸는데, 기관들이 완전히 마비돼서 활동을 정지하니 거기서 일어나는 알음알이가 완전히 없어져 버렸거든. 완전히 없어져 버리니 알음알이로 알았던 내 전생사前生事를 완전히 잊어버리는 거라. 그러니 모르는 거 아니에요?

―― 예, 그럴 것 같습니다.

백봉 만약 전생에 여러분들이 알음알이(識)가 아니라 청정본심淸淨本心을 그대로 썼더라면, 이거 다 뭉개어진다 하더라도 청정본심은 그대로 살아있거든. 따라서 '나는 전생에 이렇구나. 과거에 이렇구나.' 이걸 알게 되는 겁니다. 이거 과학적 아닙니까?

그러기 때문에 지금 여기 이루어진 사실, 태양이니 지구니 전부 듯이란 말이에요. 우리의 일상생활 전부 듯이야! 듯! 이 듯에 여러분들이 들어앉지 마세요. 듯을 굴리긴 굴리세요. 여러분들이 굴리긴 굴려야 돼. 그래야 재미있지 않아요? 사는 듯, 어디 놀러 가는 듯, 친구를 만나는 듯……

여러분이 이 세상에 몸을 나투게 된 건 이 말 한마디 들으려고 그랬다고 해도 과언이 아니에요!

—— 선생님께서 구구절절 법문해 주시지만 저는 잘 알아들을 수 없으니 어찌하면 좋겠습니까?

백봉 설법이란 것은 여러분의 슬기에 따라서 가치가 결정되는 겁니다. 내가 지금 말하는 이 듯을 여러분이 단돈 십 원으로 받아들일 수도 있을 것이고, 천 원으로 받아들일 수도 있고, 억 원으로 받아들일 수도 있을 것입니다. 이건 슬기의 차이에 있습니다. 만약 여러분이 이 말에 실감이 가서, '야! 이거 참 온 누리가 그렇구나! 차별현상이 전부 듯이로구나! 내가 지금 하는 모든 행동들도 듯이로구나!' 이렇게 철두철미하게 실감이 간다면……

—— 선생님 말씀이 이해가 되는 듯합니다만 실감이 가지 않습니다.

백봉   공부라는 것이 깨치겠다 뭐 하겠다 이거 다 소용없습니다. 미했다 그런 생각도 가지지 마십시오. 여러분이 미했더라면 미한 듯한 겁니다. 여러분이 만일 깨쳤다면 깨친 듯한 겁니다. 미한 듯 깨친 듯, 듯에 들어앉을 이유가 뭐 있습니까? 그만 그대로에요! 이렇게 여러분이 알아서 달려드는 것이 입지성불立地成佛 하는 소식입니다. 참말로 이 공부는 이상한 겁니다.

── 이치적으로는 그럴 것 같습니다만……

백봉   자! 어떻습니까? 여러분! 이 탁자 치는 소리와 손바닥 치는 소리가 둘입니까, 하나입니까? 물론 이건 쇠고 이건 손바닥이니까 좀 다르다 하더라도 둘 다 소리지요? 만약 우리가 이걸 글로 쓴다면 소리 성聲자 하나밖에 쓸 수 없겠지요? 이런 겁니다.

한 번 생각해 보세요. '허공이 하나니 진리는 하나다', '그 성품을 인식하면 경계 따로 없는 거이', '그 경계를 인식하면 성품 따로 있을 손가?' 어느 것이 앞에 들어가도 좋습니다. 누리는 하나라 말이에요. 허공이 하나라 말이에요. 물론 하나인 허공에서 숱한 차별현상이 일어나는 것은 사실이라. 또 차별현상이 일어나야 돼요. 그러나 그 차별현상이 듯 아니에요? 그걸 참작해서 여러분이 한 번 생각해 보시라 말입니다.

우리 진짜공부 합시다! 여러분, 설법 듣는데 상식적으로 듣지 마세요. 상식 가지면 또 뭐합니까? 상식적으로 생사 문제가 해결됩니까? 그러니 우리 진짜공부 해보자 이 말입니다.

―― 예, 선생님. 저도 진짜공부를 해보고 싶습니다만 어렵지 않을까요?

백봉   여러분들이 공부를 꼭 하려고만 하면 됩니다. 안 되는 법이 있습니까?

―― 된다는 말씀입니까?

백봉   석가세존이 됐는데 우리가 안 되는 법이 있습니까? 유마거사가 됐는데 우리가 안 되는 법이 있습니까? '석가세존은 석가세존이고, 유마거사는 유마거사니까', 여러분 그렇게 생각하십니까?

―― 석가세존과 유마거사 같으신 분은 특별한 분들 아닙니까?

백봉   유마거사가 나오는 허공이 따로 있고, 석가세존이 나오는 허공이 따로 있고, 우리가 나온 허공이 따로 있습니까? 중생이 부처되는 겁니다. 부처도 미하면 중생이 되는 겁니다. 어떻습니까? 여러분, 내 말이 틀렸습니까? 말씀해 보세요.

―― 이치적으로는 허공이 하나니 다를 수 없겠습니다만 그래도……

백봉   우리는 확증을 잡고 있습니다. 우선 싯달다 태자가 성불했어요. 싯달다 태자가 성불할 때, 그 전생 전생 수 겁 동안에 유루공덕有漏功德 무루공덕無漏功德을 무수히 쌓으셨단 말이죠. 그 결과로 '이러니라' 하고 딱 내놓지 않았어요?

―― 그러기는 합니다만……

백봉   그러니 우리도 그대로만 하면 됩니다. 머리털만큼도 거짓말이 없습니다. 마야부인의 뱃속에서 나와서 턱 일곱 발자국을 걷고 '천상천하天上天下 유아독존唯我獨尊, 하늘 위 하늘 아래 나 홀로 높다'는 말을 했는데, 그때 누가 했느냐? 여러분들이 했어요. 경經이 틀렸어요.

─── 예? 저희들이 했다고요?

백봉 그때 석가세존도 같이 했지. 그 당시엔 석가세존도 발가숭이, 여러분도 발가숭이라서. 여러분, 불교를 믿으려면 절대로 둘로 보지 마세요. 둘로 보면 도깨비굴에 떨어지는 거예요.

─── 둘로 본다는 것이 무엇입니까? 왜 둘로 보면 안 됩니까?

백봉 증거가 있잖아요? 허공이 하나인데 왜 둘로 보느냐? 이 말이에요. 우리가 단지 차별현상에 들어앉아 둘로 보기 때문이에요. 그러나 차별현상도 하나의 허공성이라는 걸 우리가 안다면 들어앉을래야 들어앉아지질 않아요. 무의미하거든. 차별현상이 진짜라면 나중에 지옥에 갈 값에 들어앉겠지만, 차별현상도 진짜가 아니에요. 전부 허공성이에요. 우리가 허공성인지 뻔히 알면서 어찌 들어앉겠나? 그 말이에요. 그러니 여러분들 어떻든지 일도양단一刀兩斷 하십시오!

─── 그런데 선생님, 그게 말씀처럼 쉽게 되지 않습니다.

백봉 어떻든지 우리가 누리의 진리를 몰라서는 어디 가서 큰소리 못 칩니다.

─── 누리의 진리가 무엇입니까?

백봉 내가 어디서 왔는지? 어디로 가는지? 온 곳을 모르니 가는 곳을 어떻게 알 것입니까? 그러기 때문에 이러한 사실을 모르면 전부 도깨비를 면하지 못하는 겁니다. 전부 듯하는 도깨비를 면하지 못하는 겁니다.

—— 어째서 도깨비를 면하지 못하는 것입니까?

백봉 사람들은 듯하는 이걸 진짜로 알아서 도깨비 놀음을 하는 데 지나지 않는 것이거든요. 나중에 숨을 거둘 때 장탄식해도 소용없습니다. 죽었던 사람이 살아나는 것은 아니거든요. 전부 듯입니다. 아시겠죠? 그러니까 앞에서 말한 성품과 경계를 연상하면서 가만히 생각해 보세요. 생각하면 답이 곧 나옵니다.

이전 조사님들은 그만 두고라도 석가세존이 된 증거가 있지 않습니까? 가섭존자도 됐고, 아난존자도 됐고, 28대, 33조도 있고, 그 외에도 많이 있습니다. 우리나라에서 원효대사도 됐고, 부설거사도 됐고, 많습니다. 많은 사람들이 됐는데 우리라고 못하란 법이 어디 있습니까? 이건 그 사람들 전매특허가 절대로 아닙니다. 더욱이 중국의 영조(방거사의 딸) 아가씨 참 굉장합니다. 아버지보다 나을지도 모르죠. 우리나라 월명 아가씨, 전부 다 굉장합니다. 남이 되니까 미안해서 사양할지 모르겠습니다만. 여러분 이 문제 절대로 사양하지 마십시오! 이 문제 사양하면 그건 참말로 바보입니다. 이건 부모한테도 양보하는 것 아닙니다. 아버지가 있고 어머니가 있어도 나부터 먼저 해야 됩니다. 나부터 먼저 하고 아버지 어머니 구해야 됩니다. 부모를 위해서 내가 몸을 천 토막 만 토막을 낼 수 있어도 이것은 양보 안 됩니다.

—— 어째서 양보할 수 없습니까?

백봉 이건 절대에 속하는 겁니다. 친구도 소용없습니다. 아버지 어머니, 사랑하는 자식이라도 나부터 해 놓고 사랑하는 자식 구하는 법입니다. 내 육신을 달라면 육신까지 줄 수는 있지만 이건 줄 수 없습니다. 이 공부는 줄 수 없습니다.

── 왜 줄 수 없습니까?

백봉 절대에 속한 겁니다. 물론 우리가 절대성 문제를 파악하려는 것이지만 말이죠. 이 수단 방법도 절대에 속한 겁니다. 그러기 때문에 여러분들도 공부를 절대적으로 해야 됩니다. 어쩔 도리가 없습니다. 한 번 이 기회를 놓치면 어느 때 다시 사람의 몸을 받을지 어떻게 우리가 압니까? 그렇지 않습니까?

── 예, 선생님 명심해서 공부하겠습니다.

백봉 항상 '우리는 절대성 자리를 놓치지 않으면서 상대성을(물론 상대성은 거짓이지만) 그대로 굴릴 줄 알아야 됩니다. 그렇게만 우리가 행을 해 나간다면 부처되는 것은 약속한 겁니다. 보증수표입니다.' 두말할 것 없습니다. 그렇게 알아두십시오.

우리가 실감이 오지 않는다 하더라도, 벌써 이만큼 되면 누리의 진리도 어느 정도까지 파악되지 않았습니까? 또 우리의 몸, 사람의 몸도 어느 정도까지 파악되지 않았습니까? 이것이 파악되면 그때 내 성품性品을 아는 것 아닙니까? 솔직한 말로 성품이란 지금 현재 가지고 있는 것이고, 안 될 것 뭐 있습니까? 업業이 너무 두터우면 도저히 이해가 되지 않기 때문에, 여러분들이 오시다가 중간에 오지 않을는지도 모르죠. 그건 또 별문제입니다.

매일 저녁 이렇게 온다는 것은 쉬운 일 같지만 사실 참 굉장한 일입니다. 벌써 여러분이 여기 온다고 버스 타려고 생각을 딱 내면,

그때부터 여러분 공부하는 겁니다.

그러니까 설법시간이 한 시간밖에 안 된다고 하더라도, 세 시간 네 시간 여러분들이 공부하고 있는 것 아니에요? 매일매일 이렇게 공부하면 안 될 리가 있습니까? 됩니다. 난 된다고 생각합니다. 어떻든지 여기 인연이 있어서 오는 분들은 지견知見이 날 수 있도록, 또 나야 된다고 나는 간절히 바라고 있습니다. 어제도 그저께도 그런 말 했습니다만 여러분들이 지견이 나야 되지, 백 년 설법을 들은 들 무슨 소용이 있습니까? 공연히 손해입니다. 친구들하고 얘기하는 것이 낫지, 그렇지 않아요? 지견이 나야 됩니다. 언제나 무위법無爲法에 앉아서 유위有爲를 굴리세요. 또 유위를 굴리더라도 무위를 놓치지 말고, 무위에 있으면서도 유위법을 놓치지 않는 것이 가리사(家裡事; 法身分으로서의 절대성 자리)와 도중사(途中事; 色身分으로서의 상대성 자리)입니다

> 부처님 거울속의 제자의몸은
> 제자의 거울속에 부처님에게
> 되돌아 귀의하는 이치를알면
> 부처가 부처이름 밝히심이네

이거 여러분께 몇 번 말씀드렸습니다만 우리는 부처님 거울 속에서 생生을 굴리고 있습니다. 부처님은 또 우리의 거울 속에서 중생을 제도濟度하고 있습니다. 하니까 결국 장군 멍군입니다. 그러나 우리는 중생이거든요. 어쨌든지 우리도 중생이라는 것 떼 내

도록 노력합시다.
─ 예 명심하겠습니다, 선생님.

◀ 청정본심清淨本心 ; 해말쑥한 마음 ▶

백봉 빛깔도 소리도 냄새도 아무것도 없으면서 영특해. 이거는 하늘과 땅을 앞세서 있어. 성을 내려면 성을 내. 춤을 추려면 춤을 춰. 한 생각을 일으키면 일체 만법이 벌어져. 한 생각을 거두면 일체 만법이 고요적적寂寂해. 이런 도리를 알았어.
　　절대성 자리에서 꽃을 보면 '꽃이 좋다'는 생각이 일어나. 그래서 '망념妄念을 일으키지 마라. 너희는 고운 마음을 가져라. 분별심分別心을 내지 마라'는 말이 그 말입니다.
─ 망념을 일으키지 마라, 분별심을 내지 마라는 이유가 무엇입니까?
백봉 꽃이 좋다 하면 그만 거기에 들어앉아. 딱 들어앉아서 거기서 딴 걸 또 생각해. 그러면 딴 생각이 벌어져. 꽃의 당처가 빈 줄을 몰라.
─ 꽃의 당처가 비었는데 꽃이 아름답다라는 생각이 어디서 옵니까?
백봉 본래로 청정한 마음에서 와. 나는 청정을 해말쑥이라고 새깁니다. 해말쑥한 마음에서 와!

─ 예? 해말쑥한 마음이요?
백봉 해말쑥한 마음을 하나의 빔이라 해도 좋고, 성품이라 해도 좋고,

소식이라 해도 좋아, 이건 이름을 못 붙여.

── 모든 것에는 그것을 가리키는 이름이 있지 않습니까?

백봉 자, 이거 이름이 무엇이냐? 이름을 못 붙여.

── 어째서 이름을 붙일 수 없습니까?

백봉 찾으려고 해도 없어. 그러니 이름이 없어.

── 찾으려 해도 찾을 수 없는데 어떻게 알 수 있습니까?

백봉 참말로 없는 건가? 아, 보고 듣고 생각하는 이놈이 있네!

── 보고 듣고 생각하는 이놈이요?

백봉 여러분이 가지고 있는 진짜 보배는 있는 것도 아니고 없는 것도 아니에요.

── 있는 것도 아니고 없는 것도 아니면 무엇입니까?

백봉 있다고 생각하면 찾아봐도 없어. 없다고 생각하면 모든 걸 보는 것이 있어. 생각하는 놈이 있어. 애들이 등록금 달라 하면 등록금 줄 수 있는 마음이 생겨. 그 뭣이요? 있는 거요? 없는 거요? 그러기 때문에 이 도는 있는 데 속한 것도 아니고, 없는 데 속한 것도 아니라. 그러기 때문에 불교를 어렵다고 하는 거예요.

── 정말 그런 것 같습니다.

백봉 있으면 있다, 없으면 없다 이렇게 해야 되겠는데, 있는 것도 아니고 없는 것도 아니란 말이에요. 가만히 생각해 보세요. 그것을 여러분들이 가지고 있어요. 여러분들 보고 듣고 생각하는 거 찾아보세요.

―― 보고 듣고 생각하는 놈이 있는 것도 아니고 없는 것도 아니라면 어떻게 찾습니까?

백봉 만약 여러분들이 그것을 찾았다 하면 변괴입니다. 우선 여러분의 눈을 구경 못했죠?

―― 예? 제 얼굴에 있지 않습니까?

백봉 왜? 내가 눈이 없어? 이렇게 보면 내 눈이 훤히 보이는데. 하지만 그건 거울에 비친 하나의 환상이지 어찌 그것이 여러분의 눈이냐 말이에요.

―― 글쎄요……

백봉 그와 마찬가지로 여러분이 귀를 가지고 있어도 귀를 가지고 있는 줄도 몰라. 결국 거울에 비친 것이 귀인가 보다 이럴 뿐이지. 사실 거울에 비친 것이 여러분의 눈이나 여러분의 귀는 아니거든.

―― 가만히 생각해 보면 제 눈과 귀를 직접 본 적은 없었습니다. 거울에 비친 것을 보았을 뿐입니다.

백봉 그러니까 이 세상에서 여러분의 눈을 여러분 자신들이 구경 못해. 여러분의 귀도 구경 못해. 여러분의 뒤통수니 허파니 뭣이니 여러분들 구경 못해요.

―― 제 눈과 귀를 직접 보지는 못했지만 거울에 비친 것을 볼 수 있는데 있다고 할 수 있지 않겠습니까?

백봉 있다고 할 수 없지.

―― 그러면 눈과 귀가 있다고 할 수 없다면 보고 듣고 하는 것은 무엇

입니까?
백봉　이놈이 있어. 이놈이 있으니 보고 듣고 하는 거예요. 이 몸뚱이는 감각이 없어.
──　이치적으로는 그러한데 이 몸이 감각이 없다는 것이 정말로 실감이 잘 안 옵니다.
백봉　눈으로 보아도 눈이 보는 거 아니여. 눈에 비쳐. 눈에 비친 거 아는 놈은 빛깔도 소리도 냄새도 없는 이놈이 알거든.
　　　또 귀로 들어. 귀가 들어도 듣는 줄을 몰라. 멍텅구리여. 하나의 기관이여. 허나 귀에 들리는 거 아는 놈은 빛깔도 소리도 냄새도 없는 그놈이여. 없는 놈이에요. 그래서 있는 데 속한 것도 아니고 없는 데 속한 것도 아니에요.
　　　지금 여러분들이 이 몸뚱이, 가죽 주머니 끌고 여기까지 오지 않았어요? 설법 듣고 있지요? 슬기 자리, 바로 그 자리입니다.

──　우리의 슬기 자리요?
백봉　슬기 자리가 바로 방금 말한 그 자립니다. 여러분 이거 이해되겠죠?
──　어렵습니다.
백봉　여러분은 원래 남자도 아니고 여자도 아닙니다. '왜? 난 여자고 너는 남자 아닌가?' 이렇게 생각하죠?
──　예.
백봉　그러면 여러분은 사람을 둘로 보는 것이에요. 사람으로서인 남자, 사람으로서인 여자로.

── 그렇습니다. 남자와 여자는 모두 사람입니다.

백봉 사람이라는 건 하나 아닌가요? 하나.

── 예, 사람은 하나입니다.

백봉 여자로서인 사람이고 남자로서인 사람이라면, 남자 여자 딱 두 개라. 사람으로서인 여자고, 사람으로서인 남자라.

── 사람으로서인 남자와, 사람으로서인 여자라는 것은 이해됩니다만, 왜 사람이 남자와 여자 둘로 나타났습니까?

백봉 모두 다 씀(用)이에요. 우리가 몸을 나툰 건 인연에 따라서 나툰 것이거든. 내가 여기서 왜 이렇게 잔소리를 하느냐 하면, 이러한 보배를 여러분들이 가지고 있기 때문에 이걸 알려드리기 위해서 말하는 겁니다.

── 예, 명심하겠습니다. 선생님.

◀ 동정일여動靜一如 거래본적去來本寂 ▶

백봉 동정動靜이 일여一如라. 동動은 움직일 동자, 정靜은 고요할 정자, 여러분들은 동과 정을 둘로 보죠?

── 예, 동과 정은 둘 아닙니까?

백봉 동정은 둘이라고도 할 수가 있어. 그러나 동정은 원래 하나여. 둘이 아니여. 다만 나타나는 것이 시끄러운 것으로 나타나지만 시끄러운 그 성품은 절대 조용한 거여. 둘 아니거든. 그러기 때문에 공부하는 사람들은 아무리 시끄러운 걸 봐도 조용한 그 성품 자리를 흔들지 않아.

── 그러면 시끄러운 것은 무엇이 시끄럽습니까?

백봉 경계가 시끄러워. 경계가 시끄러우면 경계에 따라서 내 마음자리가 경계와 같이 그만 시끄러워. 그래서 시끄러운 거여.

── 그러면 경계가 시끄럽다 하더라도 시끄러운 것을 아는 그놈은 시끄럽지 않은 것입니까?

백봉 경계가 있다 하더라도 경계는 헛것이니까 경계에 쏠리지 않고, 머물지 않고, 내 마음자리가 조용하면 옆에서 대포를 쏘아도 나에게는 큰 영향이 없어. 대포 쏘는 소리는 듣지만 대포 소리가 바로 조용한 그 자리거든. 조용한 성품이 있기 때문에 대포 소리가 나는 것이지.

── 그러면 시끄러운 것이 따로 있고 조용한 것이 따로 있는 것이 아닙니까?

백봉 원래 시끄러운 것이 따로 있고 조용한 것이 따로 있다면 법이 둘이게? 그 성품은 역시 조용한 것이거든. 또 이 조용한 것은 조용하기 때문에 큰 소리도 낼 수 있어. 그러니까 조용한 걸 찾으려면 시끄러운 데서 찾아야 되고, 또 시끄러운 걸 찾으려면 조용한 데서 찾는 법이 여기 있거든. 이거 단단히 알아야 됩니다.

── 그 점이 이해가 잘 안 됩니다.

백봉 동動을 찾으려면 정靜에서 찾아야 되고, 또 정을 찾으려면 동에서 찾아야 한다는 말을 했는데, 동을 위한 동은 죽음의 동이요, 정을 위한 정은 죽음의 정이에요. 이거 아주 의미심장한 말입니다.
── 그 말씀이 무슨 말인지 이해가 잘 안 됩니다.
백봉 정을 여읜 동이 절대로 성립 안 돼. 있을 수가 없어. 원래 성품 자리, 본질 자리, 바탕 자리, 그 자리가 절대적이기 때문에 인연에 따라서 큰 소리가 나와. 동이 나와. 또 동이 나타나 본들 그것은 절대로 정을 여의지 못해.

── 동과 정은 서로 상대적이기 때문에 성립되는 것 아닙니까? 만약 동만 있고 정만 있다면 동과 정이란 말이 있을 수 없지 않습니까?
백봉 물론 상대적으로 동이 있기 때문에 정이란 말이 성립되고, 정이 있기 때문에 동이란 말이 성립된다고 할 수 있지만, 처음 배우는 사람들에게는 이렇게 가르쳐서 좀 익숙한 다음에 동정을 일여로 봐. 하나거든.

── 그러면 일상생활에서 동정일여가 되는 예를 들어 설명해 주십시오.
백봉 이 도리를 알면 아무리 시끄러운 데 앉아 있더라도 그만 태고 때의 소식이 그대로 변하지 않아. 텔레비전이나 연극을 보거나 영화를 본다 하더라도, 자기가 간직하고 있는 본래의 태고의 소식, 조용한 그 자리, 정의 자리는 조금도 흐트러지지 않아.
그러나 이 도리를 몰라서 동에 주저앉으면 그만 동이 돼 버려. 영화를 보면 그만 영화에 쏙 들어가 버려. 좋은 걸 보면 좋은 데 들어가 버리고, 미운 걸 보면 그만 미운 데 딱 들어앉아서, '싫다! 좋다!' 하고 시비가 일어나. 그것이 전부 다 정에서 온 소식인지 모르고 말이지. 그래서 도깨비놀음이라 한 말이 그 말이거든. 그러기 때문에 정이 있음으로서 동이 나타나고 동이 있음으로서 정의 살림살이가 이루어져. 언뜻 들으면 정과 동이 둘 같지만 하나거든. 둘이 아니거든.

── 이해가 될 듯하면서도 잘 되지 않습니다.

백봉　동은 정을 떠나서 있는 게 아니여. 하나의 변화에 지나지 않거든. 진리가 이렇단 말이여. 생사도 하나거든. 생生이 있음으로서 사死란 말을 할 수가 있고, 사가 있음으로서 생이란 말을 할 수 있는 것과 마찬가지로 선악도 한가지라. 선이 있음으로서 악이란 말이 성립되고, 악이 있음으로서 선이란 말이 성립되는 것과 꼭 한가지거든.
　　　선과 악의 성품이 하나요, 동과 정의 성품이 하나요,
　　　밝음과 어두움의 성품이 하나요, 남자와 여자의 성품이 하나요,
　　　늙음과 젊음의 성품이 하나요, 천당과 지옥의 성품이 하나라.

── 그러나 나타나는 것은 다 다르지 않습니까?

백봉　보통사람들, 공부하지 않는 사람들은 그 경계에 휘둘려 버려. 동에 들어가면 동에 딱 들어앉아 버리고, 경계가 시끄러운 걸 보면 내 마음도 경계와 마찬가지로 시끄러워.

── 예, 그렇습니다.

백봉　그러나 공부하는 사람들은 아무리 시끄러운 경계가 있다 하더라

도 태고적太古的의 소식, 부모 미생 전父母未生前의 소식, 절대성 자리, 법신 자리 그대로 딱 가지고 있거든.

─ 그러면 시끄러운 데 있어도 상관없겠습니다.

백봉 시끄러운 걸 알아도 나에게는 아무런 상관없어. 또 조용한 데 앉아도 조용한 데 빠지지 않거든. 절대로 조용한 데 빠지지 않아. 조용하기 위한 조용함이란 바로 죽음이요, 동을 위한 동도 죽음이겠지만 말이지. 내 마음 씀씀이를 조용한 데 빠지지 않고 태고 때 환한 이 소식을 그대로 가지고 있거든.

─ 선생님, 다시 예를 들어 설명해 주십시오.

백봉 한 가지 예를 들어 말하면, 한국에 널뛰는 풍습 있잖아요? 널뛰는 거, 완전히 동인데 그 마음 씀씀이는 이미 정신 딱 차리고 있기 때문에, 널뛰기 위해서 동을 굴리더라도 그 자리에 딱 앉아서 널을 뛰거든. 자전거 타는 사람들 동이거든. 동이라도 내 정신은 정을 딱 가지고 있기 때문에 사람들이 많이 있는 데라도 이리가고 저리가고 하는 거여.

─ 그럼 동과 정이 둘이 아닙니까?

백봉 하나거든. 널뛰는 거 가만히 생각해 봐요. 동과 정이 하나이기 때문에 능히 널을 뛰어. 동과 정이 하나이기 때문에 능히 자전거를 타. 이렇게 생각하세요. 둘이 아니거든.

─ 예, 그럴 수 있을 것 같습니다.

백봉 그러나 세상 사람들은 동과 정을 둘로 봐. 동과 정을 둘로 본다면 모든 것을 다 둘로 보거든. 선악善惡도 둘로 보고, 정사正邪도 둘로 보고, 노소老少도 둘로 보고, 생사生死도 둘로 보고. 천당과 지옥도 둘로 봐. 전부 둘로 보니 경계에 따라서 내 마음이 울렁거려. 마음이 이랬다 저랬다 하지.

── 정말 그렇습니다. 경계에 따라 내 마음이 이랬다 저랬다 한없이 울렁거립니다.

백봉 그러니까 여러분들은 오늘 이 자리에서 동과 정이 일여一如라는 것을 확실히 알아버려야 돼. 원래 동과 정이 일여라. 이걸 내 피부로 확실히 느껴. 참, 과연 그렇구나!

── 만약 동과 정이 일여라는 걸 느낀다면 어떻게 됩니까?

백봉 시끄러운 데 처하더라도 시끄럽지 않아. 바보가 된단 말은 절대로 아니야. 시끄러운 걸 인정해. 그러나 내가 거기에 휩쓸리지 않아.

── 그러면 이 도리를 모르는 보통사람들은 어떻게 됩니까?

백봉 이 도리를 모르는 보통사람들은 시끄러운 데 오래 있으면 머리가 아프고, 짜증이 나고, 귀찮고, 나중엔 화가 나기도 해. 그러나 이 도리를 알면 하루 종일 시끄러운 자리에 있어도 조금도 짜증나지 않아. 보통사람들이 조용한 데 들어가면 심심해. 그러나 조금도 심심하지 않아. 사실 동정을 둘로 보는 사람, 노소를 둘로 보는 사람, 남녀를 둘로 보는 사람. 선악을 둘로 보는 사람, 명암을 둘로 보는 사람들은 세월 보내기가 참 괴로워. 돈이 있어도 괴로워.

── 예, 그럴 것 같습니다.

백봉 솔직히 쭉 좋은 일만 해봐요, 사람 미쳐버려. 좋은 일도 도막도막 해야 재미가 나지. 또 악한 일도 물론 그렇고. 쭉 나쁜 일만 해도 기막힌 일이고, 자살이라도 할 일이여. 좋은 일도 쭉 계속해서 있으면 자살해야 돼. 거기 들어앉으면 안 돼.

참말로 '공중월空中月이 있기 때문에, 허공에 달이 있기 때문에, 일천강一千江에 달이 비친다' 하는 이 소식을 알면 종일 시끄러운 데 있어도 좋고, 종일 좋은 데 있어도 좋고, 재미가 있어. 종일 바쁜 일을 해도 좋고, 종일 드러누워서 아무것도 안 해도 좋고 이런 거여. 지금 당장 죽는다고 곽(관)을 옆에 갖다 놔도 좋고, 아직 안 죽겠다 해서 곽(관)을 가지고 나가도 좋고 이런 거여.

── 그렇게 된다면 정말 좋을 것 같습니다.

백봉 동정이 일여란 것은 하나의 법法의 진수眞髓거든. 다시 말하자면 진리라. 동과 정이 한결같다 하는 것은 하나의 진리 아닌가요?

── 예, 그럴 것 같습니다.

백봉 이것이 진리라면 생사도 여기에 다 들어가고, 선악도 여기에 다 들어가. 불법이 어렵긴 어렵지만 이것 때문에 쉽다고 하는 거예요. 동정動靜이 일여一如하니 거래去來가 본래 적적寂寂한 거 아닌가? 부처님께서 사위성에 들어가셨어. 분명히 거래가 있잖아요?

── 예, 있습니다.

백봉 상대성으로 말하면 있어. 그런데 참말로 부처님께서 사위성에 들어가시고 사위성에서 나가시는 것이 있을까?

― 부처님께서 그렇게 하시지 않으셨습니까?

백봉 색신은 그러했어. 사위성에 들어가셔서 밥을 빌고 돌아오셔서 자리를 펴고 앉으셨어. 진짜 부처님이 그러셨을까? 진짜 사위성은 어디 있으며 부처님은 또 어디 있는고?

― 부처님과 사위성이 있지 않습니까?

백봉 다만 부처님은 부처님으로 하나의 슬기인 법신法身이 뚜렷하실 뿐이지. 슬기 법신이 갔다 왔다? 무슨 형체가 있어야 갔다 왔다 하지. 형체가 없는데 어떻게 갔다고 하며, 모습이 없는데 어찌 왔다고 하겠어요? 이것이 어려운 대목이여. 이것이 슬기가 약한 사람은 좀체 납득이 안 가.

― 예, 그렇습니다. 알 듯하면서도 모습이 없는 법신에 가면 말이 꽉 막힙니다.

백봉 이거 말같지 않은 말이지? 처음 듣는 사람들은 말같지 않은 말이지. 가만히 생각해 봐요.

― 그렇습니다. 말이 되지 않습니다. 부처님께서는 밥을 빌러 분명히 사위성으로 가셨다 오셨는데 말입니다.

백봉 우선 동정이 일여라. 동정이 일여하니 어찌 거래去來가 본적本寂이 아니겠는가? 물론 상대성으로서인 육신 분分으로 봐선 엄연히 가고 온 건 사실이거든. 우리가 법신이라는 이름을 붙여서, 성품 없는 상대성을 조정하는 법신 자리라고 하자. 법신이 무슨 모습이 있어야 가고 온다 말을 할 거 아닌가?

― 예, 우리의 성품인 법신은 어떤 모습도 없다고 하셨습니다.

백봉　모습이 없는데 어찌 가고 온다는 얘길 하겠는가? 이걸 알아야 돼.
── 모습이 없다면 가고 온다는 얘기가 성립되지 않습니다.

백봉　부처님 얘긴 그만하고 이제 우리 얘기를 해보자! 우리의 가죽 주머니가 성품 없다는 것을 우리가 잘 알았어. 너무나 잘 알고 있거든.
── 예, 우리 몸뚱이는 성품이 없습니다.
백봉　그러면 이걸 끌고 다니는 놈이 누구인가? 법신이라고 하자. 우리의 법신도 모습이 없어. 그러니까 우리의 법신 자리를 납득하기 곤란하지.
── 그런 것 같습니다. 모습이 없으니 이해하기 어렵습니다.

백봉　모습이 없으니 우선 '간다, 온다'는 말을 할 수가 없어. 그러나 법신이 있기 때문에 가짜인 색신이 동정을 나타내었어. 동정을 보이긴 보였지만 헛것이라. 진짜 자리는 거래가 딱 끊어진 자리거든. 언설言說이 딱 끊어진 자리거든. 무어라고 말할 수 없는 자리거든. 그러기 때문에 거래가 본적이라. 어떻노? 알겠지? 단단히 알아라!
　　 기초! 이거 단단히 알아야 됩니다. 설법을 듣는데 의심이 나야지 의심이 안 나면 안 돼. 의심나는 건 좋은 거라.
── 의심이 나면 어떻게 하면 됩니까?
백봉　의심나거든 과학적으로 생각해 보고 견문각지見聞覺知를 전부 동원해. 본래 큰스님들 설법할 때 견문각지를 내지 말라고 했지만 나는 견문각지 동원하라고 해.

일체 만법 허공성　139

―― 공부할 때 견문각지를 내지 말라고 하시지 않았습니까?

백봉 　견문각지를 동원하면 나중에 견문각지는 저절로 없어져 버려. 내 방편은 그러해. 공부하는 수단방편手段方便이지. 공부해서 맞춰 봐. 좋아.

본래 불법은 맞추는 법이 아니여! 천 년 맞춰 봤자 나오는 법이 아니여! 그러나 이런 설법을 듣고 맞추어 보면 나중에는 맞추는 데 문득 무엇이 생각이 나. 나는 이것을 바라는 것이지, 맞추기 위한 맞춤을 말하는 것은 아니여. 만 년 맞추어 보지, 되는가.

―― 그럴 것 같습니다.

백봉 　'동정이 일여니, 동과 정이 하나니, 가고 오는 것이 본래 적적하다.' 동정이 일여하니 거래가 본적이라는 건 부처님에 대한 얘기만이 아니야. 부처님도 쓰고 있지만 우리도 지금 전부 쓰고 있어. '동정이 일여하니, 한결같으니, 거래가 본적'이라는 이 두 말마디를 우리가 늘 쓰고 있어. 이걸 알아야 돼! 우리가 쓰고 있는 문제를 우리가 어찌 무관심할 수 있겠는가?

―― 부처님은 우리와 달라서 '동정일여 거래본적'을 쓰시지만 중생인 우리들도 쓸 수 있을까요?

백봉 　만약 부처님만 그러하다면 '부처님은 그러하시구나' 하고 얘기는 끝나. 그러나 '동정이 일여하니 거래가 본적'이라 하는 이 소식을 우리가 자면서도 쓰고 있어요. 우리가 눈을 뜨고 있을 때뿐만 아니라, 자면서도 이걸 쓰고 있어요. 그러니까 여러분들, 특히 학생들에게 말합니다. 학생들, 외워라! 의미 몰라도 좋아요.

'동정이 일여하니 거래가 본적이라.'

이 두 개만 우선 외워 놓으면 언제가 이놈이 탁! 계합될 때가 와. 이놈이 가도 가도 끝없는 누리의 문제를 해결하는 열쇠가 돼. 물론 불법이니 뭣이니 하는 문제도 해결돼.

만약 누군가 탁 들어서 탁 납득이 가고, 탁 들어서 탁 납득이 가도록 설법하는 사람이 있다면, 그건 설법이 아니야. 이렇게 아세요. '이거 납득 가는 거 아니야. 그러나 안 가는 것도 아니지.'

벌써 이것이 납득 간다면 본래의 소식이 그대로 나오는데 본래의 소식 알기가 그렇게 쉬운가? 육조대사 같은 분은 곧 납득이 갔던 모양이지. 그런 분도 있긴 있어요. 그러나 어쩌다가 그런 분이 나오는 것이고. 여러분들이 납득이 갈듯 말듯 했다면 내가 설법을 잘 했어. 만약 여러분들이 이 자리에서 납득 갔다면 내가 설법 잘못 했어. 이렇게 알아요. 알겠나? 납득 가나? 응? 납득 안 가지?

— 갈 듯 말 듯합니다.

백봉 그럼 자네는 나의 설법 잘 들었다. 하하하. 사실 그렇거든.

석가세존께서 이 자리에서 말씀하셨다 해도, 납득이 가? 턱도 없는 소리! 그러면 석가세존이 말씀 잘못했어. 그럴 듯 말 듯 이래야 돼. 이것이 진짜여.

'동정일여 거래본적'은 아주 중요한 말이에요! 나중에 무슨 계기가 되어 중생을 제도하게 되면 이 말 이용해. 중요한 말이여!

이 말이 내 입에서 그만 감상적으로 흘러나간 말이 아니여! 생명이 있는 말이여! 어찌, 납득 가겠어? 납득 갔다고 하면 참말로 괴변이여. 마구니의 말밖에 안 돼. 여러분들이 납득이 가는 듯 마는 듯해야 올바른 말이여. 이거 중요한 말이여! 젊은 사람들, 이거 탁 외워 놓아야 돼요! 외워 놨다 막 써먹어. 여러분들이 늙어 죽을 때까지 써 먹어도 다 못 써먹어. 후생後生에 태어나서 중생 제도할 연분이 있더라도 이거 다 못 써먹어. 내가 한 이 말 다 못 써먹어. 이렇게 중요한 말이여.
── 예, 선생님 명심하겠습니다.

◀ 일체 만법一切萬法 허공성虛空性 ▶

백봉 법신은 보고 듣고 생각하는 이놈이라. 우리는 직접 보기도 하고, 듣기도 하고, 생각도 하고, 말도 하지만, 우리는 이 주인공을 전혀 찾아낼 수가 없거든. 그래서 이걸 절대성絕對性 자리라 하는 거여. 별도 달도 태양도 지구도, 사람 몸뚱이도, 이런 것도, 저런 것도, 전부 상대성이거든. 차별현상이야. 상대성인 차별현상이란 절대성인 평등상에서 이루어졌다는 걸 알지?
── 예, 설법을 들어서 알고 있습니다.

백봉 대부분 사람들이 염불할 때 '나무아미타불 관세음보살' 자기 입으로 턱 불러 놓고 자기 깜냥대로 연상해. 자기 인연대로 돌이나 금이나 쇠로 만들어 놓은 걸 연상하면서 관세음보살, 문수보살, 보현보살, 석가세존을 연상하는데, 자기가 부처님 명호名號를 모셔 놓고 하나의 환상세계를 그리고 있어. 자기가 불러놓고 연상해.

── 예, 그렇게 하는 것 같습니다. 그렇게 하면 어떻게 됩니까?

백봉 꼭두놀음에 지나지 않아. 달마대사께서 모습이 있으면 절대로 불보살이 아니라는 말씀도 했어요. 우리도 우리가 아니거든. 이걸 알아야 돼. 똑같은 이치야. 우리의 몸뚱이도 우리의 몸뚱이가 아니야. 어리석은 사람들은 우리의 몸뚱이라 생각하지만, 우리가 쓰긴 쓰지만 이건 우리 몸뚱이가 아니거든.

── 예, 이 몸뚱이는 내 몸뚱이가 아닙니다.

백봉 참말로 이 몸뚱이의 임자를 찾으려면 세포가 주인공이여. 또 적혈구 백혈구가 있으니 적혈구 백혈구도 주인공이여. 그러니 어찌 이것이 내 몸뚱이인가? 내 몸뚱이라고 가정하더라도 일 초도 머물지 않고 자꾸 변하는데 어느 걸 끌어 잡고 내 몸뚱이라 하겠는가 말이여.

── 예, 그렇습니다.

백봉 내 몸뚱이가 아니기 때문에 어린애가 변해서 이만큼 됐어. 지금 한 살 때 두 살 때 열 살 때의 몸이 없어. 그건 벌써 초상도 안 치르고 없어져 버렸어. 그러니 지금 나라고 하는 이 순간에도 변하고 있거든. 변하는 이 몸뚱이를 끌어 잡지 못해. 또 이 몸뚱이 자체가 환상幻相이거든. 그림자에 지나지 못한 거라. 환幻덩어리에 지나지 못한 거라. 우리 몸이 그러하면 부처님의 몸도 어찌 환幻 아니겠는가? 가만히 생각해 봐요.

일체 만법 허공성 143

—— 부처님의 육신도, 우리의 육신도 모두 환입니다.

백봉 만약 '부처님의 몸은 변하지 않고, 우리 몸은 변한다'는 사고방식을 가졌다면 허공이 둘이라야 돼. 부처님 나온 곳이 따로 있고 우리가 나온 곳이 따로 있어서 허공이 둘이라야 돼. 그러나 허공은 하나지 둘이 아니거든. 그러니까 우리 몸이 변하니 부처님 몸도 변한다, 이 말이여.
—— 예, 변합니다.

백봉 내가 '나무아미타불 관세음보살' 하고 모습으로서 끌어 잡으려고 한다면 변하는 모습을 내가 어떻게 끌어 잡겠는가? 끌어 잡지도 못하지만 내가 염불하는 동안 아미타불이 나타나고 관세음보살이 나타났다고 하면 그거 환상이지 진짜는 아니거든.
—— 예, 그렇습니다. 그럼 진짜 부처는 무엇입니까?
백봉 진짜 부처를 찾으려면 진짜 나를 찾을 줄 알아야 돼.

—— 진짜 나를 찾으려면 어떻게 해야 됩니까?
백봉 진짜 나를 찾으려면 나의 법신法身을 찾아야 돼. 몸뚱이는 변하는 거니까, 과학적으로 그렇지? 이건 가짜니까, 자꾸 변하니 진짜 아니거든. 변하고 있는데 끌어 잡지도 못하고.
—— 예. 진짜는 변하는 법이 없으니까 변하는 몸뚱이는 진짜 내가 아닙니다.
백봉 변하지 않는 법신 자리, 보고 듣고 하는 그걸 끌어 잡아야 하는 거예요. 이걸 끌어 잡으려면 모습을 통해서 끌어 잡지만 모습이 나는 아니거든. 모습을 끌어 잡고 법신을 만난다 할지라도 이건 내가 아니거든.

— 그러면 우리가 염불할 때 어떻게 해야 됩니까?
백봉 관세음보살의 환상을 그려가면서 염불하는 것이 옳으냐, 그르냐? 우리는 될 수 있는 대로 환상놀이 피하는 공부를 하는데 환상을 끌어 잡으면 어떻게 되지? 잘못된 것 아닌가? 어떻노?
— 환상을 지어서 염불하는 것은 잘못된 거 같습니다.
백봉 우리는 환상을 배격하고 여의는 공부를 하는데 되돌아서 염불할 땐 부처님의 환상을 도리어 끌어 잡으려 하니 그건 잘못된 것이거든.

— 그럼 어찌 해야 합니까?
백봉 이것이 문제여. 여기에 깊은 의미가 있어요. '나무아미타불 관세음보살' 하고 내 입을 통해서 부처님 명호를 모셨어. '나무아미타불 관세음보살' 명자를 내가 딱 끌어 잡았거든. '나무아미타불 관세음보살' 한 사람이 누구인가?
— 내가 했습니다.

백봉 나무아미타불이 누구인가? 관세음보살이 누구인가?
— 글쎄요……
백봉 바로 나라. 만약 다른 사람이 나무아미타불 관세음보살 하고, 내가 그걸 끌어 잡고 받아들였어. 받아들이는 건 누가 받아들였지?
── 내가 받아들였습니다.

백봉 그래서 염불삼매에 들어가면 '부처님 거울 속의 제자의 몸은 제자의 거울 속의 부처님에게 되돌아 귀의하는 이치를 알면 부처가 부처 이름 밝히심이네' 하는 것이 이거여. 자기 자신이 나무아미타불인 줄 모르고 자기 자신이 관세음보살인 줄 모르고 의타적으로 마음을 쓰면 벌써 이건 꼭두놀음 아닌가? 어떻노?
── 그런 것 같습니다.
백봉 꼭두놀음이란 말이여. '나는 내일 어디 가서 술을 먹어야 되겠다.' 이런 생각을 하면서 나무아미타불을 불렀다면 어찌 되겠는가?
── 다른 생각을 하면서 염불하면 염불한다고 할 수 있겠습니까?
백봉 그건 도깨비놀음에 지나지 못하는 거여. 그건 염불에서 벗어난 것이거든. 자기 스스로가 명칭을 생각을 했기 때문에 자기 입을 통해서 나온 것이거든. 그래서 자기가 이걸 끌어 잡았으니 나무아미타불이라는 명자名字를 준 사람도 또 받아들인 사람도 나거든. 나 이외에는 있을 수가 없어. 만약 나 이외에 뭣이 있다면 이건 사도邪道라.

── 예? 사도라고요? 어째서 그렇습니까?
백봉 상대적으로 나투는 것은 환상이야. 환상놀음에 지나지 못하는 거여. 부르는 것도 내가 불렀어. 일으킨 것도 내가 일으켰어. 끌어 잡은 것도 내가 했어. 하나 아닌가? 절대성 아닌가? 어떻노? 어렵나? 알겠지?
—— 어렵지만 하나라는 것은 이치적으로 이해됩니다.

백봉 공부를 하는데 대개 세 가지로 나눌 수가 있어요.
첫째는 '남을 미워하고 좋아하더라도 하나의 망심妄心인데, 그 자리는 적적寂寂한 자리거든. 그러니 될 수 있는 대로 망심을 없애고 진심을 나투어야 된다.'
둘째는 '진짜가 있기 때문에 나쁘게도 쓰고 좋게도 쓴다. 탐진치貪嗔痴도 쓰고 계정혜戒定慧도 쓴다.' 이렇게 인도하는 사람도 있어.
셋째는 '모든 건 다 꿈이라. 꿈 자체를 깨치면 꿈은 꿈이 아니다'라고 말하는 사람도 있어요.
이 세 가지가 다 쓸 수 있는 말이에요. 그러나 첫째 망심을 없애서 진심으로 돌아간다 하는 것은 대승 도리大乘道理가 못 돼.

—— 망심을 없애고 진심을 써야 된다고 하지 않으셨습니까?
백봉 원래 망심 곧 진심으로 알아버려야 돼. 그러기 때문에 내가 강조하는 것은 그만 허공성虛空性으로 나가는 사람이여. 진眞이니 가假니 이것도 없어. 진도 허공성이야. 모든 건 다 허공성이야.

—— 가假는 허공성이라 해도 진眞도 허공성이라 하시니 당황스럽습니다.
백봉 깨달은 마음도 허공성, 미한 마음도 허공성, 탐진치도 허공성, 어느 것 허공성 아닌 것이 없어. 계정혜도 허공성, 이 이치만 알아.

그래서 허공성, 절대성, 평등성平等性 자리에서 앉아. 평등성도 허공성, 절대성도 허공성, 상대성도 허공성이라. 산이 있고 물이 있고 새가 날고 초목이 있고 해 본들 전부 허공성이거든. 그러니까 어느 것 허공성 아닌 것이 없거든. 난 허공성을 주로 해서 가는 사람이여. '나는 허공성이다' 이거 하나에요. 이거 내 살림이에요.

── 일체 만법이 허공성이라는 말씀이시지요.

백봉 이 허공중에 일체 만법이 이루어져. 별이니 달이니 지구, 태양, 자갈, 나무, 모래든 뭣이 있어 본들 허공성 아니여?

── 예, 선생님께서 허공성이라고 하셨습니다.

백봉 허공성이여. 좀 더 구체화시킨다면 평등성, 좀 더 알아듣기 쉽게 말하자면 절대성, 이렇게 말할 수 있거든. 절대성 자리도 허공성이라. 여러분 이거 단정해야 돼. 단정해서 그대로 나가야 돼. 그러면 문제가 달라져.

경계에 따라서 내 마음이 일어났어. 경계도 허공성이거든. 또 경계에 따라서 밉다 곱다 일어나는 생각도 허공성이야. 우리의 몸뚱이, 세포가 어떻고 야단해도 허공성이야. 허공성 아닌 것 없거든. 전부 허공성 놀음이야. 이거 내 살림이여. 세간에 벌어지는 망심이라 하는 것도 허공성이여.

앞에서 둘째의 '전부 진에서 나온다. 탐진치貪瞋痴도 진에서 나오고, 계정혜도 진에서 나오고, 선악도 진에서 나온다', 이거 전부 맞는 말이야. 그 자체도 허공성 아닌가? 어느 것 허공성 아닌 것이 어디 있어? 셋째의 '모든 것이 꿈이라', 이것도 허공성이거든.

우리의 몸뚱이도, 산하대지도 허공성이야. 허공성이기 때문에 산에 터널을 만들어서 기차가 가. 나무도 허공성이라 부러지고 톱으로 켜면 잘라지고 칼로 끊으면 끊어져. 어느 것 허공성 아닌 것이 없어. 우리가 밉다 곱다 하는 이 한 생각이 세계의 전쟁을 일으키지 않나? 밉다고 사람을 죽이기도 하고, 또 곱다고 사람을 살리기도 하는데 전부 허공성이여. 행동하는 것이 허공성 아닌 것이 없거든.

여러분들 가만히 생각해 봐요. 관세음보살 모습이 나타났다 하자, 그거 허공성 아닌가? 관세음보살이라는 말마디가 허공성인데 어찌 그놈이 허공성 아니겠는가?

그러니 우리의 법신도 허공성이거든. 법신이 이런 씀씀이 저런 씀씀이를 한다, 전부 허공성이여. 우리가 절대성인 허공성에 턱 앉아서 그 허공성 중에 한 생각을 일으켜서 이런 놀이 저런 놀이를 해. 허공성은 절대 평등성이거든. 원래 허공성이기 때문에 능히 남자 몸을 받을 수 있고 능히 여자 몸을 받을 수 있어. 허공성이 아니고 그놈이 성품이 딱 있다면 여자는 영원히 여자이고 남자는 영원히 남자야.

— 예, 그렇겠습니다.

백봉　또 허공성이기 때문에 능히 착할 수 있고, 능히 악할 수 있거든. 만약 허공성이 아니면 착한 건 착한 대로 영원히, 악한 건 악한 대로 영원히 변동이 있을 수가 없어. 허공성이기 때문에 변해.

— 예, 허공성이기 때문에 변할 수 있습니다.

백봉 그러니까 밝은 것도 허공성, 어두운 것도 허공성이거든. 허공성이기 때문에 밝은 것이 오면 그대로 살림살이가 이루어져. 어두운 것이 오면 어두운 그대로 살림살이가 이루어져. 밝은 것과 어두운 것이 조금도 충돌이 안 돼. 만약 이것이 허공성이 아니고 무슨 딴 것이 있다면 충돌이 나서 야단 나. 음전기와 양전기가 서로 부딪쳐서 폭발하든지 할 건데 그만 허공성이여. 남녀 간도 그만 허공성이여. 그러기 때문에 서로 결별하는 건 차별현상으로, 환상으로서 맞서는 도리인데, 만났다가 헤어졌다가 만났다가 헤어졌다 이렇게 되는 거여.

—— 모든 것이 허공성이군요.

백봉 앞으로 무슨 설법이 나오든지 전부 허공성으로만 보라 말이여. 허공성이기 때문에 능히 이런 약탕기가 되고, 능히 연돌이 돼. 그러나 돼 본들 이것도 허공성, 저것도 허공성, 그것도 허공성, 어느 것 허공성 아닌 것이 없어요. 뭉개뭉개 나오는 저 김도 허공성이거든. 허공성이기 때문에 일체 만법이 그 인연에 따라서 머리털 하나도 속임이 없이 이것도 이루어지고 저것도 이루어져.

—— 허공성이라서 일체 만법이 그 인연에 따라서 한 호리도 틀림없이 이루어진다는 말씀은 이해됩니다.

백봉 견성見性, 성품性品을 봤다……
—— 무엇을 본다는 것입니까?
백봉 허공성虛空性을 보는 거여. 다른 것 아무것도 없어. 우리가 허공성을 보아야만 그것이 온 누리의 진리라고 할 수가 있는데, 진리 자체가 바로 허공성이라. 이걸 확실히 파악해야 그때 가서 가짜 놀이가 돼. 물론 우리가 가짜 놀이를 굴리더라도 허공성이라. 다시 사람 몸을 받아서 이런 몸도 받고, 저런 몸도 받을 수 있어.

공부가 된 사람은 마음대로 받아. 또 재미를 봐. 백 년이건 오십 년이건. 하늘에 날 것 같으면 몇 만 년이건 몇 십만 년이건 재미를 봐. 또 나중에 싹 없애 버리고 또 다른 몸 받아. 그러나 그것도 역시 허공성이여. '우리가 이 공부를 하려면 전부 허공성이라는 것이 바탕이 되어야 돼!' 이것이 절대성 자리인데, 이것을 바탕으로 삼으면 공부하는데 그대로 돼. 남한테 속을 것이 하나도 없어.

그러니 내가 여러분에게 하는 말이 언제라도 '허공으로서인 나로 알아야 되지 색신으로서인 나로 알지 말아라.' 이거예요. 색신이라 해본들 몇 푼어치나 돼요? 솔직한 말로. 그 말이 그 말이여.

── 예, '색신으로서의 나'가 아니라 '허공으로서의 나'라는 것이 마음에 와 닿습니다.

백봉 이제는 우리가 의심을 놓아야 돼. '허공성 이것이 내 주인공, 이것이 바로 나야.' 그 이외에 뭐 나타나고 하는 것은 전부 가짜여. 가짜 놀이 하는데 우리는 들어가지 말자, 이거에요. 이건 여러분들이 말 안 해도 다 알 것 아니여? 들어앉으려고 해 본들, 그 자체가 상대성으로 자꾸 변하는데 들어앉지도 못할 뿐 아니라 걷어잡지 못할 것은 사실 아니여?

── 예, 그렇습니다.

백봉 그래서 절대로 관념으로 뭘 믿지 마라 말이여. 불교도 관념으로 믿지 말란 말이지. 불교를 관념으로 믿어서 어찌할 거냐 말이여. 그러면 생사 문제가 해결 안 된다 말이여. 어디까지나 이론적으로 과학적으로 해야 된다는 말이지.

── 예, 관념으로는 안 됩니다.

백봉 백 가지 말이 무슨 소용 있느냐 말이에요. 내가 백 가지 천 가지 만 가지 말해 본들 그것도 허공성이라. 석가세존이 49년 동안 말씀하신 것이 어느 것 허공성 아닌 것이 없거든. 허공성 아닌 것이 어디 있느냐 말이여.

중생들이 하도 미하기 때문에 이리 끌고 다니고 저리 끌고 다니며, 없는 건 있다 하고 있는 것은 없다고 설법하고, 어떤 경우에 가서는 있는 걸 있다고 하고 없는 건 없다고 말씀하셨는데, 미한 중생들을 가르치기 위해서 그렇게 다르게 말씀하신 것이거든.

오늘 저녁 이거 무슨 놀음이냐? 허공성 놀음이에요. 허공성이 이런 걸 나투었어. 선생, 학생들을 나투어서 허공성 놀음이에요.

── 그런데 선생님, 그것이 그렇게 어렵게 느껴집니다.

백봉 그러나 어리석은 사람들은 몸뚱이 나투기 전 소식을 모르기 때문에 이걸 진짜 나라고 해. 전부 진짜 나라고 해. 물론 이것도 허공성이지. 하나의 모습놀이라. 모습놀이니까 모습이 있는 데는 시공간이 들러붙고 생사가 들러붙어. 천당 지옥이 들러붙어. 그러기 때문에 '나는 허공성이다' 이렇게만 아세요. 나는 절대로 자신을 가졌어요. 이 자신 없으면 내가 이 자리에 못 앉아 있어요.

── 나는 허공성이다……

백봉 모든 것이 일어나는 것은 유아有我, 나를 두기 때문에 일어나는 거예요. 나를 두니 네가 있어. 네가 있으니 일체 만법이 벌어지거든. 그러나 나 역시 허공성인 줄 확실히 안다면 너도 허공성이거든. 상대편 맞서는 자리도 허공성이거든. 그럼 일체 만법一切萬法이 허공성이야.

── 일체 만법이 허공성이라면 산이나 물이 어떻게 나타납니까?

백봉 허공성이라는 것이 바탕이 됨으로써 산은 산대로 나타나고 물은 물대로 나타나. 만약 우리의 본래의 성품 자리, 법신 자리가 무슨 모습이 있으면 다른 걸 나툴 수가 없어. 그것밖에는 못 나투는 거여. 이건 어떤 거라도 나툴 수 있어.

── 예, 그럴 수 있겠습니다.

백봉 그러니까 그렇게만 알면 돼요. 이 허공성에 대해서 여러분들이 자신을 딱 가진다면 이게 바로 견성이여. 여러분들이 자신을 딱 가진다면 이 자리에 가만히 앉아서 가도 가도 끝없는 누리 전체를 알지 않겠느냐 말이여.

── 예? 어떻게 이 자리에서 누리 전체를 알 수 있습니까?

백봉 욕계, 색계, 무색계도 허공성이야. 허공성에서 이루어진 사실 아닌가? 장엄불토도 허공성에서 이루어진 사실 아닌가? 지옥이니 천당이니 허공성으로 이루어진 사실 아닌가? 물 위에 물거품과 같이, 허공중에 뜬 구름과 마찬가지 아닌가? 이리하면 벌써 나의

일체 만법 허공성 153

본래의 법신, 법신이라 할 것도 없는 진짜 나를 찾아내거든.

─ 그럼 진짜 나는 무엇입니까?

백봉 진짜 나는 바로 허공 아니여? 허공이기 때문에 이런 것도 나투었어. 허공이기 때문에 팔도 이리 하고 손도 이리 하잖아? 만약 허공이 아니면 이런 것이 있어도 내 맘대로 손이 못 가. 그러니 우리의 몸도 그렇고 마음도 그래. 어느 것 허공성 아닌 것이 없어. 여러분들이 이 허공성에 대해서 실감만 온다면 춤출 거여.

그대들은 뭣인가 딴 걸 찾고 있어. 딴 걸 찾으려 하면 그것이 하나의 장벽이 돼.

그대들이 찾는 그놈이 그놈인데 본래 그 소식을 그대들이 못 깨친다 말이여.

찾는 그놈이 그놈인 줄 왜 모르냐 말이여!!!

찾아본들 허공성이고, 찾는 그것도 허공성이야.

그러니 어디라도 걸림이 없는 이 자리는 시공간이 떨어져, 노소가 떨어져, 안다 모른다는 것이 떨어져, 선이니 악이니 떨어져, 남자니 여자니 다 떨어진 자리거든. 그러하기 때문에 되돌아서 지견知見을 세워서 이 환상놀이, 놀음놀이에서는 능히 여자를 나투고, 능히 남자를 나투고, 선도 나투고, 악도 나투고 하는 것 아니냐 말이여. 그러나 선악이니 남자니 여자니 그것도 전부 허공성인 줄 알자 말이지.

─ 모든 것이 허공성이라면 이 우주는 무엇입니까?

백봉 허공의 하나의 놀음놀이에 지나지 못하는 거라.

—— 그러면 허공의 주인공은 누구입니까?

백봉 볼 줄 알고, 들을 줄 알고, 생각할 줄 아는 그놈이야. 그러나 볼 줄 알고, 들을 줄 알고, 생각할 줄 아는 그놈도 허공성이야. 어느 것 허공성 아닌 것이 어디 있느냐 말이여. 남의 얼굴도 봐. 듣기도 해. 또 잘 한다 못 한다 생각도 해. 그것이 허공성이 아니고 뭣이냐 말이여. 그러니 이전 어른들은 설법을 어떻게 했는지 모르겠지만 오 년이든 십 년이든 백 년이든 앉아서 참선을 해. 그래서 생리적으로도 그렇고 모든 것을 전부 포기할 때 이것이 나타나.

—— 나타나는 건 무엇이 나타납니까?

백봉 허공성이 나타나. 뿔이 돋친 놈이 나타나고 하는 것이 아니여. 이 때 견성이라 한다 말이여.

—— 그러면 우리도 이전 어른처럼 공부해야 되지 않을까요?

백봉 그러나 지금은 시대가 다르니 그 당처가 이렇다는 걸 모른다 하더라도 끌고 가야 해. 이전에도 육조대사니 이런 분들은 종일 설법 하셨지.

—— 그럼 설법 못하는 사람은 왜 그렇습니까?

백봉 그 사람은 자본이 모자라서 설법 못 한다고 내가 말했어요. 설법 안 해 주고 미한 중생들이 어떻게 알겠느냐 말이에요. 그리고 견성이 뭐 그리 어려운 거라고.

—— 견성이 어려운 것 아닙니까?

백봉 사고방식을 한 번 뒤바꿔 놓으면 되는 건데, 이 가죽 주머니, 똥 주머니 (아무것도 아닌 것, 몇 푼어치 안 되는 것) 이걸 내다 이러고 있으니…… '가죽 주머니 나에게 이로운 생각을 가져야지' 하는 데서 모든 생각을 일으키고 있어. 그 생각도 허공성 아니냐 말이지.

── 선생님 말씀을 들으면 모든 것이 허공성이라는 것이 이해됩니다.

백봉 우리는 모든 것이 허공성이라는 걸 알았어!! '허공으로서인 지구이고, 허공으로서인 집이고, 허공으로서인 나이고, 허공으로서인 불법이다. 석가세존도, 유마 거사도, 아미타불도 물론 그렇다.' 그러니 이번 기회에 어떻든지 허공성이란 것만 알아두세요. 이건 여러분들이 거부하지 못할 거여.

── 예, 이해됩니다.

백봉 실감은 안 올는지 모르지. 지금까지 가죽 주머니에 다겁多怯으로 쏠렸던 것이 있어서 모르겠지만, 허공성이라는 걸 누가 반대할 거냐 말이여. 그러니 우리는 여기서 의심하지 말고 그대로 믿어. 영혼도 허공성 아니여?

── 예, 영혼도 허공성입니다. 그런데 돌아서면 '그래도?' 하고 의심이 갑니다.

백봉 어리석은 사람들은 분별分別이 많아. 넘치기도 하고 어떨 때는 모자라기도 하고 불평불만이 이만저만 많은 것이 아녀. 전부 새김(想)놀이여. 그러기 때문에 우리가 새김놀이를 안 하면 곳곳마다 보리도菩提道여. 곳곳마다 공덕功德 자리여. 곳곳마다 복덕福德 자리여. 어디 걸림이 없어.
생전 처음 만나는 사람도 그만 서로 좋아. 그러나 분별하면 옆에 앉은 꼴도 보기 싫어. 가도 가도 끝없는 이 호호막막浩浩漠漠한 허공을 자기가 갈라놓고 있어. '저 녀석 보기 싫은데 꼭 내 옆에 와서 앉네.' 저 놈 보기 싫다는 장벽이 하나 가려져서 이리 돼 버려. 자기 자신이 장벽으로 막는 것 아니여?

── 예, 그렇습니다.

백봉 참 겁나는 겁니다. 전부 자기 마음놀이여. 그러니 이 세간사世間事는 우리 마음대로 이루어지는 거예요. 체성면 도리體性面道理로 본다면 지구도 우리가 만들고, 욕계·색계·무색계, 천당·지옥도 다 여러분이 만든 것 아닌가? 여러분이 만들었다는 것이 과학적으로 딱 증명이 되는 것이니 그건 말할 것이 없어.
그러니 나는 이렇게 해도 속상하지 않고, 저렇게 해도 속상하지 않아. 이러면 나의 법신을 딱 찾아 나갈 수 있는 것 아닌가? 하기 때문에 이거 전부 내 마음 타령이에요.

── 예, 전부 저의 마음 씀씀이입니다.

백봉 그러니까 우리는 될 수 있으면 절대로 고동껍질 안에 들어앉아서는 안 돼요. 고동껍질 안에 들어앉으면 고동껍질 안쪽만이 전부 자기 세계예요. 실은 그놈이 태평양 가운데 있으면서도, 실은 그놈이 지구에 있으면서도, 실은 그놈이 허공에 있으면서도 태평양도 모르고 허공도 모르고 지구도 몰라. 고동껍질 안쪽만이 전부 자기 세계예요.
── 정말 그렇습니다. 선생님.

백봉　명예라는 고동껍질에 들어앉아. 돈이라는 고동껍질에 들어앉아. 체통이라는 고동껍질에 들어앉아. 잘 살아야 되겠다는 고동껍질에 들어앉아. 내 집안 어찌 해야 되겠다는 고동껍질에 들어앉아. 죽으면 어디 가야 되겠다 해서 묘를 만드는 고동껍질에 들어앉아. 고동껍질 수천만 개야. 하나만 해도 답답한데 천 개 만 개 만 들어 놓고 전부 거기서 뱅뱅 도는 사람들이 태반이거든. 그렇다면 완전히 고동껍질을 벗어난 사람들이 대한민국에서 몇 사람이나 되겠는가? 전 세계에서 얼마나 되겠는가? 가만히 생각해 보세요.
── 글쎄요.

백봉　나는 고동껍질을 벗어난 사람들이 전 세계에서 백 명 이내라고 봐집니다. 그러면 고동껍질을 벗어나지 못한 사람이 나중에 탈을 바꿀 때 어떻게 바꾸지?
── 어떻게 바꿉니까?

백봉　눈의 기관이 약해지고 귀의 기관이 약해지고 입의 기관이 약해지고, 모든 마음이 경계에 닿질려서 나오는데 경계에 닿질리는 것이 싹 없어지면 고동껍질에 들어앉는 습성이 어디로 가겠습니까? 돼지 집으로 가야 하느냐? 개로 태어나느냐? 뱀으로 태어나느냐? 개미로 태어나느냐? 자기는 모르거든. 습성대로 가. 미련해도 부지런하면 개미의 몸을 받거든. 새김(想)에서 수천 만 억 세계가 나오는 거여.

── 예, 고맙습니다 선생님. 명심하겠습니다.

진짜 공덕행 功德行

백봉　하나이기 때문에 우리는 부처님의 위용威用을 그대로 받아들여서 그대로 행해.

──　우리가 부처님의 위용을 그대로 받아들여서 행하면 어떻게 됩니까?

백봉　만약 관세음보살님의 자비심이 수승殊勝하다면 우리도 수승한 자비심을 가져. 그러면 이 색신을 가진 채로 그대로 우리는 관세음보살님이 되는 겁니다.

──　예? 우리가 관세음보살님과 같은 수승한 자비심을 가지면 이 몸 그대로 관세음보살님이 된다고요?

백봉　문수보살文殊菩薩은 지혜를 으뜸으로 하시는데, 만약 우리가 지혜를 으뜸으로 하는 이러한 슬기를 가지고 있다면 그만 이 색신 그대로 문수보살이 되는 겁니다.

—— 선생님, 정말 처음 듣는 말이라 어쩔 줄 모르겠습니다.

백봉 또 우리가 모든 것을 부처님 말씀대로 행을 하면 좋은 공덕행功德行을 이룰 수 있어요. 행을 부지런히 닦으면 이 색신 그대로 두고 우리는 보현보살普賢菩薩이 되는 겁니다. 다른 거 아닙니다. 그러니까 이거는 조금도 의심하지 마세요.

—— 선생님, 정말 당황스럽습니다. 이 몸 그대로 그런 위대한 보살님들이 될 수 있다니 과연 가능한 일일까요?

백봉 부처님께서도 "우주 공간에 있는 무수한 부처님을 공양하는 것보다 무심도인無心道人 한 분에게 공양하는 것이 훨씬 낫다"라고 직접 말씀하신 이유가 여기 있습니다. 만약 여러분 중에서 48원을 세우거나 열 가지 원을 세우거나, 한 가지 원이나 두 가지 원을 세워서 그 원대로 행을 닦아 나가면 그만 아미타불阿彌陀佛입니다.

—— 어떻게 그렇게 될 수 있습니까?

백봉 아미타불의 당처當處와 우리의 당처가 둘이 아니기 때문에, 색신 그대로를 통해서 아미타불이 되는 원인이 거기 있습니다. 이거 확실히 알아야 됩니다.

—— 부처님의 당처와 우리의 당처가 둘이 아니기 때문에 그렇다는 말씀이지만 그래도 그게 가능할까요?

백봉 대개 지금 불교를 믿는 분들은 '부처님이 계시다' 하고 그만 따로 설정해 놓고, 나는 나대로 따로 설정해 놓고 법을 둘로 봐요.

—— 그래도 부처님이 따로 계시고, 내가 따로 있는 것 아닙니까? 만약

　　　　부처님과 나를 따로 설정해서 법을 둘로 보면 어떻게 됩니까?
백봉　우리들이 부처가 되지 못하는 원인이 여기 있습니다. 실은 법은 하나인데, 물론 색신으로 봐선 둘이죠. 부처님의 색신色身도 변하는 것이고 우리의 색신도 변하는 것이에요.
―― 예, 모습 있는 색신은 한순간도 쉬지 않고 변해 갑니다.
백봉　부처님도 똑같은 색신을 못 가져 보고, 우리도 똑같은 색신을 못 가져 보기 때문에 우리가 색신에 의존하는 것이 아닙니다.
―― 그 말씀은 이해가 됩니다.

백봉　우리가 관세음보살의 자비를 으뜸으로 해서 중생제도에 앞장 서. 그러한 각오가 필요해요. 그렇게 행을 딱 하면 변하는 이 색신을 이대로 걷어잡고, 그대로 바로 관세음보살입니다.

　　　부처님 거울속의 제자의몸은
　　　제자의 거울속에 부처님에게
　　　되돌아 귀의하는 이치를알면
　　　부처가 부처이름 밝히심이네

　　하는 노래가 나온 원인도 여기 있어요. 이거 의심하지 마세요.
―― 너무 크신 말씀이라 그래도 의심이 갑니다.
백봉　부처님의 색신도 변하는 거예요. 우리의 색신도 변하는 거예요.
―― 예, 모든 색신은 변합니다.
백봉　만약 우리의 색신만 변하고 부처님의 색신은 변하지 않는다면 법이 둘 아닌가?
―― 예, 그렇게 된다면 법이 둘이라 할 수 있습니다.

백봉 법이 둘이면 허공이 둘입니다. 진리가 둘입니다. 부처님의 색신이 변하면 우리의 색신도 변하는 것이고 우리의 색신이 변하면 부처님의 색신도 변하는 겁니다.

── 예, 그렇습니다.

백봉 중생제도란 부처님께서 중생들의 뒤바뀐 생각을 바로잡기 위한 것입니다. 다른 거 아닙니다. 중생들의 뒤바뀐 생각을 바로잡기 위해서 부처님께서 별별 방편을 많이 쓰십니다.

── 부처님께서 중생들에게 왜 방편을 많이 쓰셔야 합니까?

백봉 중생의 뒤바뀐 생각이 좀처럼 바로 잡아지지 않기 때문입니다.

── 중생의 뒤바뀐 생각이 왜 바로 잘 잡아지지 않을까요?

백봉 중생들은 색신, 몸뚱이 이거 모습 있는 것, 모습에만 들어앉기 때문에, 모습을 진짜로 알기 때문에 얘기를 하더라도 좀처럼 곧이 듣질 않아요.

── 예, 그런 것 같습니다.

백봉 그래서 방편을 쓰신 겁니다. 다른 거 아닙니다. 그러니까 여러분들은 그렇게 아세요.

── 모습을 진짜로 알고, 모습에 들어앉는 것을 그만 두려면 어찌해야 됩니까?

백봉 내가 늘 하는 말입니다만 여러분이 법신으로서 색신을 가지고 인격을 나투었다 하더라도, 이 색신에 주저앉지 말고 항상 마음은 허공과 같이 전체성全體性에 가 있어야 됩니다. 실은 여기에 있는 건데 전체성은 딱 떼어내 버리고 몸뚱이만 나다 하는 이런 생각을 당연히 방하착放下着해야 됩니다.

방하착하면서 여러분의 기미(幾)대로 관세음보살, 아미타불, 석가세존 부처님의 이름을 여러분들이 받아서 그대로 행하면, 바로 이 색신을 그대로 두고 부처님과 다름없다는 것을 의심하지 마십시오. 의심해서는 안 됩니다.

—— '색신에 주저앉지 않고, 몸뚱이가 나라는 것을 방하착하고, 허공과 같은 마음을 가진다.' 이해는 될 것 같습니다만 실감은 오지 않습니다.

백봉 그럴 수밖에 없는 것이, 우리의 색신은 늘 변하는 거 아닌가?

—— 예, 모습이 있는 색신은 쉬지 않고 변해 갑니다.

백봉 늘 변하는 것이기 때문에 믿지 못하는 겁니다.

—— 예, 변하기 때문에 믿을 수 없습니다.

백봉 다만 우리가 이걸 빌려 쓴다는 것뿐이지. 그러니까 부처님의 색신이라도 그대로 변하지 않는 색신이란 영원히 영원히 있을 수 없는 겁니다. 만약 그런 것이 있다면 부처님의 화신化身이니 뭣이니 나투지 못할 거예요.

그러니 '우리의 성품性品은 법성체法性體다. 허공이니 불심佛心이니 둘이 아니라 하나다. 하나인 이것이 바로 법성체요, 우리의 몸은 인격人格을 나투는 법성신法性身이다.' 이 말이여.

—— 우리의 성품은 법성체요, 우리의 몸은 인격을 나투는 법성신이라면 우리의 몸이 곧 법성신이라는 말씀이지요?

백봉 인격을 나투는 데는 모습을 두기 때문에 이러한 모습을 두었어요. 비로소 모습을 둠으로써 인격을 나툴 수 있다, 이렇게 생각하세요. 모습을 둠으로써 인격을 나투기 때문에 우리는 이 모습을 통해서 공덕행을 부지런히 닦아야 됩니다.

공덕행을 부지런히 닦아서 법성체를 이해하고 (법성체 역시 공空한 거라요. 공하기 때문에 일체만상 차별상을 나투는데) 만약 이 이치를 딱 알아 버리면, 솔직한 말로 어떤 기회에 가서 이 색신을 가진 채로 그대로 삼천대천세계를 주름 잡을 수도 있을 겁니다.

이 색신은 화현化現으로서 나타나는 겁니다. 화현으로 나타나든지 보報, 과보果報에 의하여서 나타나든지 간에 결국 이것도 한가집니다, 사실에 있어서는. 그런 줄 아시고 지금 우리가 불교 공부를 하는 것은 색신을 통하여서 법성신을 정화하는 것, 맑게 만드는 것이에요. 그래서 완전히 법성체와 동일화시키는 것이 우리의 불교 공부입니다.

방바닥에 수은을 쏟아보십시오. 방바닥에 수은이 천 가지 만 가지로 갈라집니다. 허나 빗자루로 살살 쓸어 놓으면 하나가 됩니다. 그러니까 나누어진 우리의 법성신, 우리의 색신을 통한 하나의 인격인 우리, 이걸 확실히 알려고 하면

'내 뿌리가 법성체 그대로다.'

이걸 알아야만 여기서 자신이 생겨서 우리가 모든 행을 하는 것이지, 그걸 모르고 너는 너다 나는 나다 이런 식은 있을 수 없는

겁니다. 다시 말하자면 물거품이란 물을 떠나서 있을 수 없고, 법성체인 전기를 떠나서 전기불이 있을 수 없는 것과 마찬가지입니다.

우리는 법성체를 걱정할 것이 없습니다.

── 왜 법성체를 걱정할 것이 없습니까?

백봉 법성체는 우리가 잘 생각해도 그대로 의젓한 것이고, 잘못 생각해도 그대로 의젓한 것이고, 있다 해도 그대로 의젓한 것이고, 없다 해도 그대로 의젓한 것입니다. 내 법성체니까 어디든지 갈 수 있잖아요? 어디라도 나툴 수 있고, 어디라도 우리가 주름 잡을 수 있는 거 아닌가요?

── 예, 그렇습니다.

백봉 그렇기 때문에 우리는 지금까지 그만 속아서 색신에만 들어앉았기 때문에 우리 꾀에 우리가 넘어가는 것이라. 그렇지 않고 '이건 하나의 인격을 나투기 위한 법신의 나툼이다.' 이렇게 생각하고, 법성신이란 걸 그대로 딱 가져서, 그대로 우리가 공덕행을 이룩한다면 삼계를 주름잡는 건 문제가 아닙니다.

── 어떻게 삼계三界를 주름잡을 수 있습니까?

백봉 삼계가 우리의 법신 아닌가?

── 네, 삼계는 우리의 법신의 나툼입니다.

백봉 법성체가 있기 때문에 지금 법성신을 나툰건데, 법성체나 법성신이나 한가지거든요. 입을 열어서 나눠 놓고 보면 법성체와 법성신은 둘이라고 할 수 있어요. 물거품과 물은 둘이라 할 수가 있지만 사실은 하나거든요. 물거품과 물은 하나지 절대로 둘이 아니에요.

— 예, 물거품과 물은 하나입니다.

백봉 그와 마찬가지로 법성체와 법성신은 절대로 하나인데 인격을 나투는 데 있어서는 둘로 나타나는 것뿐이에요. 하지만 둘로 나타나는 것도 아니에요. 사실에 있어서는 그런 겁니다. 그러니까 지금 산하대지를 만든다든지, 지옥이니 뭣이니 하는 것 전부 법성신이 만드는 거예요. 사실 또 법성체가 만드는 거예요. 이런 거 의심하지 마세요.

— 선생님께서 차근차근 이치를 따져서 말씀하시니 이해가 되는 듯하지만 아직도 미진하여 의심해 볼 겨를도 없습니다.

백봉 법성체 알겠지요? 이건 바탕.

— 예, 일체 만법의 바탕, 법성체……

백봉 비유하면 전기는 법성체고 전기불은 법성신이에요. 법성신은 색신을 나투게 돼요. 법성신이 나툰 인격이라면 벌써 사람의 몸을 나투게 됩니다.

이 몸으로 하여금 괴로운 데 떨어져서 고민하지 말고, 속아서 넘어가지 말고, 내 꾀에 내가 넘어가지 말고, 올바른 소견을 가져서 법성체로서 나투어진 모든 세계를 주름잡을 수 있도록, 또 이 세계를 우리가 마음대로 굴릴 수 있도록, 이러한 슬기를 배우는 것이 불교 공부입니다. 그렇게 알아야 됩니다.

── 예, 약간 이해됩니다.

백봉 이거 확실히 알아야 됩니다. 욕계, 색계도 틀림없이 우리가 만든 겁니다. 법성체와 법성신이 둘이 아니거든요. 우리가 만든 거예요, 실에 있어서는. 법성체와 법성신이 둘이 아니면서 각자 인격을 나투어서, 서로 맞서서, 모든 묘한 도리를 굴리는데, 우리가 법성체를 바탕으로 한 법신을 나투었어. 또 법신을 나투는 데는 색신을 두었는데, 이 색신으로 하여금 삼계를 주름 잡으려고 하면 방법이 단 하나 있습니다.

── 무슨 방법이 있습니까?

백봉 공리空理에 요달了達해야 됩니다. 빈 이치에 요달하는 방법 하나뿐입니다.

── 공리, 빈 이치란 무엇입니까?

백봉 '이것이 다 헛거구나! 그 당처, 참말로 누리의 주인공, 진짜 주인공은 빈 거구나! 그래서 색신은 헛거로구나!' 이렇게 딱 인정하면서 공덕행을 항상 잊지 않아야 합니다.

── 모든 것이 다 헛것이고 비었는데 공덕행을 잊지 말라는 것은 무슨 말씀입니까?

백봉 이 누리 자체가 하나의 공덕입니다. 누리 자체가 하나의 공덕이기 때문에 돌도 있고 나무도 있는 거 아닌가요? 또 누리 자체가 하나의 공덕이기 때문에 천당도 있고 지옥도 있는 것 아닌가요?

—— 누리 자체가 하나의 공덕이라고요? 공덕이라는 것은 좋은 일을 행해야 공덕이라고 할 수 있지 않겠습니까? 천당이라면 몰라도 지옥이 어떻게 공덕이 될 수 있겠습니까?

백봉 지옥 하면 에~ 하지만 그런 거 아닙니다. 지옥도 하나의 법을 굴리는 겁니다. 방편에 따라서 이럴 땐 이렇게 되고, 저럴 땐 저렇게 된다는 걸 나툰 것이거든요. 고생하는 것은 별문제로 하고 말이죠. 그러니까 누리 전체가 하나의 공덕행입니다. 공덕 자리입니다.

누리 전체가 하나의 목숨 자리고, 누리 전체가 하나의 복덕 자리입니다. 이거 하나를 바탕으로 해서 우리가 이것도 나투고 저것도 나투고 합니다. 내 손은 하나지만 손가락이 이것도 있고 저것도 있는 거나 마찬가지에요.

—— 누리 전체가 공덕 자리이고 공덕행이라면, 불교의 대표적인 공덕행인 육바라밀을 우리가 구태여 닦을 필요가 있겠습니까?

백봉 진짜 공덕행이 무엇이냐? 물론 보시, 지계, 인욕, 이거 다 공덕행입니다. 불법의 행법行法이나 한가집니다. 육바라밀 중에 진짜 행법이 무엇이냐? 빈 이치에 요달하는 것이 진짜 행법입니다. 우리는 진짜 계戒를 가져야 됩니다. 안 가지면 안 됩니다. 진짜 계를 절대로 가져야 됩니다.

—— 진짜 계가 무엇입니까?

백봉 공리에 요달하는 것이 진짜 계입니다.

—— 공리에 요달하는 것이 진짜 계라고요?

백봉 공리에 요달하는 것이 진짜 복입니다. 다른 거 아닙니다.

—— 모든 것이 비었다는 공리에 요달하는 것이 어찌 진짜 복이 될 수 있습니까?

백봉 이거 잘 모르는 사람들은 '전부 다 빈 거다, 빈 거다'라고 하지만 이렇게만 생각하는 것이 아닙니다. 비면서 비지 않은 이치를……

—— 비면서 비지 않은 이치란 말씀이 모순되지 않습니까?

백봉 그러니까 진짜 빈 것이 공덕행이라고 한다면 계도 그 당처가 빈 것이고, 육바라밀도 그 당처가 빈 것이고, 복의 당처도 빈 것이고 전부 빈 겁니다. 비면서도 그 빈 자리란 굉장히 무서운 자립니다.

—— 그 당처가 비었는데 빈자리가 어떻게 무서운 자리입니까?

백봉 천당도 지어 내고 지옥도 지어 내고, 모든 뭇 세계를 지어 내는 자리에요, 비면서도 그 빈 살림살이를 완전히 굴리는데 있어서는 되돌아서 사람의 몸을 나투고, 산하대지를 나투고, 공덕을 이루게 되어 있는 겁니다.

—— 선생님, 참으로 어렵습니다. 이해될 듯하다가도 자꾸 꼬이는 것 같습니다. 왜 그럴까요?

백봉 제일 첫째, 이 당처도 빈 거다, 이걸 딱 알아! 그러나 비어도 빈 것을 위한 빔이 아니고 그만 모습이 없기 때문에 비었다고 하지만, 여기서 모습을 나투어서 화려한 연극을 해야 맛이 나지 않겠어요? 연극을 꾸미는 것이 결국은 공덕행을 무시할 수 없다는 결론이 나는 겁니다.

―― 다시 한 번 간추려서 말씀해 주십시오.
백봉 법성체를 말씀드렸고, 그 다음 법성신을 말씀드렸어요. 법성신을 나투는 데 있어서는 반드시 색신을 갖춘다 이거 말씀드렸죠?
―― 예, 선생님.
백봉 그래서 법성신을 전제로 한 색신이 좋은 데 태어나. 그리고 삼계를 주름 잡으려 하면 공덕행이 필요하단 말이죠.
―― 예, 선생님.
백봉 진짜 공덕행이 필요한데, 진짜 공덕행은 공리에 요달하는 것이 진짜 공덕행이에요. 공리에 요달한다 해서 공덕행 안 하는 거 아니거든요.
―― 예, 선생님.
백봉 알겠지요? 이렇게만 여러분들이 생각해서 그대로 쭉 닦아 나가면 어느 사이에 내가 부처되는 줄 모릅니다.

―― 그러면 공리에 요달하기 위해서 제일 먼저 해야 되는 것은 무엇입니까?
백봉 탐심을 가장 먼저 없애야 됩니다. 그런데 이 탐심을 없애기가 참으로 어렵습니다. 나는 탐심이 없다고 생각하지만, 있어요. 있습니다.

―― 탐심을 없애려면 탐심이 어디서 생기는지 알아야 되지 않겠습니까?

백봉 　탐심은 모습에서 생기는 거여. 탐진치貪嗔痴니 뭣이니 전부 모습에서 생기는 거예요.

―― 모습에서 생기는 탐심을 없애려면 어떻게 해야 합니까?

백봉 　공리에 완전히 요달해야 탐심이 없어집니다. 탐하는 마음은 보시하는 마음과 맞서는 겁니다.

―― 선생님께서 공리에 요달하기 위해서는 제일 먼저 탐심을 없애야 된다고 하시고, 또 공리에 완전히 요달해야 탐심이 없어진다고 하시니 정말 어리둥절합니다. 그러면 탐심의 뿌리가 따로 있는 것입니까?

백봉 　탐심은 청정심에서 나온 겁니다. 성내는 마음이든지 어리석은 마음이든지 똑똑한 마음이든지 인자한 자비심이든지 우리가 청정심에서 한 여김을 일으켜서, 한 생각을 일으켜서, 그 생각에 딱 주저앉기 때문에 탐하는 마음도 되고 성내는 마음도 되고 어리석은 마음도 되는 거라요.

―― 가만히 생각해 보면 한 생각을 일으켜서, 그 생각에 따라 욕심내고 성내고 어리석은 마음을 일으킵니다만, 모두 하나의 마음인 것은 틀림없습니다.

백봉 　그 당처는 전부 청정심입니다. 그러기 때문에 우리 도반 중에 누군가가 탐하는 마음이 많다고 합시다. 그것도 바탕은 바로 청정심입니다. 또 성내는 마음이 많다 합시다. 그것도 청정심이에요. 또 어리석은 마음이 많다 합시다. 그것도 청정심이에요. 그러니까 탐진치란 것이 그 결과로 봐서는 우리를 나쁜 데로 끌고 가는 것이지만, 실은 그 당처가 바로 청정심입니다.

─ 그러면 청정심을 어떻게 알 수 있습니까?

백봉 청정심, 걷어잡을 수 있나? 못 걷어잡습니다.

─ 왜 못 걷어잡습니까?

백봉 그 자리 빈 겁니다. 이런 이치를 알아 놓으면 탐하는 마음이 설혹 있다 할지라도 안개같이 다 없어져 버립니다. 탐하는 마음도 그 당처가 전부 비었어요. 그 앞의 소식 청정심도 비었는데 탐하는 마음이 비지 않을 수 있습니까?

─ 청정심도 비었다, 탐심도 비었다 하시니 어떻게 해야 될지 막막합니다.

백봉 그러니까 결국 이럴 땐 어떻게 생각해야 되느냐 하면, '아하, 이걸 전부 나라고 생각했는데 이것도 보니 비었구나!' 이렇게요. 빈 거니까 우리 몸뚱이의 성품이 없는 거 아니에요? '그래서 몸뚱이가 흙구덩이나 불구덩이로 들어가는구나! 나의 말쑥한 성품 자리, 전체성 자리, 체성면 자리, 말쑥한 자리가 있구나!'

이리 딱 생각한다면 탐하는 마음이 납니까? 안 납니다. 싱거워서 안 납니다. '아이고, 내 몸을 위해서, 내 자손을 위해서 탐심을 가져보자' 해 본들 싱거워요, 싱겁습니다.

우리가 법신이 있음으로써 색신을 나투어. 색신이 있음으로써 법신의 인격을 나투어. 법신의 공덕행을 이루는 데 있어서는 가장 먼저 공리에 요달해야 돼요. 공리의 자리에는 탐심이 붙을 자리가 없습니다.

솔직한 말로 공부라는 거 참말로 무서운 겁니다. 이거 과학적 아니에요? 도리어 돈이 조금 있음으로써 탐심이 생겨서, 진짜 보배 진짜 돈은 못 만들고 있거든.

여러분, 진짜 보배를 만들어야 됩니다! 진짜 돈을 만들어야 됩니다! 진짜 집을 준비해야 됩니다! 실에 있어서 공덕행을 이루는 데는 (말로는 간단합니다만) 우선 내 마음부터 하나의 티끌도 없어야 완전한 공덕행이 이루어집니다.

여러분들 앞으로 무영탑無影塔, 그림자 없는 탑을 세울 줄 알아야 됩니다. 그림자 없는 탑은 그림자 있는 것을 걷어잡고 그림자 없는 탑을 세우는 데로 돌아가야 됩니다. 공리에 요달하는 얘기가 나오기 때문에 내가 얘기하는 겁니다.

── 그런데 선생님, 공덕행을 왜 닦아야 됩니까?

백봉 법신으로서 색신을 나투어서 인격을 완성하게 되기 때문에 하는 말입니다. 좋은 일을 하면 선처善處에 나고 나쁜 일을 하면 악처惡處에 난다는 거 우리가 뻔히 아는 거 아니에요?

── 예, 그렇습니다.

백봉 법성체, 법성신으로 인격을 나투는 데는 색신을 나툰다는 거. 이 색신을 나투는 데 있어서는 무루공덕無漏功德을 닦아서 삼천대천세계를 주름 잡을 수 있는 이런 색신이 되어야 된다는 말입니다.

그러니까 우선 탐심부터 제거해야 된다는 것입니다.
―― 예, 고맙습니다 선생님. 명심하겠습니다.

업과 참회

백봉 '말하는 그놈도 허공이다. 듣는 그놈도 허공이다. 욕계·색계·무색계, 천당이니 지옥이니 극락세계니 전부 허공성이다. 거기서 일체 만법이 이루어진다.' 이걸 아는 것이 완전히 아는 겁니다. 부처님도 이 이상 더 몰라. 이 이상 더 알래야 알 것이 없어. 다만 신통조화神通造化를 이루는 거 그건 별문제여.

—— 모든 것이 본래 허공성이고 또한 일체 만법이 거기서 이루어졌다면, 우리들은 왜 그 이치를 모르고 이렇게 헤매는 것입니까?

백봉 우리가 안 되는 이유는 무엇이냐? 우리는 업이 있어서 완전하게 '이것이 허공성이다. 없다'는 것이 잘 안 돼. 우리도 부처님과 마찬가지로 업을 완전히 녹여 버리면, 부처님과 똑같은 행을 할 수가 있어요. 그러기 때문에 허공은 하나 아닌가? 우리는 업 관계로 안 되는 거예요. 그것이 가렸어.

여러분들이 이렇게 마음을 닦아가고 공부를 지어가면 얼마 안 가서 누리의 진리가 그대로 파악되는 거예요. 이렇게 파악되면 그때서야 비로소 업이 녹아. 우리가 극락을 가든지 어디를 가든지 업을 가지고는 절대로 못 가는 거예요. 업 때문에 걸려서 못가. 그러니까 이것을 알기 전에는 도저히 업이 안 녹아. 한쪽에선 좋은 일을 해서 업을 녹이는 반면에 또 모르면서 업을 지어. 업이라는 건 알면서도 짓고 모르면서도 지어. 알면서 좋은 일을 해 주고, 모르면서 나쁜 업도 짓는 거예요. 우리들은 수미산 같은 업이 있어요. 선업善業도 있고, 또 잘 모르고 지은 악업惡業도 있어.

―― 그럼 업을 녹이려면 어떻게 해야 합니까?

백봉 업은 관념으로 녹는 것이 절대로 아니에요. 관념으로 녹이려 하면 관념의 업이 하나 더 들러붙어. 공리에 요달해서 과학적으로 내 마음 스스로가 '이렇구나!' 하고 결정하는 데서 녹아나는 것이지, '이러니 이렇겠지' 하는 정도 가지고는 절대로 녹는 것이 아니에요. 그러기 때문에 불법이라는 건 철학이라면 대 철학이고, 문학이라면 대 문학이고, 뭐라고 말을 붙일 도리가 없는 거예요. 이 이치를 깨치면 그때부터 업장業障이 녹기 시작하는 거예요. 못 깨치면 절대 안 녹아요. 업장이 녹아나면 바로 대 해탈이에요.

―― 모든 것이 공하다고 하셨는데 과연 업이란 있는 것입니까?

백봉 사실은 업도 없는 거예요. 업의 당처도 공한 거예요. 참 이렇게 알고 보면 무섭지. 그런데 이 설법을 잘 들으면 보약이고, 잘못 들으면 독약이 됩니다.

── 왜 그렇습니까?

백봉 　업이란 게 있는 게 아니에요. 그런데 업이 있거든.

── 업이 있는 게 아닌데 업이 있다는 것이 무슨 말씀입니까?

백봉 　업도 허공성이야. 우리가 지금 생각하는 알음알이, '좋다 나쁘다' 하고 앎을 지어서 야단치는 거, 이것도 그 당처가 공한 거예요. 전부 도깨비 놀음판이거든. 거짓놀음이거든. 망령된 마음의 놀음놀이도 전부 그 당처가 공한 것이지만, 망령된 마음의 놀음놀이에 따라 지은 대로 그 업이 들러붙는 거라. 들러붙어봤자 업의 당처가 공한 것이거든. 빈 것이거든. 이 도리를 아는 것이 무서운 거예요.

── 업의 당처가 비었고 망념 또한 그 당처가 공한 것이라면 업이 어떻게 들러붙을 수 있습니까?

백봉 　업의 당처가 비었고, 망념도 그 뿌리가 없는 건데 공연히 내가 지어서 내가 만들어. 그래서 업도 없는데 숱한 업을 내가 지어 내가 만들어. 이걸 딱 깨뜨려 버리면 그때서야 비로소 업이 녹기 시작하는 거예요.

── 이걸 깨뜨리지 않고 업이 녹을 수 있습니까?

백봉 　이걸 깨뜨리지 않고 업이 녹는다면 불가사의한 일이에요. 그러기 때문에 이 도리를 알면 일초직입여래지─超直入如來地라. 한 번 뛰어서 여래 땅에 든다는 소식이 여기서 나온 거예요.

── 망념의 당처도 공하다고 하셨는데 망념은 어디서 옵니까?
백봉 경계에 닿질려서 오는 것인데, 이것이 공한 거예요. 그런데 이걸 진짜로 알아서 이리 굴리고 저리 굴려서, 나중에는 업이 많이 들러붙는단 말이죠. 업 자체가 공한 것이거든.

── 이해가 잘 되지 않습니다. 예를 들어서 다시 말씀해 주십시오.
백봉 지금 영화를 보고 있는데, 영화를 진짜처럼 보는 것과 마찬가지라. 나는 영화를 보면 잘 울었어요. 진짜 같이 보여서 울어. 지금 상영되고 있는 영화 속에서는 배우들이 싸우고 있지만, 정작 영화배우들은 지금 차를 마시고 있어. 그런데 우리는 영화를 보고 울고 있어. 그와 마찬가지에요. 그것을 진짜로 알거든. 그러나 이 당처도 또한 공한 거라. 이걸 철저하게 알면 수미산 같은 업이 그대로 녹아나는 거예요. 죄를 지으면 그 당처는 비었지만 참회를 해야 돼요.

── 참회란 어떤 뜻입니까?
백봉 '참懺'이란 먼저의 죄를 뉘우치고, '회悔'는 앞으로 그런 나쁜 짓을 안 하겠다는 것인데, 어떤 신에게 용서를 빌고 있어요.

── 신에게 용서를 빌면 죄를 없앨 수 있습니까?
백봉 말이 되나요? 그것 참 비과학적이라 말이죠. 만약 죄를 용서해 주고 없앨 수만 있다면, 부처님이라든지 성신들이 우리 중생들을 왜 이 고생시키겠어요? 다 뺏어가 버리지. 부처님이 자비심이 없어서 그런가? 천만의 말씀. 부처님은 자비심이 있어요.

"업의 당처가 비었다. 너의 마음 씀씀이도 진짜 마음이 아니다. 그것만 없애버리면 그 자리에서 부처가 되느니라." 이렇게 말씀을 해 주어도 중생 자신들이 그 말씀을 곧이 안 들어. 그 말씀을 믿지 않아.

—— 중생들은 부처님의 그 말씀을 왜 믿지 않을까요?

백봉 '또 다른 무엇이 있나?' 해서 다른 망심을 또 일으켜. 그러니까 거기 따른 업이 또 나와.

—— 그럼 어떻게 됩니까?

백봉 업을 녹이지 못하는 거예요. 그러니 '참회를 해서 용서를 빈다.' 그거 말이 되느냐 말이에요. 용서를 어떻게 해? 그분들이야 가슴이 찢어지도록 간절하지. 본인이 뒤바뀐 생각을 해서 그 업을 딱 메고 안 놓는데 어떻게 하겠어요? 그러기 때문에 여러분들 이거 이해 잘 해야 돼요. 이해 잘못하면 큰일 나요.

업의 당처가 빈 줄 알아야 돼. 아무 모습이 없으니 빈 줄 알아야 돼. 그래서 '업도 내가 쓸데없는 알음알이(識), 새김(想)놀이, 여김(念)놀이가 들어서 그렇다. 망심이 들어서 숱한 업을 만들어내는구나! 그러나 업도 비었구나!' 이 이치를 알 때 비로소 업이 없어지는 것이지.

—— 업이 비었다는 이치를 알 때에만 업이 없어지는 이유가 무엇입

니까?

백봉 말쑥한 그 자리에는 업이 붙을 자리가 없어. 알음알이니 뭣이니 분별하면 그만 업이 들러붙어. 꿀떡처럼 들러붙어. 그러나 말쑥한 그 자리에는 업이 들러붙을 자리가 없는데 어떡할 거요? 업 가운데 그대로 있어도 들러붙질 못해. 그래서 이 도리를 아는 사람들은 몸을 버릴 때라도 절대성 자리를 딱 지키고 있으면 염라대왕이 오지를 못해.

조주화상이 항상 절대성 자리를 딱 지키고 있었거든. 그런데 대도인이니 신장들이 보호해야 된단 말이에요. 아, 그런데 조주화상이 어디 있는지 당최 알 수 있어야지. 아수라는 소리는 들어도 형체를 보지 못해요. 조주화상을 보호해야 되겠는데 아무래도 못 찾아. 안 보여.

그런데 하루는 조주화상이 부엌 앞으로 지나가는데 밥찌꺼기가 있어. 밥알 하나 버리면 옥황상제가 그거 썩을 때까지 기다리고 있다는 말이 있어요. 사실이건 사실 아니건 간에. 어찌 우리가 밥찌꺼기 하나라도 내버릴 수 있나요? 차라리 내가 못 먹으면 개미라도 주는 것이 나아. 그건 별문제로 하고.

조주화상이 그걸 보고 화가 났던 모양이지. "아, 이놈들아! 이 밥찌꺼기가 웬 밥찌꺼기냐!" 그때 깜빡 절대성 자리를 잊어버렸어. 그때 신장들이 조주화상을 발견했어. 절을 하고 "아이고 스님, 이제야 스님을 찾아뵈옵니다. 지금껏 찾아도 안 계시던데." 이런 예가 있었어요.

그러니까 절대성 자리만 떡 지키고 있으면 무엇이 붙을 자리가 없잖아요? 업이 붙질 않아야 비로소 속세말로 업이 녹아난다고 볼 수 있어요.

── 그러면 일상생활에서 업이 붙지 않으려면 어떻게 해야 합니까?
백봉 일상생활에서 밥을 먹을 때 '내가 밥을 먹는다'고 생각해. '내가 숟가락을 든다'고 생각해. 누구하고 싸우더라도 '내가 누구와 싸운다'는 생각을 놓치지 말라는 말이 그 말입니다. 여기서 '나는 법신자리를 말하는 거예요.' 그렇게 열심히 쭉 해 나가면 그리 되는 겁니다.

업장의 당처가 원래 빈 거라. 원래 우리의 열반묘심涅槃妙心도 비었는데 업장이 비지 말란 법이 어디 있나요? 이런 빈 이치를 알았으니까 열반묘심에서 이루어지는 우리의 마음 씀씀이, 그 망령된 마음이 전부 업장놀음이거든. 세상 사람들은 망령된 마음이 빈 줄 모르고 진짜라고 하기 때문에 울고불고하는 거예요.

업도 진짜같이 보여서 진짜 역할을 해. 우리가 꿈을 꿀 때 꿈속에서는 꿈이 절대로 진짜에요. 꿈을 깨고 나면 꿈이 '거짓이었다'라는 걸 그때서야 알지만. 그와 꼭 한가지로 업을 녹여야 돼. 업덩이들이 어떻게 극락세계에 갈 수 있나요? 극락세계는 업덩이들이 있는 곳이 아니에요. 말쑥한 분들이 있는 곳이에요.

── 어떻게 해야 업을 녹입니까? 다시 한 번 말씀해 주십시오.
백봉 업의 당처가 공한 줄 알아야 돼, 빈 줄 알아야 돼. 업의 당처가 빈 줄 알면서 공덕행을 쌓아야 돼. 공덕행은 극락세계까지 가는 노자여. 공덕행을 많이 쌓으면 돈이 많이 생겨. 적게 쌓으면 적게 생겨. 업이 없어지면 극락세계에 가는 비행기를 탈 수 있어요. 업이 있으면 이놈이 얼마나 굵은지 비행기 문에 들어가질 못해요. 그렇게 생각하면 됩니다.

── 업의 당처가 비었다면 나쁜 일을 해도 되지 않겠습니까?

백봉 그런데 여러분들 '업의 당처가 비었다 하더라. 나쁜 일 해도 좋겠네.' 이렇게 생각하면 큰일 나요! 큰일 나! 그럼 업을 더 짓는 거라.

── 어째서 업을 더 짓게 됩니까?

백봉 원래 여러분들이 말쑥한 열반묘심涅槃妙心 자리에 앉을 줄 알면 업을 지으라 해도 짓지 않아요. 손을 움직이고 발을 움직이는 것도 전부 공덕행을 이루는 거예요. 이것이 극락세계까지 가는 노자가 되는 거예요.

── 예, 선생님 명심하겠습니다.

견성

백봉 내 단언합니다! 서울서도 말했는데, 내가 욕 들을 줄 알고 있어요. 욕 들었어. 그러나 지금은 덜해. '견성하기 쉽다' 이랬거든.

── 선생님, 견성見性이 무엇입니까?

백봉 한자로 볼 견見자 성품 성性자. 성품을 본다, 이 말입니다.

── 성품을 보는 자는 누구입니까?

백봉 보는 놈이 바로 그놈인데 어쩔 수 없어서 그런 말을 빌려 쓰는 거예요. 내 성품 보는 것, 의학적으로 또는 텔레비전이나 라디오 같은 걸로 딱 따져 들어가면 틀림없는데 어쩔 거여? 그러기 때문에 견성하기 쉽다 그 말이에요.

── 그렇지만 견성하기 어렵지 않습니까?

백봉 아이고, 견성하기 어렵다고들 해. 10년, 20년 아니라 입산수도해서 거기서 늙어 죽어도 안 된다는 말을 요새는 하지 않는다고 들었습니다. 우리가 말하기 쉽게 의학적으로 과학적으로 물리학적으로 딱 따져 들어가. 영원히 물리학이나 과학으로 해결되는 것은 아니지만 어느 정도까지는 되는 거예요. 딱 따지고 들어가면 견성하는 거 문제 아닙니다.

물론 내 생전에는 이 말이 권위가 서지 않을 겁니다. 내가 죽은 후 50년이나 100년 후에는 이 말이 성립될 거여. 난 그렇게 생각해. 그렇지만 지금까지 여러분들이 다른 데 젖어 있어서 좀처럼 잘 안 돼. '좋긴 좋다' 이 정도지. 여러분이 그것을 뼈저리게 느끼지 못하고 있다는 것을 내가 잘 알고 있습니다. 그래서 이것을 굉장히 어렵게 생각합니다.

—— 어렵게 생각하는 까닭이 무엇입니까?

백봉 늘 뒤바뀐(顚倒) 생각을 해 왔기 때문이에요. 사람마다 성품을 다 가지고 있거든. 만약 나한테 성품이 없다면 참 어려운 거예요. 돈 가지고도 안 되는 것이고, 노력 가지고도 되는 거 아니에요?

—— 선생님, 성품을 본다면 누구 성품을 보는 것입니까?

백봉 내가 매일 쓰고 있는 성품을 보는 거라. 내가 가지고 있는 것을 내가 보는 거라. 내가 증득證得하는 거라. 선지식의 말에 따라서 옳은 방편만 가지면 될 수 있는 것이거든요.

—— 그렇지만 견성하기가 매우 어렵다고들 알고 있습니다. 그 이유가 무엇입니까?

백봉 왜 그렇게 견성하기 어려운가? 이거 참 사람 기막힌 일이라. 그것은 어딘가 모순이 있어요. 부처님 말씀에 대근기大根機는 사흘 안에, 중근기中根機는 석 달 안에, 하근기下根機라도 삼 년 안에 된다 했습니다. 부처님 말씀을 빌리지 않더라도 가만히 생각해 보면 그렇게 될 수 있거든. 바른 데로만 나가면 될 수 있어.

—— 그런데 왜 5년 해도 안 되고 10년 해도 안 되고 일평생 해도 안 됩니까?

백봉 이거는 동으로 가야 하는 사람이 서로 가기 때문에 그래요. 동으로 가려면 동으로 가야지. 서울을 가려면 서울로 향해서 가야 되지 부산으로 향해서 천년만년 가 보소, 가게 되는가? 그러니 어떤 모순이 있는 거예요.

—— 그러면 바르게 가는 것이 어떻게 가는 것입니까?

백봉 사람의 몸에는 성품이 없어. 보고 듣고 하는 것이 법신이라. 망심을 일으키는 것이 진심에서 나오는 줄 알면, 망심 그놈이 바로 진심이야. '진심이 바로 법신이다.' 이렇게 깨달아 들어가야 돼. 앉은 자리에서 부처되는 법이 있거든.

—— 예? 앉은 자리에서 부처가 된다고요? 그것이 무엇입니까?

백봉 사람의 몸뚱이는 성품이 없어. 성품이 없다는 건 요즈음 사람들은 다 알아. 사실 어리석은 사람들은 이 몸에 성품이 없다고 하면 무슨 말인지 못 알아들어요. 하지만 여기 있는 분들은 다 알거든. 그러니 지식이 좋다는 거예요. 몸에 성품이 없어. 의학적으로 봐도 성품이 없어.

── 몸에 왜 성품이 없습니까?

백봉 팔을 하나 뚝 잘라 불 속에 집어넣어도 모르거든. 성품이 없으니 몰라. 만약 이것이 성품이 있다면 팔은 팔대로 성품이 있고, 나는 나대로 성품이 있어서 야단날 건데, 없어. 다리에도 성품이 없고 머리에도 성품이 없어. 우리는 '이 몸뚱이를 나다' 하는 그릇된 생각을 해 왔기 때문에 그렇지, 알고 보면 우리 몸에 성품이 없는 것이거든.

여러분 가만히 생각해 보세요. 우리는 어릴 때의 생각을 지금 그대로 가지고 있어요. 아주 어릴 때는 기관이 충실치 못해서 잘 몰라. 하지만 열 살이나 스무 살 먹을 때의 마음가짐이나 서른 살이나 마흔 살이나 오십이 된 지금 마음이나 꼭 하나거든.

── 예, 그때 마음이나 지금 마음이나 변함이 없습니다.

백봉 그런데 몸은 변하기 때문에 어린애가 자라서 어른이 되고, 늙어서 노인이 되거든. 그러나 마음은 변하지 않아. 하나도 변하지 않아.

── 그런데 마음이 변했다고 생각하는 사람이 있습니다. 어째서 그렇습니까?

백봉 경계에만 놀던 사람이 그러는 거여. 그러나 마음은 변할 것도 없고 아무것도 없어. 어릴 때 마음이나 어른 마음이나 늙었을 때 마음이나 꼭 한가지여.

── 마음이 변하지 않는 까닭이 무엇입니까?

백봉 모습이 없기 때문이야. 보고 듣고 말하는 이것이 마음이거든. 이

것은 변할 것이 없는데 '내 마음이 변했다. 내 마음이 늙었다' 이렇게 생각하는 사람들이 있거든. 이것은 자기가 자기에게 속아 넘어가는 거예요.

── 예? 자기가 자기에게 속아 넘어간다고요?

백봉 '몸뚱이가 나다' 하고 생각해. 사실 하나의 가죽 주머니인데 나라고 생각해. 거울을 들여다보든지 손등을 보면 '아이쿠, 난 늙었구나' 이런 생각을 가지니 마음이 늙은 것 같이 생각되는 거라. 마음도 모습이 있어야 늙지, 그렇지 않아? 잘 알아듣겠지?

── 예, 마음은 모습이 없어서 변할 것이 없습니다.

백봉 이렇게 말하면 곧 알아들어요. 그러나 어리석은 사람들은 '몸이 늙었으니 마음도 늙는다'고 해야 귀에 쏙 들어가지, '몸은 늙어도 마음은 안 늙는다' 하면 귀에 안 들어가거든.

── 그 까닭이 무엇입니까?

백봉 어릴 때는 놀러 다니고 하던 것이 좋더니 늙으니 나가기가 싫어. 그러니까 '마음이 늙었다' 이렇게 뒤바뀐 생각을 하게 된 것이거든. 전부 뒤바뀐 생각이여. 공부하는 사람들은 이 이치를 알아서, 법신을 놓치지 않고 쭉 가지고 있는 사람은 100살 먹으나 200살 먹으나 어릴 때 마음하고 꼭 한가지여.

가죽 주머니도 시시로 변하는 경계거든. 늙어가는 것도 경계거든. 상대성이 경계여. 경계에 노는 사람은 몸에 딱 들어앉아서, 몸이 이만큼 늙었으니 내 마음도 이만큼 늙었다고 착각하는 거여. 우리의 법신 자리는 늙고 젊은 것이 없어. 그야말로 하늘과 땅을 앞하여서 영원히 그대로 있는 것이거든.

── 법신 자리가 늙고 젊은 것이 없는 이유가 무엇입니까?
백봉 법신 자리는 늙을래야 늙을 것이 없어. 늙을 물건이 없어. 이 이치를 알거든. 보고 듣고 말하고 생각하는 그놈이여. '보는 것은 눈으로 보지 않소? 몸이 늙었으니 눈도 늙지 않소? 늙었으니 눈도 잘 보이지 않는 것 아니요?' 이렇게 생각하겠지만 눈이 보는 거 아니야.

── 만약 눈이 보는 것이 아니라면 무엇이 봅니까?
백봉 만약 눈이 본다면 눈을 쏙 빼다가 책상 위에 놓으면 그놈이 볼까?
── 못 봅니다.
백봉 그러니 눈이 보는 것이 아니란 말이야. 아무런 모습이 없는 빛깔도 소리도 냄새도 없는 법신이 봐. 우리의 성품이 눈이라는 기관을 통해서 봐. 눈이 보는 거 아니여. 보는 놈이 따로 있어. 아무런 모습이 없는 법신이 귀라는 기관을 통해서 들어요. 귀가 듣는 거 아니여. 또 입이 말을 하는데 입이 말하는 거 아니거든. 단단히 들어요. 그렇겠지?

── 선생님 말씀이 이치에는 맞으나 아직 실감은 안 옵니다.
백봉 이빨도 성품이 없고, 혀도 성품이 없는 것이거든. 의학적으로 그렇지 않아? 성품 없는 거라 말이야.
── 성품 없는 입이나 혀가 어떻게 말을 합니까?
백봉 성품이 없는 혀와 입술을 통 틀어서 입이라 하지. 성품도 없는 이 입을 움직여서 말하는 이놈도, 빛깔도 소리도 냄새도 없고, 볼래야 볼 수도 없어. 꼭 허공이나 한가지여. 이놈이 입을 빌어서 말을 하는 거여.

─ 그러면 모든 행동이나 사고를 총괄하는 뇌는 어떻게 됩니까?

백봉 뇌가 모든 것을 생각해. 이것이 총 대표여. 대표해서 온 기관에 보내는데 이 자체가 생각하는 게 아니에요. 뇌도 하나의 기관이에요. 뇌도 상대성, 눈도 상대성, 귀도 상대성, 입도 상대성인데, 절대성 자리 모르는 사람들은 '뇌에서 생각한다' 이렇게 말하는데 그건 몰라서 하는 말이야. 뇌도 하나의 기관이야.

─ 그래도 뇌는 다르지 않을까요?

백봉 만약 뇌가 생각하는 물건이라면 꺼내서 여기 갖다 놓으면 생각해야 되는데 아니거든. 그와 마찬가지로 아무런 모습이 없는, 빛깔도 소리도 냄새도 없는 법신이 기관을 통해서 전부 움직여. 이것만 알아 버리면 돼. 내가 손을 이렇게 하는 것은 이 손에 성품 있어서, 내 팔에 성품이 있어서 이렇게 하는 것이 절대로 아니거든. 이건 여러분들이 알 거라. 의학적으로 그렇지 않아?

─ 그래도 그건 뇌가 시켜서 하는 것이 아닐까요?

백봉 팔에 성품이 없는데 어떻게 펼 줄 알고 어떻게 잡을 줄 아는가? 손을 이리 놀리고 펴고 주먹을 쥐고 하는가? 이것은 손이란 기관을 통해서 여러분들이 가지고 있는 무형무색無形無色인 법신 자리가 손을 이리 쥐어라 펴라 하는 거예요. 이거 처음 불교 공부하는 사람들에게 절대로 중요한 대목이에요.

다른 분들은 다 아시죠? 내가 팔을 이렇게 한다든지, 다리로 걸어 다닌다든지, 누워 잠을 잔다든지, 밥을 먹는다든지 해도 이건 성품이 없는 거여.

자동차에 휘발유가 없으면 시동이 안 걸리듯이 몸은 밥을 먹여 줘야 돼. 이건 법칙에 의해서 자라는 거여. 소나무도 법칙에 의해서 자라고, 화분의 꽃들도 물을 주고, 법칙에 의해서 꽃이 피고 열매가 맺는 것이거든. 이와 마찬가지로 몸도 법칙에 의해서 상대성으로 자꾸 변해. 그렇기 때문에 늙는 것이거든. 법칙에 의해서 변하는 것이지 성품 자체가 변하는 것은 아니거든.

그러기 때문에 이거 매정한 놈이라. 이것이 참말로 성품이 있다면 팔을 길게 빼라면 빼. 팔이 성품이 없으니까 짧으면 짧은 대로 그만, 길면 긴 대로 그만, 잘나면 잘난 대로 그만, 못나면 못난 대로 그만이라. 이것은 참말로 내 말 안 들어줘.

—— 몸뚱이는 왜 내 말은 듣지 않는 것입니까?
백봉 성품이 없기 때문이야. 성품이 있다면 알아서 하겠는데 성품이 없거든. 마음이 없어. 그런데 무형무색의 아는 것, 마음, 성품이라고도 하는 이것은 아무런 모습도 없어. 불 속에도 들어가. 얼음 속에도 들어가. 땅 속에도 들어가. 어디라도 가. 어떨 땐 생각 없이도 마음대로 해. 성품이 몸뚱이를 끌고 다니는 거여.

이걸 여러분이 안다면 '옳지, 우리는 망령된 마음을 내 마음이라 하고, 변하는 이걸 내 몸이라 했구나! 그게 아니구나! 몸에는 성품이 없구나! 시시로 변하는구나! 그러나 이 몸을 끌고 다니는 것은 빛깔도 소리도 냄새도 없는 그것이 의젓해서 하늘과 땅이 생기기 전부터 있구나! 그래서 손가락 하나를 움직여도 그놈이 까딱까딱하는 것이고, 팔을 들어도 그놈이 하는 것이고, 말을 하더라도 그놈이 입을 통해서 말을 하는구나!' 그걸 알아버리면 그 자리에서 부처되는 거여.

── 그러면 선생님, 우리의 진짜 주인공인 진심본체眞心本體, 즉 참 마음의 본바탕이라면, 이 마음을 어떻게 굴리는 것입니까?

백봉 이 마음을 굴리는데 두 가지 방법이 있어요. 하나는 자성본능自性本能이여. 이것이 응무소주 이생기심應無所住而生起心, 응당 머물지 않고 이 마음을 낸다는 소식인데, 내 스스로의 마음, 성품을 그대로 쓰는 것이고, 둘째는 수연응용隨緣應用이여. 인연에 따라서 마음을 쓰는 두 가지가 있어요. 도인은 본성을 그대로 써 버려. 그러나 범부들은 이걸 내 몸으로 알거든. 하기 때문에 인연에 따라서 써.

── 선생님, 인연에 따라 쓴다는 말씀이 무슨 말입니까?

백봉 경계에 닿질린다는 말이에요. 미운 놈이 있으면 '밉다'는 생각이 나. 또 좋은 놈이 있으면 '좋다'는 생각이 나. 높은 산이 있으면 '산이 높다', 물이 낮으면 '낮다', 그 경계에 따라서 마음이 생겨. 그러나 도인들은 본래의 성품 그대로 써 버리는 거여. 이것은 알기가 좀 어렵지.

── 선생님, 다시 한 번 말씀해 주십시오.

백봉 이거 무슨 말이냐? 내가 늘 하는 말이에요. 이 점이 죽고 사는 걸 판가름하는 거예요. 우리가 이 몸뚱이를 가지고 영원히 산다면 이런 공부할 필요도 없어. 이거 잠깐이야. 백 년을 살아도 잠깐이야. 이 몸뚱이 가는 곳이 어디냐? 흙구덩이나 불구덩이거든. 우리는 흙구덩이나 불구덩이를 면하기 위해서 공부를 하는 것이거든. 백 년을 산다 해도 흙구덩이나 불구덩이로 가. 이건 가짜라. 그러나 진짜가 있거든. 이 진짜 마음을 쓰는 것이거든. 처음 듣는 분들은 어려워요.

—— 어떻게 하면 내 성품을 그대로 쓸 수 있습니까? 구체적인 예를 들어 주십시오.

백봉 단단히 들어요. 한 가지 예를 들면, 내가 오늘 찻집에 갔어. 찻집에 가서 다른 말 할 것 없어. 공부하는 사람은 만날 공부하는 게 일이라. 그때 내 마음을 그대로 가져. 차를 마실 때도 '내가 차를 마신다', 찻집에 갈 때도 '내가 간다', 그대로 쭉 가졌거든. 나오다 중간에 뭐라 말하는데 잠깐 놓쳐 버렸어. 그땐 말 안 했어. '아이고, 내가 놓쳤구나.' '내가 걸어간다.' '내가 지팡이를 짚는다.' 밥을 먹어도 '내가 먹는다', 잠을 자도 '내가 잔다', 일을 봐도 '내가 한다', 이 말이에요. 이건 처음에 알아듣기가 좀 곤란한데 나중에 차차 알게 돼.

여기서 '나는 법신 자리를 말하는 것이에요.'

경계에 닿질려서 나타나는 인연 관계에 따라서 내 마음이 성을 낼 때도 '내가 성을 낸다', 이걸 알아. 이것이 성품 그대로 쓰는 거여. 무엇을 보더라도 '내가 본다', 이거 아주 중요한 말이여. 안 보면서 봐.

── 안 보면서 본다는 말씀이 무슨 말입니까?

백봉 '나'라는 것이 있으니 정신은 여기 있어. 저것이 눈에 비쳐. 그걸 봐. '내가 저걸 본다.' '내가 듣는다.' 안 들으면서 들어. '내가 글을 쓴다.' 꿈꿀 때도 '아, 이거 꿈이구나' 알아. 내가 말할 때 안 잊어버려. 지금 가지고 있어요. 지금 공부하는 여러분이 있으니 잊어버리라고 해도 안 잊어져. 그거 참 이상하지. 그러니 도반이 좋다는 거라. 공부하는 도반 얼굴만 봐도 공부가 된다는 이유가 그거여. 공부 잘하는 사람이든 못하는 사람이든 공부하는 사람끼리 모여 놓으면 정신이 바짝바짝 나거든.

그러기 때문에 지금 무슨 말을 하더라도 '내가 말한다'는 것을 잘 알고 있거든. 소소영영昭昭靈靈하지. 소소영영해. 영화관에 우리끼리 한 번 가 봐요. 얼마나 우리가 놓치는가? 이걸 알아야 돼요.

── 그러면 우리의 모든 일상생활이 공부가 된다는 말씀입니까?

백봉 우리가 영화관에 가도 그것이 공부고, 술집에 가서 술을 먹어도 그것이 공부고, 어느 것 공부 아닌 것이 없어요. 산하대지가 있다 해도, 지구가 있다 해도, 전부 공성 아니에요? 빈 성품 아니에요?

── 예, 일체 만법이 허공성입니다.

백봉 빈 성품이기 때문에 삽으로 뜨면 흙이 떠지거든. 그런데 이건 변하지 않아. 아무런 모습이 없으니 변하지 않는 거라. 태양도 모습이 있으니 변하는 것이고, 지구도 모습이 있으니 변하는 것이고, 우리 몸뚱이도 모습이 있으니 변하는 것이거든.

── 예, 모습 있는 것은 변합니다.

백봉 그러니까 변하는 것을 확실히 알아버려. 변하는 것은 거짓말이거든. 거짓말이니 우리가 늙는 것이거든. 늙기 때문에 우리가 불구덩이나 흙구덩이에 들어가는 것이지, 진짜 같으면 불구덩이나 흙구덩이에 들어가지 않지? 그러니까 가짜라는 걸 알았어. 의학적으로도 이것은 헛거라. 시시로 변하는 상대성이라. 일분일초를 안 쉬어. 쭉 변하여 가는 것이거든. 변하는 것을 끌고 다니는 이것이 절대성이고 평등성이야. 이것은 변할래야 변할 것이 없어. 죽을래야 죽을 것이 없어. 여러분들, 죽음이 죽음 아니라는 걸 알죠? 나는 것이 나는 거 아니거든.

── 그런데 선생님, 그 말씀이 진짜 어렵습니다. 지금 태어나 있고 나중에는 죽을 것이 확실한데요.

백봉 처음에 이 이치를 모르는 사람들은 탈이 나. 흉악한 거짓말이라고 해요. 아니, 죽는다는 것은 몸이 죽는다는 말이지 우리 법신이 죽는가? 법신은 죽을래야 죽을 물건이 있어야지. 몸은 성품이 없는 거여. 물 위의 거품처럼 가짜야. 우리가 앞으로 십 년, 이십 년, 삼십 년을 더 산다고 하지만, 그 전에도 우리는 매일 죽고 있어요.

── 예? 우리가 매일 죽고 있다고요?

백봉 부모 뱃속에서 떨어질 때는 조그마한 애기였어. 지금 여러분은 어머니한테 받은 거 하나도 없어. 전부 변했어. 머리털 하나까지도 다 변했어. 뼈도 신진대사가 되어서 다 변했어. 그거 죽은 거 아닌가? 일 초 동안에 약 삼십만 마리가 죽고 생겨나. 한쪽으로 죽고 한쪽으로 생겨. 여러분도 수천만 번 죽었어요. 수천만 번이 아니라 수억천만 번 죽었어요. 지금 이 자리에서도 죽고 있고 또 생기고 있어. 그러니 이거 가짜거든요.
그러나 이걸 끌고 다니는 보고 듣고 말하는 이 자리는 죽을래야 죽을 물건이 없어. 그만 소소영영한 자리라.

── 소소영영한 자리라는 말씀이 무슨 말씀입니까?

백봉 여러분이 내 말을 듣는 것은 소소영영한 자리기 때문에 내 말 듣는 거 아니에요? 알 지知자, 아는 거, 마음이 있기 때문에 우리가 아는 거여. 이 자리는 알아. 이것을 인식하기가 참 어려워. 참 어려워. 그렇지만 여러분이 이걸 알아야 돼.

── 다시 한 번 말씀해 주십시오.

백봉 그러니까 이렇게 알아야 돼. '죽어도 죽는 것이 아니고 살아도 사는 것이 아니다.' 지금 내가 말하는 것은 하늘과 땅이 생기기 전부터의 '내'가 얘길 하고 있어요. 우리 어머니가 낳아 준 이 입을 빌리고 있어. 허나 이거는 성품이 없어. 성품이 없는 이 입을 놀려서 하늘과 땅이 생기기 전부터의 법신이 얘기를 하고 있거든요.
그러니까 이 몸이 살아도 산 것이 아니거든. 이건 헛것이거든. 자꾸 변하는 것이거든. 그러니 죽어도 죽는 것이 아니라. 죽는다는 것은 몸이 죽는 것이고 우리의 소소영영한 자리는 죽는 것이 아니거든. 인연에 따라서 이거 없애버리고 다시 새 몸 받아요. 그래야 멋지단 말이여. 만약 그렇지 않고 이 몸뚱이를 그대로 영원히 영원히 가지고 있다면 그건 말이 안 돼요. 만약 원리가 그렇다면 바람도 불다가 정지하고 꽃도 피다가 정지하고 물도 흐르다가 정지하는 거라. 자꾸 변해야 되거든요.

그러니 여러분이 알아야 되는 것은 '헛것이 나타나.' 본래의 말쑥한 자리는 날래야 날 것이 없어. 이건 죽어, 현재도 죽고 있어. 그 전에도 수천만 번 죽었어. 몽땅 가더라도 그림자나 한가지라. 과학적으로 철학적으로 알아버리면 이 자리에 앉아서 부처되는 거예요. 이렇게 하기 위해서 우리가 참선도 하고 공부도 해요. 나중에 마지막 깨달을 때는 이렇게 깨닫는 거예요. 어떻든지 관념으로 알아서는 안 돼요. 과학적으로 알아야 돼요. 그래야 믿어지지.

─ 그런데 어떻게 믿어야 됩니까?

백봉 앎으로서 믿어야 돼요.

─ 어떻게 알아야 됩니까?

백봉 그냥 그렇게 알아서 되는 게 아니라 깨달아야 돼.

─ 무엇을 깨닫습니까?

백봉 앞에서 내가 말한 것을 깨닫는 거예요. '몸뚱이에 성품이 없구나! 스스로 변하는구나! 어머니가 낳아준 이 몸은 벌써 없어졌구나! 그땐 다리뼈가 이만 했는데 이젠 이만 하구나. 신진대사가 돼서 뼈도 없어졌구나. 아! 그렇구나! 이건 성품이 없구나! 이건 법칙에 의해서 차차 자라나서 나중에 늙어서 불구덩이나 흙구덩이로 가는 거로구나. 그러나 이놈을 끌고 다니는 보고 듣고 하는 놈이 있구나. 이것이 법신이구나! 이 법신은 모습이 없으니 여기서 여기까지란 말도 없고 저기서 저기까지란 말도 할 수 없구나. 그만 그대로 허공 전체로구나!' 우리의 마음은 모습이 없으니까 허공 전체여. 이거 과학적 아닌가?

── 그렇게 알면 나중에 어떻게 됩니까?

백봉 가도 가도 끝없는 허공의 주인공이라. 이리 가도 끝이 없고 저리 가도 끝이 없어. '내가 바로 허공의 주인공이로구나!' 이걸 깨달으면 그만 이 자리에서 부처가 돼. 여러분들이 가지고 있는 성품 자리, 법신 자리는 모습이 없어. 시공간이 들러붙지 않아요.

── 어째서 시공간이 들러붙지 않습니까?

백봉 모습이 없거든. 그러기 때문에 여기는 시간도 없고 공간도 없어. 과거 현재 미래도 없어. 모습이 없으니 가는 것도 아니고 오는 것도 없어. 우리가 허공의 주인공인데 어찌 중생놀이를 하겠어요? 고동이 고동껍질 안에 들어앉아 있는 것처럼 우리도 가죽 주머니에 들어앉아서 '이 몸이 자꾸 변하네. 아이고, 내가 늙는구나' 하고 뒤바뀐 생각을 가져.

여러분들 가죽 주머니에 들어앉지 말아요. 사실 똥 주머니에 들어앉아 본들 몇 푼어치 돼요? 이거 참말로 몇 푼어치 안 돼.

어리석은 사람들은 그만 몸이 소중해. 시시로 변하는 것은 모르고 만날 있는 것처럼. 몸이 없어지면 죽는 거지. 나중에 가만히 보니 '늙었네, 큰일났구나! 인생은 무상하구나.' 그래서 시나 짓고 글이나 쓰고…… 그까짓 놈의 시, 그까짓 놈의 글이 어찌 한 푼어치의 가치가 있겠느냐 말이에요.

변하기 때문에 늙는 거 아니여? 변하기 때문에 꽃이 피는 거 아니여? 변하기 때문에 물이 흐르는 거 아니여? 변하기 때문에 구름이 가는 거 아니여? 구름 가는 건 좋아하고 늙는 건 왜 싫어하느냐 말이여. 꽃피는 건 좋아하면서 늙는 건 왜 싫어하느냐 말이야. 늙어야만 다시 다른 몸을 받아 젊어보거든. 늙을 수도 있어야 젊을 수도 있는 거 아니여?

── 예, 그렇습니다.

백봉   이거 맞서는 문제라. 늙을 수 없다면 젊을 수도 없어. 상대적으로 나는 것이 있기 때문에 죽는 것이 있지? 나기 때문에 죽는 것이고 죽기 때문에 나는 것이야.

── 예, 그렇습니다.

백봉   이렇게 변하는 재미가 있어. 어릴 땐 어린애로서 좋아. 젊을 땐 젊은 대로 좋아. 늙으면 늙은 대로 좋은 거라. 만약 영원히 이대로 사는 걸 좋아한다면 구름은 가다가 정지해 버리고, 꽃은 피다가 그만 두고, 물은 흐르다가 정지해 버리고, 우리도 손 든 채로 가만히, 입 벌린 대로 가만히, 숟가락 든 채로 가만히, 일을 하다가 가만히…… 변하는 도리가 상대성이거든.

이렇게 재미있는 걸 우리가 쓰는데, 어떤 사람들은 늙는다고 한

탄해. 늙기 때문에 새로 젊은 걸 받지 않나? 젊은 걸 부인하는 거나 한가지 아니여? 사람들 미련한 건 어쩔 도리가 없어요. 그래서 늙는 걸 축복해 줘야 돼. '아 참 잘 늙는다.' 더럽게 늙으면 안 돼. 여기 들어앉아서 '아이고 나는 죽는다. 불구덩이나 흙구덩이로 간다' 하면 그거 더럽게 늙는 거여. '허공으로서의 나' 입장에 턱 있을 때 참 멋지지. 이렇게 멋진 걸 돈으로 사? 턱도 없지. 멋지게 젊고 멋지게 늙고 멋지게 죽어야 돼. 사는 맛을 알아야 돼.

—— 어떻게 해야 멋지게 죽고 멋지게 사는 맛을 압니까?
백봉 절대성 자리, 여여부동如如不動한 자리, 마음자리, 그 자리에 딱 앉아서 상대성을 굴려. 이거 재미있잖아요? 솔직한 말로.

—— 다시 말씀해 주십시오.
백봉 친구하고 얘기해도 재미가 나. 나는 절대성 자리에 있어. '내가 말을 하고 있구나', 사는 맛이 있잖아? 알아야 맛이 있지 모르고 어떻게 맛이 있겠는가? 모르고 사는 맛이란 전부 자기가 속아 넘어가는 것이거든. 절대성 자리 놓치지 않아야 해, 당장의 마음을 놓치지 않아야 해. 놓치지 않는 자리를 딱 알아야 사는 맛이 있지. 그걸 모르고 '이 몸뚱이에 들어앉아서 내다'라고 하니, 내가 있으면 네가 있고 네가 있으면 제삼자가 있어. 제삼자가 있으면 하늘과 땅이 그대로 나타나. 이것이 전부 하나의 도깨비장난인데, 도깨비장난 하는데 들어앉아서 꼼짝달싹 못해. 이거 무슨 맛이 있냐 말이여. 그래서 이 이치를 알면 사는 맛이 나. 나중에 이것을 버릴 때는 죽는 멋이 있어. 멋지게 죽어야 돼요. 여러분들이 설법을 듣는 것은 멋지게 죽기 위해서 공부하는 거예요. 우리가 누리의 주인공인데 그만 깜빡 잊어버렸어.

── 우리가 누리의 주인공인 것을 잊어버린 까닭이 무엇입니까?
백봉 그만 몸뚱이에 주저앉았기 때문에 잊어버렸어. 사실은 '허공이 여러분들 속에 있는데 몸뚱이에 주저앉고 보니 우리가 허공 속에 있어.' 이렇게 답답한 노릇이 어디 있노? 실은 그것이 아닌데. 이거 과학적 아니에요? 내 법신이 여기서 여기까지만 나라 할까? 여기서 저기까지만 나라 할까? 여기서 북두칠성까지만 나라 할까?
── 아닙니다.

백봉 모습이 없으니 허공은 원래 없는 거여. 허공은 빌려온 말이여. 바로 허공 자체가 나여. 이것만 알아버리면 이 자리에서 부처가 되는 거여. 별 거 없어.
── 그런데 이것이 어렵습니다. 왜 어려울까요?
백봉 그만 자꾸 몸뚱이에 들어앉으니 어디 있는지도 몰라. 이것이 눈에 있는 것도 아니고, 귀에 있는 것도 아니고, 발끝에 있는 것도 아니고, 어디 있는 것도 아닌데 몰라. 모르면서 '몸뚱이에 들어앉아서 나다' 하고 허공 속에서 꼬물꼬물하고 있단 말이지. 실은 허공 자체가 내 속에 있는데. 납득 가지? 과학적으로 그렇지 않나?
── 예, 이치적으로는 그렇습니다.

견성 201

백봉 허공, 아무것도 없는 거여. 우리가 보고 듣고 말하는 것도 아무것도 없어. 볼 줄 알고 들을 줄 아니까 내가 딱 인정하거든. 인정하니 내가 벌써 주인공 아니에요? 보고 듣고 말하고 몸을 끌고 다니는 것이 전부 허공성이거든. 지구도 허공의 성품이여. 태양도 허공의 성품이여. 실에 있어서는. 별도 허공성이여. 나무도 허공성이여. 전부 허공성이여.

그러기 때문에 여러분들이 이 이치를 알아버리면, 묵중한 지구가 어째서 안 떨어지고 허공에 그대로 매달려 있는가? 태양이 어째서 안 떨어지느냐? 달이 어째서 안 떨어지느냐? 이걸 알아. 지구가 어째서 안 떨어지는 것쯤 알아야 돼.

—— 지구가 어떻게 안 떨어질까요?

백봉 우리가 지구에 의지해서 집도 짓고 걸어 다니는데, 지구가 안 떨어지고 허공중에 둥둥 떠 있거든. 지구가 안 떨어지는 이유를 모르고 불안해서 어떻게 지구 위를 걸어 다녀?

—— 가만히 생각해 보면 선생님 말씀이 정말 맞는 말씀입니다.

백봉 내가 지금까지 말한 것을 종합해 보면 결국 내 자신을 알아야 돼.

—— 예? 내 자신이요?

백봉 내 자신이라는 건 몸뚱이를 말하는 게 아니에요. 이것이 성품 없는 줄 알고, 빛깔도 소리도 냄새도 없는 법신이 엄연히 있기 때문에, 눈이라는 기관을 통해서 보고, 귀라는 기관을 통해서 듣고, 입이라는 기관을 통해서 말한다는 이치를 깨닫는 것이여.

책을 보거나 선을 통해서 부지런히 이런 이치를 알고, 쭉 해나가면 마지막 가서 탁 깨달아. 방금 내가 말한 것을 재인식하는 거여. 실감이 와. 그러니까 내가 과학적으로도 말하고 또 의학적으로도 그렇다고 말하는 거예요.

성스럽고 거룩하고, 참으로 뭐라고 말할 수 없는 보배를 우리가 가지고 있거든. 이 자리가 몸뚱이를 끌고 다닌단 말이지. 우리가 이런 보배를 가지고 있는데, 그만 이 자리는 무시해 버리고 몸뚱이에만 들어앉아서 '나다' 이러고 있으니 답답한 일 아닌가?

── 예, 그렇습니다.

백봉 몸뚱이는 생사生死, 죽고 살고 하는 것이거든. 그러니 거짓 아니에요? 죽고 사는 걸 면하지 못해. 그러나 몸뚱이를 끌고 다니는, 보고 듣고 말하는 이 자리는 죽을래야 죽을 것이 없어. 실은 삼세간三世間이 없어져. 그러니 노소老少가 없어, 늙고 젊은 것이 없어. 노소가 없으니 천당과 지옥이 다 뭉개진 곳이에요.

몸뚱이를 나다 하면 시공간이 들러붙어. 시공간이 들러붙으니 늙고 젊은 것이 나와. 늙고 젊은 것이 나오니 나중에 앓고 병들고 그래서 죽는 것이거든. 그래서 생사가 나오고 생사가 나오면 천당과 지옥이 나와요. 그러나 우리가 속지 않고 허공의 주인공으로서인 내 자리에 떡 돌아가. '허공의 주인공으로서인 나라.' 나의 진짜는 의젓하게 있다는 걸 딱 생각하면 나한테 천당 지옥이 들러붙질 못해.

도인들이 그 자리에 떡 있으면 염라대왕이 보지 못한다는 말이 있잖아? 앞에서 한번 말했었는데, 조주화상은 항상 자기를 놓치질 않았어. 어느 날 아침에 부엌 앞으로 지나가니 조그마한 쌀이 두서너 알 떨어졌어. 그래서 야단 했어. 쌀 한 알을 그대로 썩힌다면 옥황상제가 그거 썩을 때까지 기다리고 있다는 말이 있어요. 속된 말이겠지만. 그만큼 이걸 귀중하게 생각한다는 말이에요. "쌀을 함부로 버리는 법이 어딨는가?" 그때 신장들이 와서 절을 해. "아이고, 스님을 우리가 보호하려고 아무리 찾아도 찾지 못했는데 오늘 이 자리에서 뵙니다." 딱 하니 자기를 가지고 있으면 나타나질 않아. 신장들이 못 봐. 여기서 탐심貪心이나 진심嗔心, 치심癡心을 일으키면 그만 보게 돼. 이건 가짜거든.

자기 본성을 가지고 있어, 당장의 마음을 놓치지 않고 그대로 딱 가지고 있으면 신장들이 우릴 못 보는 겁니다. 이거 부처님 말씀이고 조사님들의 말씀이여. 내 말 아니에요. 나도 그렇게 믿어. 어떻게 우리가 부처님 말씀을 안 믿을 수 있겠어요? 가만히 생각해 봐요.

— 예, 부처님 말씀을 믿습니다.

백봉 어쨌든지 여러분들 우리가 완전히 납득해야 돼요. 그러면 남자 측에서도 도인이 나오고 부인네 측에서도 도인이 나와요. 도인되는 거 그렇게 어려운 거 아니에요. 올바로 공부만 하면 되는 거여. 도인이 별 거 있나요? 도인이라 해서 뿔이 두 개, 세 개 나는가? 보통사람으로서 누리의 진리를 알았다는 것뿐이지. 누리의 진리를 안다 하면 생사니 뭣이니 들러붙을 곳이 없거든.

— 예, 그렇습니다.

백봉 어리석은 사람들은 '이것만이 전부다. 이것만이 나다. 내가 사는 이것만이 세상이다. 나 죽고 나면 모른다.' 이런 식이거든. 솔직한 말로 육신을 보더라도 잠깐 지나가는 영화처럼 지금 꿈꾸는 거여. 제이의 꿈이에요. 꼭 꿈꾸는 것과 같은데 이걸 진짜로 본단 말이야. 사실로 꿈속에서 꿈이라는 거 모르면 꿈은 참말이여. 깨고 나면 꿈이거든.

─ 예, 그렇습니다.

백봉 여러분들 전부 뒤바뀐 생각을 가지고 있거든. 진짜가 아닌데 진짜로 생각하고 있거든. 여러분들이 턱 하게 이걸 알아버리면 자식을 키울 때도 참 도움이 돼요. 자식이란 내 인연을 따라와서 나중에 인연이 끊어지면 또 다른 인연을 만나, 그뿐이야. 아이들의 몸을 끌고 다니는 것도 법신이 끌고 다니는 것이거든.

─ 예, 그렇습니다.

백봉 이 도리를 알면 가정살림을 해도 참말로 멋지게 할 수 있고, 자식을 키워도 멋지게 키울 수 있고, 사업을 해도 멋지게 할 수 있어요. 이 도리를 모르면 죽도록 일해도 '아이고, 앞으로 한 50년이나 한 100년 있으면 내가 죽을 건데.' 그러면 얼마나 섭섭하냐 말이야. 한 50년 100년 있으면 죽을 거, 한 20년 30년 있으면 늙을 거. 싱거워서 말이지.
어떻든지 내 말 그대로 속는 요량하고 지켜서 한 달이고 두 달이고 지나가 봐. 인생관이 달라져요. 그때는 가죽 주머니로서인 인생이 아니라 허공으로서인 여러분이 되는 거예요. 허공으로서인 여러분이 되면 그때는 인생 문제가 완전히 해결되는 거예요. 인생 문제뿐 아니라 이 누리 전체의 문제가 해결되는 거예요. 그러니 우리가 이렇게 소중한 공부를 어떻게 안 하겠느냐 말이에요. 이거 믿어지지 않을지 모르지만 여러분들 단단히 알아야 됩니다.

—— 예, 선생님. 명심하겠습니다.

백봉 놋쇠가 꼭 금같지요? 그러나 놋쇠하고 금을 바꿔서는 안 돼. 가죽 주머니 색신과 법신을 바꿔서는 안 돼. 우리는 어디까지나 금을 찾아야 돼. 어디까지나 진짜를 찾아야 돼. 가짜놀음해서는 안 되거든. 진짜인 법신을 무시해 버리니, 법신을 죽이는 거 아닌가? 살려야 돼. 우리는 지금 법신을 죽이고 있거든. 살려야 돼. 그러니 우리는 법신을 살리는 방향으로 나가야 돼요. 전부 꼭두예요. 가만히 생각해 보세요. 지구도 꼭두, 태양도 꼭두, 우리의 몸도 꼭두, 좋다 나쁘다 하는 것도 꼭두예요. 이건 실다운 거 아니니까, 알면 나중에 그만 자취가 없어. 그만 나 홀로 하늘과 땅에 우뚝스리 그대로 있게 돼.

—— 예 선생님, 명심하겠습니다.

이 말 한마디
듣기 위해
이 세상에 왔노라

셋째
마디

거사풍居士風을 세운다

태고로부터의 소식(知音)인 기미(幾)가 의젓하거든!
이에 빛깔이 놓이면서 바람이 일고,
이에 안개가 번지면서 비가 뿌릴새,
한없는 허공중에서 한없는 산하를 나투니 이 나의 살림이요,
끝없는 성품중에서 끝없는 감정을 일으키니 이 나의 놀음이로다.

이러히 사事적인 살림이 있기에
하늘가에 떠도는 한 줄기의 구름을 걷어잡고 허공을 자질하며,
이러히 이理적인 놀음이 있기에
마음속에 일꺼지는 한가닥의 새김을 껴안고 성품을 손질한다.

실로 우주의 대법大法은

오직 한 줄기의 구름을 걷어잡고 허공을 자질함이니
이 바로 성품의 기미를 다룸이요.

인생의 공도公道는
오직 한 가닥의 새김을 껴안고 성품을 손질함이니
이 바로 허공의 소식을 거둠이로다.

어즈버야, 허공과 성품은 둘이 아닌 하나의 누리요
하나의 진리요, 하나인 목숨임을 입증함이 아닐까보냐.

어찌타, 하나인 목숨이요 진리인 누리는
제각기대로의 숱한 세계를 나투면서,
마침내엔 원치도 않는 생로병사를 두고
즐김터(安住處)와 뇌롬터(苦惱處)로 향하여 달리니,
이 참이냐? 이 거짓이냐? 판가름의 견줄 바 못된다.

그러나, 여기에 사람이 있다!
사람 중에도 슬기로운 사람이 여기에 있으니
이 슬기로운 사람은 누리의 삶을 어떻게 엮는가?
오로지 수단방편을 다하여 생사업生死業을 걷어내고
적멸락寂滅樂을 바탕으로 세기世紀의 삶을 엮는다.

석가세존을 비롯한 역대의 조사와 선사가

승가풍僧家風을 선양함도 이 때문이요,
유마보살을 비롯한 동서의 지식과 석학이
거사풍居士風을 천명함도 이 때문이니,
특히 중국의 이통현李通玄, 배휴裵休와 방온龐蘊,
해동의 윤필尹弼, 진부설陳浮雪 거사居士 등의 배출은
도에 승속이 따로 없음을 들냄이 아닐까보냐.

승가풍은 세속의 모든 인연을 끊고
스승을 찾아 집을 떠난다.
한갓 떠도는 구름이요 흐르는 물이라
다만 도를 구하는 마음씨만이 있을 뿐이다.

하지만 거사풍은 그 목적이 비록 승가풍으로
더불어 같다고 이를지라도 그 수단과 방편이 다르다.
세속에서 맺어진 생업을 가지고 혈연을 보살피면서
스승을 찾기는 하나 집을 지킨다.
한갓 덤불에 걸린 연이요 우리에 갇힌 매이지마는
항상 푸른 꿈이 부푼 것이 남과 다르다.

이러기에 승가풍은
입성(옷)부터가 단조로움도 비리非利를 엿보지 않음이니
공부를 짓기 위함이요,
먹성이 간략함도 음심을 일으키지 않음이니

공부를 짓기 위함이요,
머무름이 고요로움도 자성을 어지럽히지 않음이니,
모두가 공부를 짓기 위하는 수단이요 방편이다.
까닭에 일상생활은 벌써 체계를 갖춘
도인의 풍도風度라 않겠는가!

거사풍은 그렇지가 않다.
가정을 가꾸는 시간과 공간에서
마음과 몸을 다스리는 시간과 공간을 짜내어야 한다.
사업을 가꾸는 견문見聞과 각지覺知에서
말씨와 거동을 다스리는 견문과 각지를 짜내어야 한다.
사회를 가꾸는 도의와 신념에서
목숨과 복록을 다스리는 도의와 신념을 짜내어야 한다.
문화를 가꾸는 윤리와 감정에서
이제와 나중을 다스리는 윤리와 감정을 짜 내어야 한다.

바야흐로 돌이켜 보건대
무거운 업력으로 하여금 어지러운 세정世情 속에서
내일을 위하여 마음을 가다듬고,
인생의 원리와 누리의 본체를 캐어내는 방향으로
키를 바꿔 튼다는 사실은
입장과 조건에 따른 그 수단과 그 방편에서
비상한 각오와 노력이 있어야 할 것이다.

경우에 따라서는 승가풍 이상의 각오와 노력이 없어서는
한갓 벽에 그리어진 떡이나 마찬가지나
종요로이 큰 뜻을 세우는데 있어서만이
우리는 고苦에서 낙樂을 취함으로 말미암아 고를 여의되
마침내엔 낙도 여읠 줄 알며,
악惡에서 선善을 취함으로 말미암아 악을 여의되
마침내엔 선도 여읠 줄을 알며,
사邪에서 정正을 취함으로 말미암아 사를 여의되
마침내엔 정도 여읠 줄을 알며,
생사生死에서 열반涅槃을 취함으로 말미암아 생사를 여의되
마침내엔 열반도 여읠 줄을 안다.

때문에 구르고 굴리이는 온갖 차별현상은
그대로가 절대성의 굴림새로서인
상대성놀이라는 사실을 깨쳐 알므로 하여금
법法을 따라 관찰하는 것으로서 수단과 방편을 삼는다.

무슨 까닭으로서이냐?
다시 말하자면 승가풍은 색상신色相身을 유지하는 데 있어서
먹고 입고 머무는데 아무런 걸거침이 없을 뿐 아니라,
시공時空에도 쫓기지를 않는다.
다만 선지식과의 인연만 닿으면
도를 이룰 길은 스스럼없이 트이게 마련이지마는,

거사풍은 입장이 다르다.
삶을 가꾸고 엮기 위하여는
오늘을 살면서 내일을 생각하고 동을 향하면서 서를 살피거든!
이에 소를 탈 때에 말을 타고 말을 탈 때에 소를 타는 줄도 안다.

실로 오관五官을 굴려서 오식五識을 세우나
청정본심淸淨本心은 조금도 움직이지 않음을 아는 까닭에,
일체법을 그대로 굴리면서도 되돌아 일체법을 여의는 거사풍은,
현재의 사상事象만에 휘둘리는
중생풍과의 견줄 바는 물론 아니며
또한 일체법을 오로지 여의면서도 되돌아 일체법을 굴리는
승가풍의 수단과 방편에도 속하지 않는 것이다.

이렇듯이 중생풍은 상대성을 껴안고 상대성 자리만에 맴도는
동중동動中動인 중생풍이라 친다면,
거사풍은 상대성을 휘어잡고 절대성 자리로 되돌리는
동중정動中靜인 거사풍이라 하겠고,
승가풍은 절대성 자리에서 상대성을 굴리는
정중동靜中動인 승가풍이라 하겠거늘,
여기서 어떻게 꼭 같은 풍광風光으로서인
수단이요 방편이겠는가?

우리는 비록 세전世典으로 더불으나

보리심을 내려고 애쓴 보람에,
공덕을 갖추기 위한 탓으로 무위無爲에 머물지 않고,
지혜를 갖추기 위한 탓으로 유위有爲에 다하지 않는 도리를 안다.

비록 범부는 아니나 범부법凡夫法을 뭉개지 않고
비록 성인은 아니나 성인법聖人法을 여의지 않고
능히 범성사凡聖事를 다룰 줄도 안다.

무슨 까닭으로서이냐?
우리는 하늘과 땅의 앞소식인 나이기 때문이며
밝음과 어둠의 앞소식인 나이기 때문이며
착함과 악함의 앞소식인 나이기 때문이다.
이러므로 우리는 때를 따라 연緣을 좇으면서
비록 상대적인 색상신色相身을 나투기는 하지마는
실로 낳음은 낳음이 아닌 거짓 낳음이기에 죽음이 따르고
죽음은 죽음이 아닌 거짓 죽음이기에 낳음을 보이는 줄을 안다.

이 낳음과 죽음은
바로 거룩한 나의 권리행사로서인 낳음이요 죽음이지
절대로 어떠한 성신聖神의 각본에 따른 지음이 아니다.
만약 이 낳음과 죽음이
스스로가 스스로를 지어서 스스로가 스스로를 엮어가는
인생의 굴림새가 아니고

바로 남의 각본에 따라 지어진 것이라면

도대체 나라는 나는 무엇이겠는가?
주동이 아닌 피동이요, 자립自立이 아닌 타립他立이니
이것은 한낱 꼭두각시에 지나지 않는다는 말이 된다.
아니다!!
나는
색상신色相身으로서인 법성신法性身이요,
법성신法性身으로서인 불괴신不壞身이요,
불괴신不壞身으로서인 무변신無邊身이요,
무변신無邊身으로서인 허공신虛空身이니

되돌아
유무有無를 여의었기 때문에 허공신虛空身이요,
시종始終을 여의었기 때문에 무변신無邊身이요,
생사生死를 여의었기 때문에 불괴신不壞身이요,
미오迷悟를 여의었기 때문에 법성신法性身이요 .
정염淨染을 여의었기 때문에 색상신色相身이다.

이 색상신이 바로 나이면서
법성신의 여김을 바탕으로 나의 분별을 세우고
온갖 법을 굴리기는 하지만, 참으로 드높은 고개다.
이 고개는 승가풍으로서도 답파踏破하기 어렵다는

정평定評의 고지임에는 틀림없는 사실이니,
하물며 거사풍으로서이랴!

그러나 아무리 가정과 사회의 그물에 둘러싸인 거사풍일지라도
그 때와 그 곳에 맞추어서 무정법無定法인 수단과 방편을 세우고
숨을 거둘 때까지 노력을 아끼지 아니하면 되는 것이다.
왜냐면 나의 인생 문제는 절대로 포기하지 못하기 때문이다.

우리는 인연있는 이 땅에 몸 받은 것을 기뻐하고
이 기회를 통하여
인생 문제를 풀어헤치는 데의 의무와 권리를 뼈저리게 느끼되
지난날을 돌아다보면서 때가 늦은 것을 탄식하는 것보다
죽어도 내가 죽고 살아도 내가 산다는 사실 앞에
거룩한 본래의 의무와 권리를 이에 발동發動하여야 할 것이다.

허공이 끝이 없다 하여서 어찌 남의 허공이며,
산하山河가 다함이 없다 하여서 어찌 남의 산하랴!
인연因緣이 비었다 하여서 어찌 남의 인연이며
과업果業이 허망하다 하여서 어찌 남의 과업이랴!

부모형제가 소중한 것도 오로지 나의 소중한 바이요,
국가민족이 소중한 것도 오로지 나의 소중한 바이니
모든 법연法緣을 얼싸안고

절대성인 대원경지 大圓鏡智를 향하기 위한
거사풍을 세우는 바이다.

이렇듯이 우리는 거사풍을 드높여서
겁 밖의 인연이 있는 사람을 맞이하니,
인연이 있거든 오고 없거든 가거라.
그러나 인연은 인연이나 이름뿐인 인연이란 그 도리를 알거든
가다가 돌아오라!

이렇듯이 우리는 거사풍을 드높여서
생사에 두려움이 있는 사람을 맞이하니,
두려움이 있거든 오고 없거든 가거라.
그러나 두려움은 두려움이나 이름뿐인 두려움이란 그 도리를 알 거든
가다가 돌아오라!

새말귀

◀ 새말귀 ▶

공안公案을 화두話頭라고도 한다. 이 화두는 번뇌와 망상을 걸러내는 체요, 사량思量과 분별을 가려내는 조리다.
화두는 빛깔(色), 소리(聲), 냄새(香), 맛(味), 닿질림(觸)과 요량(法)인 6적(賊)의 침범을 막아내는 수단의 화살이면서, 아울러 것(色), 느낌(受), 새김(想), 거님(行)과 알이(識)인 5온蘊의 난동을 무찌르는 방편의 창끝이기도 하다.

생사 문제를 다루기 위하여 도를 닦는 학인에게는, 화두가 가장 훌륭한 수단이요 방편임에 틀림없다. 왜냐하면 1,700공안인 화두가 다 제각기대로의 뜻길이 다를지라도 필경에는 "이 뭣고"로 맺어지는 말귀로서, 그 말귀 속에는 만고의 비밀이 잠겨 있기 때문이다.

물론 눈앞에 비치는 한 포기의 풀잎이나, 귓가를 스치는 한 가닥의 소리에도 태고의 소식이 감돌지 않음이 아니지마는, 그러나 화두는 의심을 일으켜서 망상을 제거하고 되돌아 이미 일으킨 그 의심처를 풀어 헤치기 위한 말귀라 하겠으니, 바로 허공을 찢어 내는 소리라 하겠다.

까닭에 여기에 많은 견문과 지식을 갖추어서 바로 의기가 충천하는 사람이 있다손 치더라도, 이 화두인 "이 뭣고"를 깨뜨리지 못한다면 이것은 한 푼의 값어치도 안 되는 건乾지혜인지라, 대사大事는 결정짓지 못하는 것이다.

참으로 삼계의 화택火宅을 벗어나기 위한 공부를 짓는 데에 염불, 간경, 기도, 주송呪誦이 방편이기는 하나, 화두를 수단으로 삼는 선은 방편 중의 방편이라 하겠다.

그러나 이 방편인 선은 수단인 화두를 일념으로 순일하게 지닌다는 그 사실이, 지극히 엄숙하면서, 지극히 분명하고, 지극히 정묵靜默적이면서, 지극히 독선적이다.

지극히 엄숙하기에 스승을 섬기고, 지극히 분명하기에 집을 뛰쳐나고, 지극히 정묵적이기에 은정恩情을 끊고, 지극히 독선적이기에 세연世緣을 등지는 것이니, 내일의 대성을 위하여 돌진하는 승가풍의 모습이다.

세속와는 동떨어진 승가풍이니, 이를 가리켜 몰인간성이요 몰사회성이라고 평하는 사람도 있다.

은정을 끊음은 뒷날에 그 은정으로 하여금 한 가지로 보리도를 증득하기 위한 우선의 끊음이요, 세연을 등짐은 뒷날에 그 세연으로 더불어 같이 열반계로 이끌기 위한 우선의 등짐이란 의취를 모르기 때문이지만, 실로 화두를 순일하게 가지는 데는 혈연을 향하여 눈을 돌리고 세간을 향하여 귀를 기울일 틈도 없거니와 또한 있어서도 안 됨을 알 수가 있는 것이다.

거사풍은 그렇지가 않다.

인간성이기 때문에 가정을 꾸미고 사회성이기 때문에 세간을 가꾼다.

가정을 꾸미기 때문에 오늘을 살면서 내일의 안정을 걱정하고, 세간을 가꾸기 때문에 오늘을 엮으면서 내일의 번영을 꾀하기 위해 시간을 쏟는다.

이러히 시간을 쏟기 때문에 아무리 생사의 뿌리를 캐어내는 좋은 수단이요 방편이라 할지라도 24시간 모두가 공부를 지을 수 있는 승가풍과는 달리 24시간 모두가 가정을 꾸미고 세간을 가꿔야만 하는 거사풍으로서는, 화두를 순일하게 지닌다는 것이 지극히 어렵다기보다 거의 불가능한 일이다.

이럴진댄 무엇보다도 시간적으로 용납이 안 된다. 하여서 생사 문제의 해결을 포기함이 옳을까! 안 될 말이다. 생사 문제의 해결을 포기함이란 바로 인생을 포기함이니, 도대체가 인생이란 무엇이며 어떠한 존재인가.

천하의 양약도 내 몸에 해로우면 독약이요, 천하의 독약도 내 몸에 이로우면 양약이니, 화두도 이와 같아야 그 분수에 따른 복력福力과 신념, 지혜, 용기, 의단疑團과의 알맞은 조화가 이루어진다면 즐거운 열반락을 증득하는 양약이 되려니와, 만약 분수대로인 조화를 이루지 못한다면 평생을 그르치는 독약밖에 안 될 것이니, 이에 독을 독으로 다스리듯이 운명적인 거사풍이라 한탄하지 말고, 이 시점에서 거성去聖의 혓바닥에서 뛰쳐나온 화두는 도로 거성의 혓바닥을 향하여 되돌려 보내되, 이에 대치법代治法을 과감히 세워야 할 책임을 느껴야 한다.

무슨 뜻이냐?
사회문물의 발달에 따라 생활면의 각 분야는 분주하다. 이 분주한 생활선상에서 얽고 얽힌 인생인지라 화두를 순일하게 가질 수 없는 그 책임은 뉘라서 져야 하는가.
선지식이 져야 한다.
선지식이 지지 못한다면 뉘라서 져야 하는가.
부처님이 져야 한다.
부처님이 지지 못한다면 뉘라서 져야 하는가.
내가 져야 한다. 필경에는 내가 져야 하기 때문에 과감하게 대치법을 세우는 것이다.

대치법代治法이란 이렇다.

"연緣에 따르는 바깥 경계를 굴리고 또한 경계에 굴리이는 것은, 실로 나의 무상신無相身이 그 심기心機의 느낌대로 무정물인 색상신色相身을 걷어잡고 행동으로 나툰다"는 도리를 깊이 인식하고, "모습을 잘 굴리자"라는 말귀를 세워서 나아 가자는 뜻이다.

거성去聖의 화두가 말귀이고 대치법도 말귀일진댄, 무엇이 다른가. 말귀는 말귀이나 말귀로서는 같지 않은 말귀이니 그 말귀를 굴리는 데 따른 수단의 좌표가 다르고, 그 수단의 좌표가 다르기 때문에 방편의 초점도 다르기 마련이다.

무슨 까닭으로써이냐.

예를 들어서 만약 핸들을 돌리고 키를 트는 데도 잘 돌리고 잘 틀어야 할 것이니, "모습을 잘 굴리자"라는 말귀와는 통하여서 그 실을 거둘 수가 있겠으나, 화두가 순일하여서는 또한 잘 안 될 것이다.

사리事理가 이러하니, 학인들은 거사풍이라는 사실을 바탕으로 하여서, 아침에는 "모습을 잘 굴리자"라는 뜻으로 세간에 뛰어들고, 낮에는 "모습을 잘 굴린다"라는 뜻으로 책임을 다하고, 저녁에는 "모습을 잘 굴렸나"라는 뜻으로 희열을 느끼고, 시간을 얻어서 앉을 때는 나는 "밝음도 아니요 어둠도 아닌 바탕을 나투자"라는 여김으로 삼매에 잠길 줄을 알면, 이에 따라 깨친 뒤의 수행도 또한 "모습을 잘 굴리자"라는 테두리를 벗어나지 않을 것이다.

물론 이와 같이 마음을 도사려 가다듬음이 쉬운 일은 아니다.
그러나 사리를 따져서 알아 믿으면 어려운 일도 아니다.
법은 본래로 쉽다는 생각이 생기기 때문에 어렵다는 생각도 생기는 것이요, 어렵다는 생각이 생기기 때문에 쉽다는 생각도 생기게 마련이다.
그러므로 하여서 법을 굴리려 할진댄 쉬운 것은 쉬운 대로, 어려운 것은 어려운 대로 되돌린다면, 필경에는 쉽지도 않기 때문에 어렵지도 않을 것이요, 어렵지도 않기 때문에 쉽지도 않을 것이니, 쉽고 어려움을 어디에서 찾으랴.

애오라지, 이 법은 깨친 앞이라 하여서 쉬운 것은 아니니, 깨친 뒤라 하여서 어려운 것도 아니요, 깨친 뒤라 하여서 쉬운 것이 아니니, 깨친 앞이라 하여서 어려운 것도 아니기에, 그만 그대로 "모습을 잘 굴리자"라는 말귀와 "바탕을 나투자"라는 말귀로 하여금 오전수행悟前修行 곧 "앞닦음"과 오후수행悟後修行 곧 "뒤닦음"을 한가지로 굴려가자는 것이다.

되돌아 보건대 이 대치법은 자타의 공덕을 이루는 수단도 되겠지마는 사회의 풍조를 다스리는 방편도 될 것이니 어찌 금상첨화가 아니랴!
어즈버야, 이 도리는 화두가 아니면서 곧 화두요, 화두이면서 곧 화두가 아닌 "새말귀"라 이르겠으니, 바로 가리사家裡事를 안 놓치고 도중사途中事를 굴리며, 도중사를 굴리되 가리사를 안 놓치는 소식이라 하겠다.

이렇듯이 하나인 목적을 향하여 하나인 사명을 다하는 데도 그 수단과 그 방편이 그 때와 그 곳에 따라 달라지는 것이니, 그 이유는 무엇인가.
승가풍에서는 그 학인으로 하여금 슬기를 살피고 신념과 정진력을 참작하여서 화두를 주는 것이 상례다. 당연한 일이다.

하지마는 거사풍으로서의 대치법은,
첫째, 설법을 통하여 일체 만법인 상대성은 본래로 홀연독존屹然獨尊인 절대성의 굴림새라는 그 사실을 학인에게 이론적으로 깨우치고,
둘째, 학인들은 반드시 무상법신無相法身이 유상색신有相色身을 굴린다는 그 사실을 실질적으로 파악한 다음에 화두를 지님이 규범적인 특징이라 하겠으니,
저절로 그 수단과 그 방편은 동과 정으로 승과 속으로 달라지게 마련이다.

그러나 동정動靜의 앞소식이 하나요, 승속의 앞소식이 둘 아닌 바에야, 승가풍은 승가풍대로 좋은 승가풍이요, 거사풍은 거사풍대로의 좋은 거사풍인 터이니, 다만 그 때를 알맞게 맞아들이고 그 곳을 알맞게 살피면 식識이 멸하고 정情이 절絶할새 진불眞佛이 현전할 것이어늘, 무슨 일로 고금의 수단과 방편을 정법인 양 여겨

서 권權과 실實을 맞세우고, 진眞과 가假를 견주며 오늘의 불행을 탓하고 내일의 광명을 얻는 데 인색하랴.

거사풍인 학인들이여!
"모습을 잘 굴리자"라는 일념으로 무상신임을 돈증頓證하면 만겁의 공덕장을 성취하리니, 그때를 기다려 동해수東海水를 일구一口로 흡진吸盡하기 바란다.

백봉 내가 선언합니다! 내가 선언해요. 이거 선언해 놓고 다시 말할 여가가 없어요. 이전 화두법을 비방하는 것은 아니에요. 법으로선 좋은 법이에요. 그러나 요즈음 세태에는 맞지 않아. 공장에 가는 사람도 생사 문제를 해결해야 되겠고, 배를 타는 사람도 생사 문제를 해결해야 되겠고, 국제시장에서 장사하는 사람도 생사 문제를 해결해야 돼. 자동차 운전수도 생사 문제를 해결할 권리가 있어.

―― 예, 그렇습니다. 모든 사람은 자기의 생사 문제를 해결할 권리가 있습니다.

백봉 그러면 그 사람들이 이전 식으로 화두를 가져서 되겠는가?

―― 쉽지 않을 것 같습니다.

백봉 스님들은 별문제로 하고 요즘 불교학자들도 '화두를 순일純一하게 가져라' 하고 있어. 그런데 가질 수가 없어요.

── 그럼 이 문제를 어떻게 해결해야 됩니까?

백봉 선지식이 책임져야 합니다. 선지식이 못 지면 누가 지느냐? 부처님이 져야 돼요.

── 예? 부처님이요?

백봉 부처님이 책임질 수밖에 도리가 없어. 이 부처님은 어느 부처님이냐? 여러분의 몸뚱이를 끌고 다니는 부처님이 책임져야 돼요.

── 우리 몸뚱이를 끌고 다니는 부처님이요?

백봉 여러분은 한 분의 부처님을 다 가지고 있어. 그러니 그 부처님이 책임질 수밖에 도리가 없어.

── 그 이유가 무엇입니까?

백봉 죽어도 내가 죽고 살아도 내가 사는데 이 책임을 누구에게 맡기겠는가? 운전수도 운전을 하면서 그대로 가질 수 있는 화두를 만들어야 돼. 장사를 하면서도 놓치지 않고, 주판을 놓으면서도 놓치지 않고 그대로 가질 수 있는 화두를 만들어 내야 되거든.

── 그런 화두가 있다면 얼마나 좋겠습니까?

백봉 나에게 사람들이 오면 화두를 주고 있어요. 안 될 줄 알면서 주고 있어요. 시기가 어느 정도까지 익어야 돼. 그때까지 기다리고 있어요. 그래서 지금 이 시간을 마지막으로. 처음에 이런 말을 하면 못 알아들어, 솔직한 말로. 이 말이 퍼질 것 아니겠어요? 비방하는 사람들이 많을 것도 내가 알아. 학자 층에서, 불교학자 층에서 더 많아. 이것도 알아. 그러나 죽고 사는 문제를 책임지고 해결하려면 비방을 두려워해서는 안 되거든.

우리는 먹성과 입성을 걱정하는 사람들이여. 사는 집을 걱정하는 사람들이여. 오늘을 살면서 내일을 걱정하는 우리 아닌가?

── 예, 그렇습니다.

백봉 그러면 오늘을 살면서 내일을 걱정하는 우리라고 생사문제 해결하는 걸 포기해야 되느냐? 이건 있을 수 없어. 부처님도 용서 안 해. 그렇다면 오늘을 살면서 내일을 걱정하는 사람으로서 화두가 하나 있어야 되거든. 그것이 새말귀여.

새말귀는 신화두新話頭, 화두는 우리말로 말귀입니다.

이전에 선사들이 만들어 놓은 말귀는 전부 혈연을 끊고 심산深山으로 올라가는 분들을 바탕으로 해서 만들어 놓은 말귀입니다. 실實에 있어서는. 물론 세상 사람들이 가져도 좋아요. 나쁘다는 거 절대로 아니에요. 그러나 세상 사람들이 가질래야 가질 기회가 좀처럼 어려워.

── 세상 사람들이 화두 가지기가 왜 어렵습니까?

백봉 화두를 가질 때는 순일하게 가져야 되거든. 밥 먹을 때도 가져야 된다, 심지어 대소변을 볼 때도 가져야 된다고 되어 있어요. 그분들이 그렇게 따져서 선을 그어놓고 정해 놓은 것은 아니지만, 지금 현재 우리가 이 자리에서 들여다 볼 때는 이건 스님들을 바탕으로 한 화두지 일체 중생들 전부를 위한 화두는 못 된다 말이에요.

―― 어째서 그렇습니까?

백봉 장사도 해야지 농사도 지어야지, 요새 같으면 자동차도 굴려야지 자전거도 타야지. 이런 사람들에게 변소에 앉아서까지 순일하게 화두를 생각하라고 하면 운전 못합니다. 그러기 때문에 이전 화두는 스님들을 바탕으로 한 화두라고 해도 과언이 아니에요. 그러나 지금 시대가 달라졌거든. 영 달라졌어. 360도 달라진 거나 한가집니다.

―― 예, 현재는 과거에 비해 사회양상이 많이 달라졌습니다.

백봉 이전 식으로 생각하지 마세요. 그렇다고 이전 식을 반대하는 건 아니에요. 거부하는 건 아니에요. 왜냐하면 그때는 할 수 없었어. '지구가 가도 가도 끝이 없다' 하는 이런 사고방식이었거든. 또 '몸뚱이가 내다' 하는 사고방식이었거든. 그러나 요즈음은 지구가 둥근 줄 다 알지 않나요? 초등학교, 중학교 학생들도 과학적으로 다 알거든.

―― 예, 알고 있습니다. 지금은 상식이 되어 있습니다.

백봉 이것만 알아도 이만저만 아는 것이 아니에요. 알아도 느끼지를 못할 따름이지. 지구가 허공에 떠 있다는 사실을 알아. 말하면 다 아는데 느끼지를 못하는 것 같아. 여러분 지금 허공중에 앉아 있거든. 그거 느껴집니까?

―― 지구가 허공에 떠 있고 지구 위에 제가 있으니 결국 제가 허공중에 앉아 있는 것이 이치적으로는 확실한데 느껴지지는 않습니다.

새말귀 229

백봉 단지 그것뿐이에요. 알긴 아는데 느끼지를 못해. 그래서 위도 없고 아래도 없고 좌우도 없다는 이 도리를 말로 하면 알아. 남한테 설명할 수도 있어. 그러면서도 탁 느끼지를 못하거든요.

―― 어떻게 하면 느낄 수 있겠습니까?

백봉 내가 늘 하는 말이 "눈이 보는 것 아니다. 귀가 듣는 것 아니다"입니다. 요새는 의학이 발달돼서 이걸 압니다. 의사들이 몸에는 자체 지혜가 없다고 말하고 있어요. 그런데 자체 지혜가 없는데 내가 손으로 이걸(죽비) 어찌 잡을 수 있겠는가?

―― 자체 지혜가 없다면 잡을 수 없겠습니다만, 그렇지만 죽비를 잡고 계시지 않습니까?

백봉 '빛깔도 소리도 냄새도 없는 이 자리가 손이라는 기관을 통해서 이걸 잡는다.' 이쯤은 지금 우리 보림선원 사람들 알지 않아요? 다른 거 알 거 없습니다. 이것 두 가지만 알아도 이전 식으로 말할 것 같으면 대오견성大悟見性이에요. 이 시대에 알맞은 화두가 있어야 된다는 것이 여기서 나온 거예요.

―― 말씀을 듣고 보니 이해가 됩니다.

백봉 알맞은 화두를 가져야 된다는 것, 말하자면 새말귀, 새화두, 한문으로 말하면 신화두新話頭, 화두라는 건 말귀거든요.
어쩌다가 우리나라 말은 싹 빼버리고 한문놀음만 하는 통에 좀 이상하게 됐어요. 처음에 우리나라 사람이 우리나라 말하면 그것이 도리어 좀 이상해. 말이 좀 어색하다고 하지요. 그 책임이 어디 있느냐? 우리 할아버지들이 책임져야 됩니다. 우리 할아버지들이 우리말을 무시해 버리고 중국의 한문자를 숭상하는 바람에 이런 사고방식이 생겼지만, 우리 보림선원에서 그럴 수 있나요? 그렇다고 영어인들 말이 아니며, 일본말인들 말이 아니며, 한문인들 말이 아니리요마는, 우리가 일상생활에서 우리말 쓰는 것이 좋을 것 같아서 '새말귀'라 만들어 놓은 겁니다.

―― 예, 알겠습니다.

백봉 물론 이거 코웃음 칠 사람들이 있을지 모르겠습니다만 앞으로 한 오십년 후에는 바짝 일어날 겁니다. 아직 시기가 상조라서 그렇지. 이건 운전수라도 가질 수 있도록 만들어 놓은 화두에요.
내가 오늘 이거 선언합니다!
여러분들 요즘 쭉 계속해서 철야하지 않았어요? 참 불쌍하다 말이여, 중생들이.
어쩌겠노? 맨날 화두 의심해야 돼. 맨날 이놈만 가지고 어떻게 하겠는가 말이여. 어떻게 의심이 되겠는가 말이에요.

―― 예, 쉽지 않은 일입니다.

백봉 시장에 가서 장 보는데도 의심할까? 자동차 타고 다니는 데도 의심할까? 사고 나기 좋지. 자기 혼자만 죽는 건 좋아. 거기서 일어나는 피해는 어떻게 하겠는가 말이여.
화두도 하나의 방편이거든. 정법定法이 아니거든. 정해진 법이 아니에요.

─ 예, 화두도 하나의 방편이지 정해진 법이 아닙니다.

백봉 그러나 어떤 사람들은 이걸 정법처럼 생각하고 있어. 학자들도 "화두를 한결같이 가져야 된다" 이렇게들 말하고 있어. 이전 성현들이 쓰다가 내버린 말마디에만 딱 얼붙어 있거든. 그래서 어떻게 생사 문제를 해결하겠는가? 죽어도 내가 죽고 살아도 내가 사는 건데, 내 생사 문제 내가 해결해야 되지 않겠어요?

─ 예, 그렇습니다 선생님.

백봉 이 몸뚱이가 무정물이라는 건 의학적으로 우리가 알았어.

─ 예, 알았습니다.

백봉 우리 보림선원에서 주창하는 새말귀, 새 화두는 바로 믿고 들어가는 거예요. '이 육신은 느낌이 없는 거다. 빛깔도 소리도 냄새도 없는 그 자리가 법신 자리다. 빛깔도 소리도 냄새도 없는 이 자리가 이 육신을 거느리고 다닌다. 그런데 이 자리는 비명비암非明非暗한 자리다. 밝은 것도 아니고 어두운 것도 아닌 자리다. 환한 자리다. 환해 본들 우리가 말로써 형용할 수 없는 표현할 수 없는 자리다.' 아시겠죠?

─ 예, 알겠습니다.

백봉 그러면 밝은 것도 아니고 어두운 것도 아닌 '이 자리를 나는 나투어 보겠다.' 이렇게 여러분들이 앉는다 말이여.

'그 자리를 우리가 친견하는 거예요. 자기가 되돌아서 자기를 친견하는 거예요.' 이것이 새말귀예요.

그러기 때문에 이젠 내가 화두를 안 줄 작정입니다. 전부 새말귀 줄랍니다. 화두 참 좋습니다. 이전에는 화두 없었으면 참 곤란했을 겁니다. 화두를 가지고서 공부한 사람들이 많았지만 이젠 새말귀 가지고서 바로 '내가 부처다' 말이여.

그런데 이 새말귀를 가지려면 한 서너 달 설법 들어야 되거든요. '아, 그렇구나!' 이 원칙 문제를 알아야 새말귀를 가지게 되는 것이지 모르면 도리어 안 돼. 그런데 한 반 년쯤 해 놓고 나서 새말귀를 가져. 그러면 처음에는 실감이 안 나는데 차차차차 실감 오는 것이 한 달 두 달 달라집니다. '아, 그렇구나!'

그것밖에는 길이 없어. 다른 길이 있다면 모르겠는데 그것밖에는 길이 없어요.

◀ 새말귀를 가지는 바탕 ▶

── 선생님, 새말귀를 가지려면 제일 먼저 무엇을 해야 합니까?

백봉　무조건 '이 뭣고? 너 가져라' 이렇게 하는 건 쉬워. 물론 화두 자체에 쉽고 어려운 것이 없지만 말마디는 그대로 내가 걷어잡을 수 있거든. 그러나 내가 말한 새말귀, 새 화두 이건 조금 어려워.

── 어떤 점이 어렵습니까?

백봉　이 몸뚱이 자체가 성품이 없는 것이거든. 느낌이 없어. 느낌이 없으면서 자꾸 변하는 거라. 다시 말하자면 이 몸뚱이는 일 초에도 수십만 개의 세포가 생기고 죽고 생기고 죽고 하거든.
— 예, 그렇습니다. 이 몸뚱이를 구성하고 있는 무수한 세포가 쉴 새 없이 생기고 죽고, 또 생기고 죽고 쉽 없이 변하고 있습니다.

백봉 우선 이것부터 알아야 돼. 그래서 우리가 한 살 때의 몸도 없고, 두 살 때의 몸도 없고, 열 살 스무 살 때의 몸도 없는 것이거든.
— 예, 그렇습니다. 그때의 몸은 없어졌지요.
백봉 이러기 때문에 여러분들이 내년이나 내후년이 되면 이 몸도 없어지거든.
— 예, 그렇습니다. 그 까닭이 무엇입니까?
백봉 변하기 때문이야. 제멋대로 변해. 그러니 우선 이걸 알아야 돼. 이건 느낌이 없다 말이여. 느낌이 없는 이 몸뚱이에게 밥을 먹여주고, 손으로 붙잡고, 다리를 옮겨서 걸어다니고 하는 것은 빛깔도 소리도 냄새도 없는 법신 자리가 하는 것이거든. 이걸 알아야 돼. 제일 첫째 이걸 알아야 돼.
— '몸뚱이는 성품이 없다. 몸뚱이는 변한다. 느낌이 없는 몸뚱이를 굴리는 것은 빛깔도 소리도 냄새도 없는 법신 자리다' 하는 것을 먼저 알아야 되는군요.

백봉 새말귀를 가지려면 한 서너 달 설법을 들어야 되거든. 이러한 원칙 문제를 알아야 새말귀를 가지게 되는 것이지 모르면 도리어 안 돼. 한 반 년쯤 해 놓고 나서 새말귀를 가져. 그리하면 처음에는 실감이 안 나는데 차차차차 실감 오는 것이 한 달 두 달 달라집니다.

새말귀를 가지고서 '내가 바로 부처다!' 그것밖에는 길이 없어. 다른 길이 있다면 모르겠는데 그것밖에는 길이 없어요. 도리를 알아서 믿고 행에 딱 들어가서 일 년만 행해 보세요. 달라져요. 달라진 것을 자기 자신이 알게 됩니다.

— 선생님, 이전 화두와 새말귀는 어떻게 다릅니까?

백봉 여러분이 화두를 가지는데 '이 뭣고? 어째 없다 했노? 무無자, 어째 판대기 이에서 털이 났다(板齒生毛) 했노?' 이렇게 생각하는 건 의심하는 거라.

— 예, 그렇습니다.

백봉 하지만 앞으로 운전수가 가질 수 있는 화두는 그게 아니여.
'법신 자리다. 밝은 것도 아니고 어두운 것도 아닌 그 자리다.'
법신 하면 그 자리가 머리에 딱 떠올라. 빛깔도 소리도 냄새도 없는 이 밝은 자리!
'법신 자리가 핸들을 잘 돌려 운전을 잘해야 되겠다.' 운전을 잘해.
'법신 자리가 수판을 잘 놔야 되겠다.' 수판을 잘 놓아.
'법신 자리가 글씨를 잘 써야 되겠다.' 글씨를 잘 써.
'법신 자리가 술을 잘 마셔야 되겠다.' 술을 잘 마셔.
'법신 자리가 싸움을 잘 해야 되겠다.' 전부 화두라.

— 그러면 생활 자체가 전부 화두가 되는군요.

백봉 '내가 저놈을 무정물인 이 주먹을 가지고 때려야 되겠다.' 이것도 화두가 돼. 어느 것 안 되는 것이 없어. '내가 자식을 잘 키워야 되겠다.' '내가 내일 아침에 아이들 등록금을 줘야 되겠다. 무정물인 이 육신을 통해서 줘야 되겠다.' 이 생각을 딱 가져.

— 그러면 앉을 때는 어떻게 앉습니까?

백봉 보통 화두를 이전 식으로 가질 때는 '이 뭣고?' 의심을 가져야 되거든.

— 예, 의심을 가집니다.

백봉 새말귀는 '나는 안 밝음과 안 어두운 자리를 환히 들여다보리라.' 이 생각을 가져. 다시 말하자면 '비명비암非明非暗인 자리를 가만히 들여다보리라.' '나는 밝은 자리도 아니고 어두운 자리도 아닌 이 자리, 법신을 나투어야 되겠다.' 이걸 믿고 들어가는 거라.

이전 선지식들의 화두들은 의심하고 들어갔지만 이제는 의심이 없어.

그대로 믿고 들어가는 거라.

이 몸뚱이는 성품이 없다는 것을 잘 알았기 때문에, '빛깔도 소리도 냄새도 없는 그 자리가 손가락을 까딱까딱한다', '다리를 옮겨서 걸어 다닌다', '입을 통해서 말한다'는 걸 다 알아. 내가 이렇게 말을 하고 있어도 내 입이 말하는 거 아니거든.

— 그러면 누가 말합니까?

백봉 입 자체에 성품이 없다는 것을 잘 알기 때문에 '나는 법신을 나투어야 되겠다', 이 생각을 하면 벌써 비명비암非明非暗 자리를 뜻하는 것이거든. 여러분 단단히 알아야 돼요. 비명비암 자리를 뜻하는 거여.

이전 화두, 이전 말귀는 의심을 하고 들어가는 거라. 그러나 우리 보림선원에서 주창하는 새말귀, 새 화두는 바로 믿고 들어가는 거라. 이것이 달라.

── 무엇을 믿고 들어갑니까?

백봉 '육신은 느낌이 없는 거다. 빛깔도 소리도 냄새도 없는 이 자리가 육신을 거느리고 다닌다. 그런데 이 자리는 비명비암한 자리다. 밝은 것도 아니고 어두운 것도 아닌 자리다.' 아시겠죠?

── 예, 이해됩니다.

백봉 그러면 '밝은 것도 아니고 어두운 것도 아닌 이 자리를 나는 나투어 보겠다.'

이렇게 여러분들이 앉어. 지금까지의 화두는 의심을 했어. 그러나 우리 보림선원에서 주창하는 새말귀는 믿고 들어가는 거라. '느낌도 없는 이 몸뚱이를 움직이는 것은 빛깔도 소리도 냄새도 없는 비명비암한 자리다. 밝은 것도 아니고 어두운 것도 아닌 그 자리인데, 나는 이 자리를 친견해야 되겠다, 나투어야 되겠다.' 뭐라고 해도 좋아요.

좌우간 어떻든지 여러분들 반드시 앉으세요. 아침저녁으로 앉아야 돼.

―― 예, 아침저녁으로 꼭 앉겠습니다.

백봉 한 살 두 살 열 살 스무 살 때 몸뚱이는 다 내버렸지만, 공기 중에 산화시킨 것이거든. 이거 없어지는 거 문제 아니에요.

―― 예, 그렇습니다.

백봉 그러나 여러분, 이 도리를 모르면 '이것만이 전부다. 아이고, 나는 죽는다!' 이렇게 돼. 그래서 인생의 허무감을 느껴.

여러분들, 이전 식으로 의심하는 화두를 가져도 좋아요. 그걸 가지려면 한결같이 가져야 돼. 변소에 가더라도 그걸 가져야 돼. 그걸 가질 수가 있겠는가? 가질 수 있으면 좋아. 그러나 그걸 가질 수 없다면, '나는 밝은 것도 아니고 어두운 것도 아닌 법신을 나투겠다' 해야 돼.

―― 그런데 선생님, 법신이란 빛깔도 소리도 냄새도 없는데 무엇을 나툰다고 하십니까?

백봉 나툴 것도 없는 이만 이대로가 내 법신이지만 나투어 보겠다고 하면 처음에 금색 같은 것이 일어날 거여. 아마 여러분도 그럴 거여. 금빛이 일어나. 그런데 나중에는 차차차차 금빛도 없어지고 환하게 보여. 환하게 되는 동시에 내 마음이 탁 가라앉아. 편안해. 그러면 태산이 뭉개지더라도 눈썹 하나 까딱 안 해. 편안해. 여러분들이 이 경지에 다다라야 돼.

의심하는 화두는 이까지 오기 위해서 노력을 하는 것이지만 지금 내가 말하는 새말귀는 바로 들어가는 거여. 그러니 좀 어렵다는 거여. 알아들어?
—— 이해는 됩니다.

백봉 공리空理에 요달하지 않으면 이것이 안 돼. '모든 것이, 산하대지가 다 허공성이다. 우리의 몸뚱이도 허공성이다.' 다 안 다음에 그리 하면 그만 비명비암의 이 자리가 뚜렷해. 여러분들이 이 경지까지만 가면 공부해서 뭐할 거여? 그때는 닦기만 하면 돼.
이러한 도리를 모르고 여러분이 천 년 염불해야 무슨 소용 있죠? 염불이 도道는 아니거든. 도에 들어가는 방편方便이지. 만 년 참선하기로서니 무슨 소용 있어요? 참선이 도는 아니거든. 도에 들어가는 방편이지.
그러니 나는 이 자리에서 이전 화두를 버려야 된다고 말합니다.

—— 그 이유가 무엇입니까?
백봉 이전 화두는 요즘 시대에 맞지 않아. 운전수나 기계를 굴리는 사람들도 생사 문제를 해결할 권리를 다 가지고 있어. 이런 사람들도 가질 수 있는 화두를 가져야 된다 이거라.
—— 그렇습니다. 모든 사람들이 가질 수 있고 바로 들어가는 방편이 필요한 때입니다.

백봉 솔직한 말로 우리가 어떻게 선지식이란 말을 하겠느냐 말이여.
—— 무엇을 선지식이라고 합니까?
백봉 미한 중생들의 나아갈 길을 터주는 것이 선지식 아니에요? 요즘도 산에 있는 스님들은 먹을 것 걱정 없지, 입을 것 걱정 없지, 공부밖에 할 거 더 있어요? 24시간 전부 공부하는 시간이거든. 그러니까 그런 분들은 의심하는 화두를 가져도 좋아요. 그렇지만 가정을 가지고, 사업을 하고, 학생, 군인, 운전수, 이런 사람들은 이전 화두를 가져서는 안 되거든. 그러면 이거 대치代治해야 돼.

―― 예, 사실은 사회생활 하면서 화두를 가지기가 어렵지요.

백봉 화두법은 중국에 와서 생긴 것이거든요. 그때는 화두방편이 좋았어. 생사 문제를 해결하려는 사람들이 가뭄에 콩 나듯 했거든. 그런 사람들로 하여금 그렇게 의심을 안겨주는 건 좋아요. 좋은 방편이에요.

하지만 지금은 지식이 많이 발달됐어. 이 몸에 자체성이 없다는 걸 알아. 이 몸에 수조 이상의 세포가 생사를 연속하고 있다는 걸 알고 있거든. 해가 뜨는 것이 아니라 지구 자체가 돈다는 걸 알고 있거든. 이전에는 견성해야 이걸 알았는데, 요즘은 이전에 견성한 분들 그 이상 알고 있다고 말할 수 있어요. 여기서 우리가 새 출발해야 되거든요.

―― 예, 선생님. 지금은 과학과 인지의 발달로 예전과는 비교할 수 없을 정도로 많은 것을 알고 있습니다.

백봉 '비명비암, 밝은 것도 아니고 어두운 것도 아닌 나의 법신을 내가 보겠다.' 이 생각을 딱 가지고 앉아. 밝은 것도 아니고 어두운 것도 아닌 그 법신이 환해. 이거 할 수 없이 법신이라고 내가 이름

지은 거여. 또 법신이라고 해도 괜찮고.
이것(몸)이 법신화가 돼 버리면, 여러분의 몸뚱어리 옆에서 누가 칼로 끊어가도 상관없어. 그걸 문제시 안 해.

◀ 새말귀 실제수행 ▶

── '이 몸뚱이는 자체성이 없어서 한 순간도 쉴 새 없이 변하는 무정물이고, 느낌 없는 무정물인 이 몸뚱이를 움직이는 것은 빛깔도 소리도 냄새도 없는 법신 자리다.' 이것을 이치적으로 먼저 알아야 된다는 말씀이군요. 그러면 그것을 먼저 안 다음, 새말귀를 구체적으로 어떻게 가져야 됩니까?

백봉 새말귀를 어떻게 가져야 되느냐?
'나는 무정물인 손을 가지고서 죽비를 들었다.' 손에는 느낌이 없어. '나는 이걸 잘 들어야 되겠다.' '나는 무정물인 눈을 가지고서 책을 본다. 나는 잘 봐야 되겠다.' 결국 이렇게 가지는 것이지.

── 여기서 '나'는 누구입니까?
백봉 '나'는 법신 자리를 말한 거예요.
── 법신 자리가 무엇입니까?
백봉 법신 자리는 말로써 표현하지 못해요. 법신 자리는 아는 것도 아니고 모르는 것도 아니야. 깨달은 것도 아니고 미한 것도 아니야. 착한 것도 아니고 악한 것도 아니야. 밝은 것도 아니고 어두운 것도 아니야.

── 밝은 것도 아니고 어두운 것도 아니고, 말로써 표현하지 못하는 '법신 자리인 나'를 화두로 삼는 새말귀가 어렵지 않겠습니까?

백봉 이 화두를 가지는 것은 어쩔 도리가 없어. 좀 어려워. 법신 자리는 비명비암이여. 밝은 것도 아니고 어두운 것도 아니여. 이거 여러분들 단단히 알아두세요. 우리말로 하면 안 밝음, 안 어두움 이렇게 하면 되겠는데, 말이 좀 그래. 한문으로 하면 말하기는 수월해. 그런데 여러분들은 이 뜻만 알면 되거든.

── '법신 자리인 나'를 놓치지 않고 가지려면 어떻게 해야 됩니까? 자세히 설명해 주십시오.

백봉 우선 여러분들이 아침에 딱 일어나면, '내가 일어난다' 이렇게 생각하세요. '내가 일어난다.' '내가 세수한다.' 일부러 한 번씩 해 보세요. 처음에는 자꾸 잊어지거든.

── 예, 자꾸 잊어버립니다. '내가 한다'는 것을 자꾸 잊어버립니다.

백봉 그렇게 늘 조련해 놓으면 경계에 안 머뭅니다. 혹시 아들이나 손자들한테 웃음거리 당해도 좋아. '내가 세수한다.' '내가 밥을 먹는다.' 이런 식으로 하면 차차차차 나중에 익어지지. 마음속으로 그렇게 해도 상관없어요. 손자들이 좀 놀려도 좋지. 무슨 상관있어? 아무 상관없는 거야! 자, 가만히 생각해 봐요. 죽어도 내가 죽고 살아도 내가 살아. 공부도 내가 하는 거지 다른 사람이 하는 거 아니거든.

── 예, 그렇습니다.

백봉 그러니 여러분들 제일 첫째 매일 저녁 때 앉으세요. 될 수 있으면 잘 때 한 5분, 10분 정도 앉도록 하세요. 아침에 일어날 때 한 10분, 20분, 30분 앉아요. 또 저녁에 자기 전에 앉을 때 전깃불 꺼도 좋고 켜도 좋아요. 그렇게 습관을 들여 놓으면 이 공부할 때 확실히 크게 도움이 됩니다.

── 그런데 문제는 바쁘게 돌아가는 생활 가운데서 '내가 한다'는 것이 생각도 나지 않고, 어쩌다 생각이 난다 해도 금방 잊어버립니다.

백봉 바쁜 가운데서도 바쁜 걸 '내가 알아.' 간단한 말로 밥 먹을 때 '내가 밥 먹는다', 이걸 알아야 돼. '내가 숟가락으로 내 입에 가져간다.' 이거 우스운 말 같지? 어린애 말 같지만 '나, 나, 나, 나.' 누구하고 어디 가더라도 '나', 이렇게 '나'라는 걸 잊어버리지 않아야 된다는 말이 그 말이에요. 밥 먹는 것도 '내가 먹는다', 술 먹는 것도 '내가 먹는다', 내가 누구를 야단칠 때도 '내가 한다', 이런 식으로 말이지, '나, 나, 나, 나.'
'내가 산을 본다', '내가 누구하고 얘기한다' 하는 이거, 알고 보면 화두에요. 그렇지 않겠어요?

── 그럼 '내'가 화두가 되는 건가요?
백봉 화두지. '내' 생각을 놓치지 않아.

새말귀 243

비가 오는데 차를 타고 가고 있어. '내가 비를 맞는다.' '내가 비를 맞으면서, 내가 버스를 타고, 내가 집으로 간다.' 이런 생각을 놓치지 않으면 이거 선이거든요. 또 집에 가서 앉을 땐 앉는 거라. '밝은 것도 아니고 어두운 것도 아닌 바탕을 나투리라.'

── 만약 이전 화두를 가지고 있다 하더라도 선생님께서 말씀하신 '나'를 놓치지 않는 방법으로 공부해도 됩니까?

백봉 화두를 가진 분이라도 '나, 나' 그것을 가져도 좋아요. 그렇게 해 나가면 그것이 이 몸에 탁 박혀. 나중에는 어느 사이에 견성했는지도 몰라. 견성하는 그 자체도 몰라. 그대로 환히 알아버려.

── 이전 화두를 가지고 공부하는 사람이 책을 읽을 때나 경을 읽을 때 어떻게 해야 됩니까?

백봉 '내가 읽는다.'

── 이전 화두를 가지고 공부할 때, 화두는 제쳐 두고 경을 먼저 읽어야 된단 말입니까?

백봉 옳지, 마음은 하나니까 '화두는 그만 두고' 하면 화두가 바로 잊어지는 거야. '내가 읽는다.' 이거 안 잊어져요. '내가 글씨 쓴다.' 절대로 안 잊어져요. 그러하면 차차차차 지혜가 나와요. 지혜가!

'나라 하는 것이 있다.' 이걸 늘 놓치지 않으면 이것이 진짜 선이에요. 진짜 선이에요.

화두 없는 사람에게 하는 말인데, 그렇게 하면 어떤 경우에는 그것이 더 빠를지도 모르지. 그러니까 공부하는 사람들의 근기와 성격에 따라 공부 방법이 천차만별이에요.

만약 또 화두를 가지지 않았어도 딱 죽을 때가 됐어요. '아! 내가 죽는다.' 이 껍데기가 성품 없다는 거 알고, '이 껍데기 인연 끊는다. 아! 나는 있다.' 속으로 이거 알면 바로 선 도리거든요. 죽어도 그 생각 그대로 가지고 가는 거지.

우리가 하루 종일 일을 하면서도 '옳지! 내가 일을 한다.' '내가 무정물인 손을 가지고 빨래를 한다.' 이걸 놓치지 않아. 이거 선이에요. 이거 살아있는 선禪이거든. 이거 활구活句여! 살 활活자 말마디 구句자, 산 말마디. 사구死句, 죽을 사死자, 죽은 말마디. 그렇게 하면 이것이 진짜 선이여. 이거 활구여.

지금 어떤 사람이 하루 종일 빨래를 하는데 그만 잊어버려. 그러나 '내가 빨래를 한다.' '나의 법신이 무정물인 내 손을 통해서 빨래를 한다.' 이걸 알고 빨래하는 사람과, 하루 종일 내가 공부합네 하고 딱 앉아 있는 사람과 어느 것이 진짜 선인가요? 빨래하는 것이 진짜 선이에요. 가만히 생각해 봐. 그거 과학적 아닌가? 방에 가만히 앉아 있는 사람, 그거 사구여.

── 그 이유가 무엇입니까?

백봉 예전에도 그런 일이 있었잖아요? 나옹스님이 우시장에 와서 하루 종일 그 시끄러운 데 앉아 있다 가면서, "오늘 내가 공부 잘 했다"고 했던 것과 마찬가지로, 문제는 견성見性, 우리의 성품을 본다 해도 좋고, 또는 보는 성품이라 해도 좋고 (원래는 볼 것도 없지만), 우리의 성품을 완전히 인증認證하는 것이 진짜 선이거든.

—— 그런데 생활하다 보면 경계에 마음을 빼앗겨서 '나'를 잊어버립니다.
백봉 우리가 바로 행주좌와를 하면, 근기가 약한 사람들은 빨래를 한다든지 시장가서 물건을 판다든지 하면 그만 거기다 마음을 빼앗겨 버려. 그런 사람은 앉는 것이 마음을 덜 빼앗기지. 실제로 덜 빼앗겨.

—— 그러면 주로 앉아서 공부해야 되지 않을까요?
백봉 앉는 데만 딱 조력을 한 사람은 나가서 다른 걸 하면 그만 잊어버려. 우리 보림선원에서는 '빛깔도 소리도 냄새도 없는 법신이 느낌이 없는 이 손을 가지고 글을 쓴다.' '느낌이 없는 이 손을 가지고 자동차 운전을 한다.' 이런 식으로 우리가 늘 새말귀를 가지고 있지만, 견성해도 이걸 가져야 됩니다. 이걸 안 가지면 훈련이 안 됩니다. 오늘 내가 이걸 강조하는 것은 누구든지 이 도리가 아니면 생사 문제가 절대로 해결되지 않는다고 단정하기 때문입니다. 정말로 생사 문제를 해결하려면 그렇게 어려운 것도 아닙니다.

—— 생사 문제를 해결하는 것이 어떻게 어려운 일이 아닙니까?
백봉 비명비암, 이 문제 하나만 떡 가지고, 그건 법신 자리니까, '비명비암 법신 자리 나투겠다. 나투어보겠다, 본래 그 자리.' 그러면서 아침저녁 턱 앉아.
 '의심하지 마라! 이제는 의심하지 마라!' 말이여. 지금까지 내려온 화두는 의심했어. 지금도 그렇게 말하고 있어요. 지금도 '한결같이 의심해라. 한결같이 의심해라.' 이렇게 가르치지만 나는 이제 이거 치우겠어요.

―― 왜 지금까지 내려온 화두를 바꾸려고 하십니까?

백봉 벌써 어느 정도까지는 갔어. 그러니까 이제는 바로 직접 땅을 한 번 굴려서 여래 땅에 들어가는 이 법을 실행하자 이거여. 이 법을! 만약 여러분들이 그렇게 하지 못한다면 여러분들은 구설객口舌客에 지나지 못한 거예요. 이거 어려운 일인가? 아니면 화두를 의심하는 일이 어려운 일인가?

―― 화두는 한결같이 의심하는 것이 어렵고, 새말귀는 이 몸이 자체성이 없고 변하고 헛것이며, 진짜 나는 법신 자리라는 것이 이해는 되나 실감이 오지 않아서 어렵습니다.

백봉 의심하지 않고 믿고 들어가서 법신을 나투려고 하는 것이 뭣이 어려운가?

―― 선생님의 말씀이 이해는 됩니다만, 실감이 오지 않아 믿고 들어가지지 않아서 그 점이 어렵습니다.

백봉 별 수가 없습니다. 솔직한 말로 화두 가져서 뭐할 겁니까? 염불해서 뭐할 겁니까? 그거 다 방편인데…… 그리고 '허공으로서의 나다'라고 하는 것도 하나의 방편 아니에요?

―― 예, 방편입니다.

백봉 그러기 때문에 우리 보림선원에서는 과거의 '이 뭣고?'를 싹 치워 버린 겁니다.

내가 부처라는 걸 바로 인정하고 믿고 들어가는 거예요. '내가 바로 부처다! 내가 어떻게 부처라?' 이렇게 생각할는지 모르겠지만 그런 거 아니에요. 그래서 일일이 행을 해. 빨래를 하더라도 부처가 빨래를 하는 거예요. 글을 쓰더라도 부처가 글을 쓰는 거예요.

── 어떻게 부처가 글을 쓰고, 부처가 빨래를 합니까?

백봉 이 손은 자체 지혜가 없는 것이거든. 붓을 가지더라도 이 손으로 가지는 거 아니에요. 이 손이 알아서 붓을 가지는 거 아니에요. 이 손은 전혀 몰라요. 그러나 빛깔도 소리도 냄새도 없는 이 자리가 손으로 하여금 붓을 가지게 해서 글씨를 쓰는 거예요. 그러니 여러분들이 늘 빨래를 하더라도 그렇고, 밥을 짓더라도 그렇고, 회사 일을 보더라도 이 생각을 놓치지 않으면 차차차차 '아, 진짜 나는 허공이나 한가지로구나!' 이걸 알게 됩니다. '아, 내가 바로 허공이나 한가지로구나! 공연히 내가 분별망상을 일으켜서 자꾸 다른 걸 찾는구나!' 이걸 느끼게 됩니다.

내가 이 자리에서 말할 때는 책임 없는 말을 하지 않거든. 책임 없는 말을 해서 죄를 어떻게 하겠는가? 난 또 죄 짓기는 싫거든요. 그러니 믿으세요. 믿어서 지금부터 부처로서 행을 해요. 지금 여기 젊은 선생님들도 있는데, 학생들 앞에서 칠판에 글을 쓰는 거 누가 하는 거예요?

── 글쎄요……

백봉 부처가 하는 거예요. 부처가 아니라고 해도 좋아. 나는 낮고 부처님은 너무 높은 자리이니까, 그래도 좋아. 빛깔도 소리도 냄새도 없는 그 자리 아니여? 그 자리가 백묵을 가지고 글을 쓰고 아이들을 가르치는 거 아니에요? 가만히 생각해 봐요.

── 그러면 그 자리는 무엇입니까?

백봉 뭐라고 하면 좋을꼬? 부처라는 말 말고 다른 말로 '나'라고 해도 좋아요. '나'라. 이 자리가 나한테 있기 때문에 팔을 이리 들기도 하고, 다리를 옮겨서 걷기도 하고 (이거 전부 기관이거든) 생각하는 그대로 나투어.

가만히 생각해 보면 사람이란 굉장한 것이거든. 참 굉장한 거여. 그런데 여러분이 매일 굉장한 부처의 행동을 하면서도 굉장하다는 걸 모르기 때문에 말하는 거예요. 이 다음에 부처가 있다면 여러분들 믿지 말아요. 사도에요. 절대로 우리는 사실을 사실대로 알아야 됩니다.

한 십여 년 되나? 서울에서 어떤 학생들이 불법을 뭐라고 하면 좋겠습니까? 물은 일이 있어요. 그때 내가 '사실을 사실대로 알아서 사실을 사실대로 행하는 것이 불법이다.' 이렇게 말한 적이 있어요. 다른 것 없습니다.

이번에 화두까지도 싹 바꾼 원인이 그렇습니다.

여러분들! 이건 마 직통입니다. 다른 건 둘러 가. 둘러 가더라도 그 목적지까지 찾아갈지, 못 찾아갈지 이건 또 별문제에요. 힘이 들어. 그런데 이건 마 직통이거든.

새말귀를 딱 바탕으로 하여서 밝지도 않고 어둡지도 않은 여김을 일으켜. 여김을 향해서, 그 생각을 그대로 딱 가지고 있으면 어른들이 가지던 '이 뭣고'보다 훨씬 낫거든. '이 뭣고'는 삥 둘러서 가지만 이건 직통이거든.
새말귀는 좀 어렵습니다. 그러나 알고 보면 참 쉬운 겁니다.

── 새말귀가 어렵지만 쉽다는 말씀은 무슨 말입니까?

백봉 어느 것 하나 화두 아닌 것이 없거든요. 전부 화두가 돼버려. 이제부터 '내가 설법을 잘 해야 되겠다.' 이러면 벌써 새말귀거든. '빛깔도 소리도 냄새도 없는 이 자리가 이 색신을 통해서 설법을 잘 해야 되겠다' 하는 잠재의식이 딱 돼 있거든. 하기 때문에 '설법을 잘해야 되겠다' 하는 이것이 벌써 화두라.

── 예, 그렇게 되겠습니다.

백봉 법신이 따로 있다는 걸 알아. '운전을 잘 해야 되겠다.' 운전수 법신이 있다는 걸 알아. 수판을 놓는 사람도 알아. 환히 알아.
법신 자리는 비명비암 자리라. 밝은 것도 아니고 어두운 것도 아닌데, 밝지도 않고 어둡지도 않은 걸 나투려는 것이 뭐가 그렇게 어려운가? '나는 나투어 보겠다' 하고 턱 앉으면 열흘 앉아도 까딱없어. 스무 날 앉아도 까딱없어. 다시 말하자면 몸을 누가 가져가도 괜찮아. 가져가는 걸 알아도 헛것을 가져가는 거라. 내 옷 벗겨 가는 거나 한가지거든. 그런 것이 되는 거예요.

── 새말귀를 가질 수 있을 것 같습니다.

백봉 '비명비암한 자리를 나투겠다.' 그 나툰 자리에서 '나는 일을 잘 하겠다.' 나는 일을 잘 하겠다 하면 비명비암한 자리가 연상이 되거든. '나는 글을 잘 쓰겠다.' 그만 그대로 화두야. 글을 쓰는 거예요.

화두가 일을 하고,

화두가 밥을 먹고,

화두가 글을 쓰고,

화두가 술을 마시고 이렇거든.

— 행주좌와 모든 생활이 바로 화두가 되는 새말귀로 공부해 보고 싶습니다.

백봉 이 화두가 왜 나쁘냐 말이여! 그러기 때문에 나중에 내가 죽은 다음에 오십 년이나 백 년 후에 가서는 이거 벌어질 거여.

— 어째서 그렇게 예상하십니까?

백봉 이 도리가 아니면 전체 중생을 구할 수 없어. 일체 중생들을 제도하려면 화두 방편을 바꿔야 돼. 이걸 내가 강조합니다. 그래서 오늘 내가 여러분에게 이 도리를 선언하는 겁니다. 이건 바로 선언입니다. 이러한 방법으로써 여러분이 닦아 나가도록 노력해 주면 감사하겠습니다.

— 고맙습니다. 선생님의 말씀을 명심하고 새말귀로 정진하겠습니다.

◆ 비명비암非明非暗과 공적체空寂體 ▶

> 월상보살은 가로시되 어둠은 밝음으로 더불어 둘이라 하나 어둠도 없고 밝음도 없으면 곧 둘 있음이 없는지라. 왜냐하면 마치 멸진정에 들면 어둠도 없고 밝음도 없듯이 온갖 법모습도 또한 다시 이러힐새 그 가운데에 평등하게 듧이라야 이것이 둘 아닌 법문에 듧입니다.
> (月上菩薩 曰暗與明爲二 無暗無明 則無有二 所以者何 如入滅受想定 無暗無明 一切法相 亦復如是 於其中 平等入者 是爲入不二法門)
>
> (『유마경 대강론』 제9 불이법문 중에서)

백봉 비명비암非明非暗이란 어두운 것도 없고 밝은 것도 없는 것인데, 이걸 실감나게 아는 것뿐만 아니라, 내가 바로 그러한 경지에 들어앉아야 어두운 성품과 밝은 성품이 둘이 아니라는 걸 확실히 알게 돼요.

── 어둠과 밝음의 성품이 둘이 아닌 것을 어떻게 알 수 있습니까?

백봉 이건 선을 통해서 가려야 됩니다. 만약 여러분이 어두운 걸 어둠으로 삼고 밝은 걸 밝음으로 삼으면 법이 두 개예요.

── 그러면 우리가 어둡고 밝은 것, 즉 명明과 암暗에 어떻게 머물지 않아야 합니까?

백봉 우선 성품을 봐야 됩니다.

── 어떻게 성품을 봅니까?

백봉 어둡고 밝은 성품은 하나거든요. 둘이라는 건 있을 수 없어요.
── 어째서 어둡고 밝은 성품이 둘일 수 없습니까?
백봉 어두운 것이 가짜거든. 그럼 밝은 것도 가짜란 말이여. 우리가 성품 자리를 놓치지 않으면 가짜 놀이를 안 하게 돼.
── 그러면 가짜 놀이를 하지 않으려면 어떤 방법이 있습니까?
백봉 이거 별 것 아니에요. 멸진정滅盡定에 들어가면 이것이 완전히 나타나요.

── 예? 멸진정이요? 그런데 선생님, 멸진정에 들어가기 어렵지 않습니까? 멸진정에 들어가려면 어떤 마음 씀씀이를 가져야 됩니까?
백봉 어두울 땐 밝은 걸 생각하고 밝을 땐 어두운 걸 생각해. 환한 낮에 어두운 걸 생각하면 평등하게 돼. 어두운 것도 아니고 밝은 것도 아닌 경지가 나타나는 거예요.
── 예? 밝은 것도 아니고 어두운 것도 아닌 경지요?
백봉 어두운 것도 하나의 모습이고 밝은 것도 하나의 모습이거든요. 그러니 어두운 것도 가짜, 밝은 것도 가짜니까 모습놀이를 안 한다는 생각이 있어. 어둡고 밝은 데 머물지 않는 것을 뜻하는 거예요.

── 다시 한 번 말씀해 주십시오.
백봉 밤에는 낮을 생각하고 낮에는 밤을 생각하면 밝고 어두운 데 머물지 않는 것이거든. 생각한다는 것이 머물지 않는 것이거든. 그러면 낮에도 머물지 않고 밤에도 머물지 않는 것이거든요. 만약 우리가 참으로 어두운 성품과 밝은 성품을 알아버린다고 하면 생각하고 안 할 것이 없어요. 이것은 거기에 들어가기 위해서 내 마음을 조복 받는 하나의 수단방법이에요. 어떠할 때 이것이 나타나느냐? 멸진정에 들어가야 돼.

── 멸진정이 무엇입니까?

백봉 실은 마음이 가라앉은 자리인데, 가라앉은 마음자리는 눈에 안 보여. 없어. 찾으려 해도 못 찾아. 완전히 가라앉은 그 자리가 어두운 것도 아니고 밝은 것도 아닌 이 소식이에요. 그러나 우리가 어두운 것도 아니고 밝은 것도 아닌 이 소식을 얻으려 해도 도저히 얻지 못해. 그러하기 때문에 권도를 쓰는 거예요. 권도를 쓰는 것은 어두운 데 머물지 않고 밝은 데 머물지 않는다는 거예요. 어떤 사람들은 환하게 밝으면 완전히 본다고 하지요?

── 환하게 밝으면 완전히 볼 수 있는 것 아닙니까?

백봉 그건 분별이에요. 망상이에요.

── 예? 분별 망상이라고요?

백봉 만약 우리가 고기를 보는데 1,000촉이나 10,000촉 되는 등불로 본다면 고기의 빛깔이 달라질 거예요. 아마 풀 빛깔도 달라질 걸?

── 예, 그럴 겁니다.

백봉 그러기 때문에 밝다고 완전히 보이는 것이 아니에요. 또 어둡다고 완전히 안 보이는 것이 아니에요. 색깔의 모습이 완전히 나타나는 것은 어둡지도 않고 밝지도 않기 때문에 색깔이 나타나는 것이거든. 만약 밝은 마음과 어두운 마음이 생겨서 한쪽에 치우친다면 도저히 그 색깔이 나타나지 않는 거예요. 멸진정에 들어야 된다는 이유가 거기 있어요. 어두운 것도 아니고 밝은 것도 아닌 것은 눈에 안 보여요. 이거 아주 주의해서 들어야 돼요. 만약 눈에 보인다면 그것은 하나의 모습이야.

── 어째서 그렇습니까?

백봉 어두운 것도 하나의 모습이거든. 눈에 환하게 보이거든. 밝은 것도 눈에 환하게 보이니 모습이라. 하지만 이건 절대로 모습이 있는 것이 아니야. 어둡지도 않고 밝지도 않은 것은 모습을 뜻하는 것이 아니에요. 이거 뭐라고 우리가 설명할 거여? 솔직한 말로. 설명이 안 돼.

── 그렇지만 선생님, 설명할 수 없다 하더라도 비유해서 말씀해 주십시오.

백봉 비명비암의 경지에 갔다 하는 것은 비유하면 거울을 깨끗하게 닦아 놓으면 거울이 눈에 안 보이는 거와 같아. 거울인지 아닌지도 몰라. 유리를 깨끗하게 닦아 놓으면 새가 날아가다가 유리에 부딪치지 않아요?

── 유리가 너무 깨끗하여 유리가 안 보여서 머리를 부딪친 일이 있었습니다.

백봉 거울이 깨끗하면 거울은 눈에 안 보이고 산하대지가 그대로 비치거든. 집이 있으면 집이 비치고 얼굴이 있으면 얼굴이 비치기 때문에 거울이 있는 것을 알 수 있거든요.

── 예, 그렇습니다.

백봉 만약 거기에 때가 묻었든지 먼지가 묻었다면 산하대지가 잘 안 비쳤을 것 아니에요?

—— 예, 그렇습니다.

백봉 산하대지가 비친다 해도 희미하게 보일 것이거든. 깨끗하면 산하대지가 그대로 확 비치니까 선명하게 나타나거든. 선명하게 나타나니까 '거울이 있구나' 하고 알 수 있어.

—— 예, 그렇습니다.

백봉 꼭 그와 마찬가지여. 우리가 참선을 하든지 비몽사몽간이라든지 참으로 멸진정에 턱 들어가면, 삼매에 들어가면 자는 거와 한가지에요. 그러나 자는 건 또 아니거든. 자는 건지 안 자는 건지 몰라. 그러기 때문에 이전에 조주스님은 앉아서 꾸뻑꾸뻑 조는 걸 그렇게 좋아했다는 거여. 체험으로 자기가 느껴서 그렇거든. 꾸뻑꾸뻑 졸 때는 졸아도 조는 것이 아니거든. 자는 것이 아니야. 평상시에 분별을 일으키는 마음이 아니거든. 잘 모르는 사람들은 떡 하게 앉아 있는 사람보고 '그 사람 잘 한다'고 하지만 사실은 그거 모르는 사람이여. 물론 그렇게 해서 잘 하는 사람도 있기는 있어. 없는 건 아니겠지만 보통 근기가 있는 사람들은 꾸뻑꾸뻑 존다 말이지. 졸면서 멸진정에 들어가는 것이 가장 가까운 도리일 거여.

그러기 때문에 공부하는 사람들은 존다고 해서 진짜 조는 것이 아니여. 참선 공부 많이 한 사람들은 앉아서도 자. 자도 옆에서 모르지. 이건 참말로 자는 거라. 그러나 꾸뻑꾸뻑 조는 것은 자도 자는 것이 아니거든. 정신이 있거든. 그때는 자는 것도 아니고 안 자는 것도 아니여. 벌써 잔다 안 잔다 하는 것도 하나의 상대 아니여? 그러기 때문에 자는 것도 아니고 안 자는 것도 아닌 그 자리, 마음이 완전히 가라앉은 그 자리여야만 색깔이 보이는 거여. 색깔이 보이면 이것이 비명비암으로 알아야 돼. 거울에 산하대지가 비치면 거울이라는 것을 아는 거와 마찬가지로, 색깔이 티끌 하나 없이 환하게 그대로 나타나. 비명비암이 보이나요? 어떻게 봐? 비명비암이 보인다면 그거 하나의 모습 아닌가?
── 예, 모습입니다.

백봉 그러면 비명비암이 아니거든. 밝았든지 어두웠든지 한쪽에 치우친 건 틀림없는 거여. 과학적으로 그렇지 않아? 논리상 그렇지 않아?
── 예, 그렇습니다.
백봉 그러기 때문에 밝은 것도 아니고 어두운 것도 아니라는 걸 알게 된다면 불빛이 있으면 불빛이 그대로 보여. 꽃이 있으면 노란 것, 흰 것, 자색이니 푸른 것, 그대로 나타나는 거여. 그것이 비명비암인 장면이야. 다른 것이 아니라. 여러분들 이거 아주 깊이 알아들어야 돼.

── 다시 한 번 말씀해 주십시오.
백봉 뭣인가 하나라도 보이면 모습이고 따라서 이건 상대성놀이에 지나지 못하는 것이거든. 상대성이라 하면 벌써 모습이 있고 연구를

句가 있게 돼. 그러기 때문에 어떤 모습에도 들어앉으면 안 돼. 비명비암이라고 내가 늘 말을 하고 또 하죠? 절대로 비명비암인 어떤 색깔을 보려고 해서는 큰 망상이에요.

─ 비명비암인 어떤 색깔을 보려고 하는 것이 어째서 망상입니까?

백봉 선을 하는 자리에서는 그것도 망상이여. 산신이 나타난다든지 산하대지가 나타난다든지 하는 것도 망상이여. 모습은 전부 망상인데, 망상 중에는 좋은 것도 있고 나쁜 것도 있어요. 그걸 하나의 방편으로서 하나의 과정으로서 볼지언정 앞으로 '내가 봐야 되겠다' 이런 생각을 일으켜서도 안 되는 거여. 다만 '내가 공부하는 과정에서 이러이러한 현상이 있었으니 내 마음이 이만큼 가라앉았구나', 또 '비명비암의 광경이 나타났구나' 하고 내 마음에 점을 찍어 둘 일이지 앞으로 '이걸 자꾸 봐야 되겠다' 이러면 큰일 나. 안 돼. 그런 것에 일체 치우치지 말아야 돼. 비명비암의 자리가 나타나는 것은 그러한 경우가 아니면 알 수 없다는 걸 말한 거예요.

─ 예, 잘 알겠습니다.

백봉 다시 말하자면, 깨끗한 거울에 산하대지가 비치면 거울이 깨끗해서 거울을 찾으려 해도 찾을 수 없어. 깨끗한 허공, 말쑥한 허공과 같으니까. 산하대지가 그대로 비치면 거울을 아는 거와 마찬가지로, 멸진정에 턱 들어서 어떤 색깔이 보인다면 비명비암인 자리이기 때문에 보인다고 생각하면 돼요. 비명비암인 그 자리, 어두운 것도 아니고 밝은 것도 아닌 그 자리를 절대로 보려고 해서는 안 돼요. 만일 볼 수 있다고 해서 본다 해도 도리어 해로워.

—— 왜 해롭습니까?

백봉 모습놀이거든. 모습을 진짜로 알고 상대성을 절대성으로 알고 달려드는 거나 마찬가지 아니에요? 비명비암을 보려고 하지 말아요. 공부하는 사람에게는 아주 중요한 말이여. 이건 상승도 上乘道에 앉아서 수단과 방편을 굴리는 걸로 봐야 돼. 그러니 절대로 보려고 해서는 안 된다는 것이에요.

—— 왜 절대로 보려고 해서는 안 됩니까? 다시 한 번 말씀해 주십시오.

백봉 보려고 해서 나타난다면 그건 하나의 모습놀이에 지나지 못하는 거라. 모습놀이를 절대성인 양 생각하면 공부가 되겠나요?

—— 안 될 것 같습니다.

백봉 공부 안 되는 것이거든. 거기 선명하게 나타난 것은 비명비암을 그대로 증명한 거예요. 그렇게만 보면 돼.

—— 예, 알겠습니다. 선생님.

백봉 이 공부를 하는 데 비명비암, 본래의 소식이거든. 보려고 해서는 안 돼요. 보려고 생각하는 모습 없는 장벽이 딱 가려져서 딴 바탕을 가져와. 그걸 잘 알고 어떻든지 아침저녁으로 앉아요. 그러한 현상이 나타나는 것은 참 좋아요. 색깔이 나타나고 광명도 나타나요. 그렇다고 해서 절대 다 된 것이 아니에요. 하나의 과정으로 내 마음이 그만큼 가라앉았다는 걸 증명하는 거예요. 하기 때문에 공부하는 사람들은 내 스스로가 알면서 선지식에게 말하면 선지식이 알아서 깨주는 거예요.

이런 계기는 자꾸 오는 것이 아니에요. 한 번 지나가면 이삼 년씩 늦어진다는 말이 있어요. 어떻든지 한 계기가 닥치면 그대로 딱 깨서 가르쳐 줘야 돼. 그러면 의심을 안 하고 다른 공부가 돼.

그러기 때문에 어두울 때 밝은 생각을 가지면 어두운 것은 어두운 것이 아니거든. 또 밝을 때 어두운 생각을 가지면 밝은 건 밝은 것이 아니거든. 그럼 어두운 것은 어두운 것이 아니고 밝은 것은 밝은 것이 아니면 그대로 비암비명 아닌가? 말은 아주 쉬운데 여러분들이 이렇게 늘 행을 해야 돼.

── 말씀은 간단하나 행하기는 쉽지 않을 것 같습니다.

백봉 밝을 때 젖을 먹이잖아? 밝을 때 밤 생각을 해. 밤에 애를 보는 것과 같이 생각을 하란 말이여. 밤에 또 젖을 먹인단 말이여. 낮에 젖을 먹이는 것과 같이 생각을 해. 요령 있게 공부하면 힘이 안 들어. 그러나 요령이 없으면 억지로 이렇게 생각한단 말이지. 억지로 생각하면 병이 날 뿐만 아니라 또 억지로 생각되는 것도 아니여. 벌써 억지란 것이 하나 있잖아? 억지라는 그 장벽을 하나 짊어지고 가는 것이거든. 그러면 안 돼.

── 그렇지만 처음에는 억지로 하지 않을 수 없지 않습니까?

백봉 이 공부는 억지로 하는 게 아니여. 처음에는 선생이 억지로 하지 말라고 해도 욕심이 나서 억지로 하지만 나중에 차차 마음을 가라앉혀 가면 억지로 안 돼. 그대로 줄곧 흐르는 물과 같이 마음을 가져야 돼.

── 항상 흐르는 물과 같이 마음을 가지면 어떻게 됩니까?

백봉 나중에 저절로 지혜가 나 버려. '나는 이 정도 됐으니 이러한 방편을 써야 되겠다. 먼저는 저런 마음 씀씀이를 가졌는데 이제는 이런 마음 씀씀이를 가져야 되겠다.' 이러면서 공부하는 방법이 스스로 나타나. 결정해서 알게 돼. 사람이 원래 다 슬기가 있거든. 우리가 영지靈知, 신령스러운 슬기를 다 가지고 있기 때문에 그렇게 되는 건데, 그것이 가려져서 몰라서 그렇지 다 가지고 있는 거여. 그러니까 그렇게 하면 돼요.

── 예, 알겠습니다.

백봉 비명비암인 그 소식에는 시공간이 안 들러붙어. 시공간이 들러붙을 수가 없어.

── 어째서 그렇습니까?

백봉 모습이 없거든. 모습이 있으면 시공간이 들러붙어. 언제 밝았다 언제 어두웠다 시공간이 들러붙잖아?

── 예, 시공간이 들러붙습니다.

백봉 비명비암인데 어떻게 시공간이 들러붙느냐 말이여. 시공간이 들러붙지 않으니 노소가 들러붙지 않고, 노소가 들러붙지 않으면 생사가 들러붙지 않고, 생사가 들러붙지 않으면 천당 지옥이 뭉개지는 소식이거든. 그러나 밝다 하면 시공간이 들러붙어. 언제 밝았다, 얼마만큼 밝았다. 어둡다 하면, 언제 어두웠다, 얼마만큼 어두웠다. 시공간이 다 들러붙지?

── 예, 그렇습니다.

백봉 육근六根이 망하고 심상心相이 녹아서 낮과 밤이 엇갈려도 어둠과 밝음의 다름을 깨닫지 못하니, 만약 허명虛明의 기상인 영광靈光이 홀로 비추면 고금을 꿰뚫어서 삼세를 무너뜨리니 어찌 밝고 어둠의 능할 바이겠는가?『능엄경』에 이르기를 "밝음을 볼 때는 이 밝음이 아니라 볼 것이며, 어둠을 볼 때는 이 어둠이 아니라 볼지니라"라고 하셨으니, 밝고 어두운 가운데서 평등성을 놓치지 않으면 한 법이 확연할 것이야.

── 선생님, 허명虛明이 무엇입니까?

백봉 허명이란 비명비암인 소식이에요. 비명비암인 그 소식에는 시공간이 안 들러붙어. 시공간이 들러붙을 수가 없어. 이 자리에 영광靈光이 독로해. 영특스런 빛. 다시 말하자면 비명비암인 빛, 우리가 찾아볼래야 찾아볼 수 없는 이 자리를 뜻하는 거예요. 그러니까 고금古今을 꿰뚫을 수밖에는.

── 고금을 꿰뚫는다는 말씀이 무슨 말입니까?

백봉 여러분들이 억 년 전 마음을 가지고 있다는 것을 알고 있지?

── 예, 압니다.

백봉 앞으로 억 천억 년이 다할 때까지 그 마음 그 소식을 여러분이 가지고 있다는 걸 알고 있거든. 다만 경계 따라 움직이는 사람의 마음은 망심妄心이라. 경계 따라 움직이는 망심의 앞 소식은 억 년 전 마음이나 억 년 후의 마음이 하나라는 것을 여러분들이 알고 있거든. 이거 아주 중요한 얘기여. 천억 년 전 그 마음이나 천억 년 후 그 마음이나, 삼계가 전부 깨뜨려진 후의 그 마음이나 꼭 한 가지여. 그러기 때문에 경계가 변하면 마음도 변하는 이유가 거기 있어. 그러나 그건 진짜 마음이 아니여.

그러니 영광靈光이 독로하면, 홀로 밝으면 고금이 꿰뚫어져. 고금이 붙을 수 없어. 시공간이 붙을 수 없기 때문에 고금이 없어지는 거 아니여? 가만히 생각해 봐요. 알겠지?

―― 예, 이해됩니다.

백봉 그 자리가 비명비암이라. 모습이 아니니까 고금이 안 들러붙어. 어찌 이 이상 더 과학적으로 얘기 하겠나? 그러나 밝다 어둡다 모습이 있으면 고금이 들러붙어. 시공간이 들러붙어.

사실로 삼세三世가 있는 것이 아니여. 성품 없는 가죽 주머니에는 삼세가 있어. 어머니 뱃속에 떨어지기 전에는 과거, 살고 있는 동안에는 현재, 이거 없어지면 미래거든. 그러나 이건 헛거라. 이 삼세는 일평생을 통해서 세 번만 있는 것이 아니여. 한 시간 동안에도 있고, 일 초 동안에도 있어. 아까, 이제, 나중.

―― 예, 그렇습니다.

백봉 가만히 생각해 보면 기가 막혀. 이분의 일초 동안에도 삼세가 있어. 아까, 이제, 나중이 있잖아?

―― 예, 그렇습니다.

백봉 우리가 이렇게 생각한다면 어떻게 되지? 사事적으로 얘기해 봐요. 부모님 뱃속에서 나기 전 과거는 아까, 현재는 이제, 죽고 나면 나중, 이렇게 넉넉하게 생각할지 모르겠지만 그건 모르는 사람들의 생각이여. 그러나 그 말이 틀린 것도 아니여. 가만히 생각해 봐요. 십 년을 두고 생각해 봐요. 십 년도 과거, 현재, 미래가 있어.

―― 예, 그렇습니다.

백봉 한 달도 과거 현재 미래가 있잖아? 한 시간도 과거 현재 미래가 있지? 아까 이제 나중이 있지? 그럼 일 분도 아까 이제 나중이 있지? 일 초 동안에도 아까 이제 나중이 있잖아? 만약 일 초 동안에 아까, 이제, 나중이 없다면 일 초가 성립이 안 돼. 그렇지 않아요? 가만히 생각해 봐요. 알겠지?

―― 예, 알겠습니다.

백봉 일 초에도 과거, 현재, 미래가 있지 않겠나? 아까와 이제와 나중이 있지 않겠나? 반 초 동안에도 그래. 그렇다면 과거, 현재, 미래가 없는 거나 한가지 아닌가? 없으면서 있는 거나 한가지 아닌가? 없으면서 있는 것이고 있으면서 없는 거나 한가지 아닌가?

―― 이해될 듯하나 어렵습니다.

백봉 만약 우리가 과거·현재·미래, 아까·이제·나중을 가정한다면 파리 눈알만큼만 해도 아까·이제·나중이 있는 건 사실 아닌가?

―― 예, 그렇습니다.

백봉 파리 눈알이 없어서는 아까, 이제, 나중이 성립 안 돼. 어째, 이거 납득 가나?

― 예, 납득됩니다.

백봉 성립 안 돼. 어쩔 도리가 없어. 그러니 과거, 현재, 미래를 우리가 끌어 잡을 수 있는가?

― 끌어 잡을 수 없습니다.

백봉 끌어 잡을 수 없으니 없는 거나 한가지여. 없으면서 과거, 현재, 미래라는 말이 있으니 없지도 않아. 없지도 않으면서 있지도 않아. 이것이 공空도 아니고 유有도 아니여. 다시 말하자면 색즉시공色卽是空 공즉시색空卽是色, 공도 아니고 색도 아닌 이런 이치나 꼭 한가지여.

― 참으로 묘합니다.

백봉 그러니 진리는 하나라는 거여. 하나만 꿰뚫으면 다 꿰뚫어지는 거여. 과거, 현재, 미래, 단단히 알아야 돼요.

― 예, 명심하겠습니다. 선생님.

백봉 우리의 법신 자리도 아무것도 없으니까 과거, 현재, 미래가 붙을 자리도 없지만, 말마디가 전부 거짓말이여. 중생은 중생이나 중생이 아니여.

― 중생이 왜 중생이 아닙니까?

백봉 내가 왜 중생이여? 가죽 주머니가 미迷하다고 하지만 미한 것은 무엇인데? 미한 것은 멸진정滅盡定 아닌가?

― 미한 것도 멸진정입니다.

백봉 그러니 중생은 중생이 아니거든. 부처는 부처가 아니거든.

―― 왜 부처가 부처 아닙니까?

백봉 부처! 하나의 말마디 아닌가? 중생! 하나의 말마디 아닌가? 과거 현재 미래! 하나의 말마디 아닌가? 말마디가 어찌 실다운 거냐? 이거라 이치가. 이렇게 우리가 깨쳐 나가야 돼.

절대로 말마디나 모습에 얽혀서는 안 된다는 이유가 거기 있어요. 과학적으로 논리적으로 내가 하는 말이여. 사실적인 논리를 떠나서 어떻게 설법을 하겠는가? 관념적으로 하라고? 관념은 안 돼. 관념적으로 되나? 관념은 사람 죽이는 것이지. 밥 먹으면 배가 딱 부른 것이 불법이고, 술 먹으면 술 취하는 것이 불법인데 어찌 우리가 관념적으로 횡설수설하겠어요? 그러니까 과거, 현재, 미래는 없는 거나 한 가지여. 또 없지 않은 것도 아니여.

―― 어째서 그렇습니까? 다시 한 번 말씀해 주십시오.

백봉 이거 말마디거든. 그 자리가 절대 평등성이기 때문에 이런 차별상을 나투었어. 차별상을 나투어 본들 차별상의 성품이 평등성이라. 그러기 때문에 차별상하고 평등성하고 둘이 아니거든. 그렇게만 보면 돼. 알아듣겠나?

―― 예, 알겠습니다.

백봉 말로는 절대 평등성 맞아. 그건 자네들이 잘 알지 않나? 그런데 이런 것을 나툰 거 차별상 아닌가? 평등성이기 때문에 차별상이 나투어지는 거라. 손가락이 길고 짧은 거 차별상 아닌가? 그런데 차별상이 바로 평등성이여. 평등성이면서 차별상이야.

── 평등성이면서 차별상이면 어떻게 보아야 합니까?

백봉 차별의 모습과 평등의 모습을 둘로 보지 않는 법이 있어.

── 어떻게 둘로 보지 않을 수 있습니까?

백봉 모르는 사람들은 둘로 봐야 돼. 어쩔 도리가 없어. 그러나 공부하는 사람의 입장으로는 절대로 차별상하고 평등성하고 둘로 보는 법이 아니에요. 다시 말하자면 상대성하고 절대성하고 둘로 보는 법이 아니에요. 법신과 색신을 둘로 보는 법이 아니에요.

── 어째서 그렇습니까?

백봉 허공성이기 때문에. 색신은 나중에 불구덩이에 들어가지만 성품은 불구덩이에 들어가도 타는 게 아니야. 그러니까 둘이 아니에요. 그와 마찬가지로 삼세간이 있다 하더라도 일세一卅여. 하나의 그거라. 말을 하자니 삼세간이 벌어져. 아까·이제·나중이 벌어지지만 전부 말마디에 지나지 않는 거예요. 그 당처가 다 공한 것이라고 보면 일체 만법, 온 누리가 어떻다는 거 알 수 있잖아요?

── 온 누리가 하나라는 말씀입니까?

백봉 뭣인가 하나다, 이걸 알 수 있잖아요?

── 무엇이 하나입니까?

백봉 그건 말 안 해도 빤한 거라. 우리 마음이 하나 아닌가? 우리 성품이 하나 아닌가?

── 예, 이치적으로는 그렇습니다.

백봉 너와 나를 분별해서 그렇지, 가짜인 이 모습, 삼세를 논의하는 이 모습에 들어앉았기 때문에 그렇지, 전부 헛거라. 그러니 하나 아닌가?
돌멩이도 빈 성품, 몸뚱이도 빈 성품, 몸뚱이는 지혜가 없으니 성품이 없다는 거예요.
그러니 하나지 뭣이여? 이렇게 우리가 따져 들어가는 거여.

── 예, 그렇게 따져 들어가면 이치에 맞겠습니다.

백봉 우리가 이렇게 따져 들어가는 것은 관념적으로 따져 들어가는 것이 절대로 아니여. 사실 그대로 따져 들어가는 거여. 이 자리는 생사가 없단 말이여. 생사라는 건 하나의 헛거 아닌가?

── 예, 생사도 헛것입니다.

백봉 공연히 분별을 지어서 여기에 들어앉으니 삼세가 나타나지 않는가? 시공간이 있으니까, 죽고 사는 것이 나타나지 않는가? 과학적으로 가만히 생각해 보면 이거 전부 헛것이거든.

── 예, 몸뚱이는 헛것입니다.

백봉 이 헛것이 진짜에서 왔어, 우리 법신에서 왔어, 평등성에서 왔어. 생사라는 건 평등성에서 온 차별상이라. 차별상을 가만히 보니 평등성상에서 일어났다 꺼졌다 하는 그림자놀이거든. 그러나 그 성품이 또 평등성이라. 평등성이 없으면 차별상을 이루지 못해. 그놈이 그놈이고 그놈이 그놈이지. 생사, 죽고 사는 것이 어디 있느냐 말이여.

── 그놈이 그놈이고 그놈이 그놈이라면 우리가 왜 이 공부를 합니까?

백봉 이걸 모르기 때문이지. 이거 우리 꿈 놀이여. 우리가 꿈 놀이를 하는데 이제 괴로운 꿈 좀 꾸지 말자는 거여. 이 세상에서는 이러한 무대를 꾸며서 이러한 연극놀이를 하고 있어. 나중에 후 세상에 다른 무대를 꾸며서 다른 탈을 쓰고 다른 연극놀이를 하는데, 멋진 배우놀이 하고 재미있게 연극놀이 하자는 거여. 다른 거 아니여. 만약 우리가 나쁜 짓을 해서 삼도지옥에 떨어졌다 해도 죽는 법이 있는가?

── 생사가 없으니 죽는 법이 없습니다.

백봉 죽는 법이 없어. 다만 연극놀이 하는데 무척 괴롭기만 괴로워. 그땐 그런 배우가 될 뿐이지. 그래서 우리는 아주 좋은 배우가 돼서 나쁜 배우도 사람 좀 만들자는 거여. 다른 거 아니여. 그렇게 알면 돼요.

밝은 데 들어앉지도 말고 어두운 데 들어앉지도 않으면 평등성이 나오거든. 우리가 평등성을 발견함으로서 성불할 수 있어. 바로 이거여. 다른 거 아니여.

    밝고어둠 다없앰이 이것바로 진여라서
    넓을세라 하늘땅이 나뉘어진 앞일러라
    일만법이 일로좇아 한결같이 감이러니
    뫼는높고 물은기니 구름절로 흐르구나

좋다! 일만 법이 절대 평등성에서 이렇게 한결같이 가거든. 그러니 산은 높고 물은 흘러. 그런데 구름마저 흘러가니 그 경치가 얼마나 좋은고? 이렇게 좋은 경치인데 어떤 사람들은 도리어 괴롭게 보는 사람들이 있어. 어떤 사람들은 달을 보고 글이 나와, 시가 나와. 그런데 어떤 사람들은 달을 보고 엉엉 울기도 하거든.

── 그건 왜 그렇습니까?

백봉 달이 하나지 두 개인가? 하나의 달을 보고 웃는 사람과 우는 사람이 있는데, 그건 자기의 마음 씀씀이가 잘못돼서 그렇게 하는 거예요. 다른 거 아니에요.

자, 우리의 멸진정 자리, 비명비암 자리 알겠죠? 좌우간 어떻든지 비명비암 자리를 보려고 해서는 안 돼. 만약 그런 현상이 나타나면 바로 그것이 그런 줄 알면 되는 거여. 밝음과 어둠의 실다운 성품은 비명비암이거든. 공적체空寂體거든.

── 선생님, 공적체가 무엇입니까?

백봉 그만 빈 것이 공적체 아닌가? 말로 하면 대단히 쉬워. 실로 우리는 공적체 중에 있지 않아요? 허공이 뭐 있던가?

── 허공은 모습이 없습니다.

백봉 우리의 몸뚱이 한 번 생각해 봅시다. 실로 우리는 법신 속에 있지 않나요? 법신이 성품 없는 가죽 주머니를 끌고 다니거든. 내가 입을 놀려서 얘기하는 것도 공적체가 하는 거 아니에요? 즉 허공이 한다고 해도 괜찮아요. 할 말이 없으니까.

── 예? 공적체가 한다고요?

백봉 '내가 이 말을 해야 되겠다, 저 말을 해야 되겠다' 하는 그 당처는 빛깔도 소리도 냄새도 없는 거 아니에요?

—— 예, 그렇습니다.

백봉 우리가 사事적으로 봐도 공적체 중에 있어. 집도 공적체 중에 있고, 이 땅덩어리도 공적체 중에 있지 않아요? 허공중에 있지 않아요?

—— 예, 그렇습니다.

백봉 허공에 뭣이 있나요? 아무것도 없는 것을 공적체라 하거든. 또 이 理적으로 살펴봐도 말하고, 회사 가서 일하고, 장사하고, 친구를 만나는 거 전부 우리의 성품 자리가 가죽 주머니를 끌고 다니는 거 아니라요?

—— 예, 그렇습니다.

백봉 그거 공적체 아니라요? 그러니 사적으로 봐도 우리가 허공 속에 있고, 이적으로 봐도 법신이 몸뚱이를 끌고 다니지 않는가? 그 자리가 그대로 공적체에요. '비어서 적적寂寂한 바탕이다'는 말이거든. 이 공적체를 우리가 늘 쓰고 있어요. 지금도 여러분들이 쓰고 있거든. 지금 말 듣는 거 누가 듣고 있지요? 가죽 주머니의 귀가 듣고 있는 것은 아니거든. 귀에 성품이 있나요? 하나의 기관이지. 이 귀를 통해서 공적체가 듣지 않나요?

—— 예, 그렇습니다.

백봉 그러니 우리가 아침저녁으로 공적체를 쓰고 있으면서도 모를 따름이여. 어떤 사람이 술 먹고 지랄하더라도 그거 공적체거든요.

공적체가 몸뚱이를 시켜서 지랄하는 것이지, 공적성空寂性이 없다면 어찌 술 먹고 지랄하겠나 말이여. 공부하는 것도 역시 공적성이라. 공적한 우리의 성품 자리, 우리의 법신 자리거든. 그러니까 우리가 눈을 뜰 때도 그놈이고 잘 때도 그놈이라. 한날한시 단 일 초 동안이라도 우리는 그놈을 여읠 때가 없어. 그런데 우리는 전부 여의고 있거든.

── 단 일 초 동안이라도 공적체를 여읠 때가 없는데 어째서 여의고 있다고 하십니까?

백봉 우리가 공적체를 매일 쓰고 있으면서도 사량 분별을 해. '이거 해 볼까? 저거 해 볼까? 이건 밉다, 저건 좋다', 이렇게 사량 분별을 하기 때문에 공적체는 흔적이 없고 (원래 흔적 없는 자리지만) 사량 분별의 먹구름이 꽉 끼어 있으니까 공적체를 놓치는 거라. 사실 공적체가 도망간 것도 아니거든. 공적체가 그만 그 자리에 있으면서 사량 분별을 하는 거라.

── 그런데 모습 없는 공적체가 어떻게 사량 분별을 합니까?

백봉 맑은 물에 진흙을 퍼 넣은 거나 한가지야. 맑은 물에 진흙을 퍼 넣어도 진흙은 진흙이고 물은 물이거든. 진흙을 곱게 가라앉혀서 싹 끄집어내면 그만 맑은 물이거든.

── 예, 그렇습니다.

백봉 그러나 진흙이 있으면 맑은 물이 못 돼. 하지만 진흙이 있다고 물이 물 아닌 건 아니여. 물의 성품은 물이거든.

── 예, 이해됩니다.

백봉   우리가 사량 분별을 해서 공적성이 가리었지만 공적성이 없는 것은 아니거든.

―― 말씀은 이해됩니다만 다시 한 번 말씀해 주십시오.

백봉   우리는 싸우면서도 공적성이고, 무엇을 해도 공적성이여. 술을 먹어도 공적성이고 공부를 해도 공적성이야. 전부 공적성인데 다만 우리가 느낄 줄 모를 뿐이여.

―― 무엇을 해도 공적성인데 왜 느끼질 못합니까?

백봉   느낄 줄 모르는 것은 분별 때문에 그렇다 말이여.

―― 그러면 분별하지 않으려면 우리의 마음 씀씀이를 어떻게 가져야 되겠습니까?

백봉   분별하는 것이 전부 망상이라. 망상의 당처가 전부 빈 거라는 걸 알아야 돼.

―― 예? 망상의 당처가 전부 빈 것이라고요?

백봉   망상의 당처가 사실 빈 것이거든. 빈 걸 딱 알아버리면 망상이 바로 공적체라.

―― 예? 망상이 바로 공적체라고요?

백봉   공적체하고 망상하고 둘인가? 물하고 물거품하고 둘인가? 하나지. 괜히 우리가 '이건 물거품이다, 이건 물이다' 분별해서 그렇지, 어찌 그것이 둘이냐 말이여.

―― 물과 물거품이 모두 물이라는 것은 알겠습니다만 망상이 바로 공적체라는 것은……

백봉   우리는 언제나 공적체 속에서 놀아. 언제나 공적체를 쓰고 있으면서 분별이라는 먹구름을 일으키고 있기 때문에 맑은 물에 진흙을 집어넣은 것과 같은 형국이야. 맑은 물에 진흙을 넣었다 하더라도 물은 물이거든. 물 성품은 물 성품이지 물 성품 아닌 건 아니거든.

── 예, 그렇습니다.

백봉   그와 마찬가지로 여러분들이 사량 분별을 하더라도 공적성은 공적성이야. 공적성은 공적성이나 쓰지 못하고 그만 죽어버리는 거나 한가지라. 이걸 여러분들이 깊이 알아야 돼요. 이 뜻을 깊이 알아서 늘 잊어버리지 않으면 그만 그대로가 멸진정이여. 잊어버리면 공적성은 어디 가고 오는 줄도 몰라. 이것뿐이여.

── 선생님, 이해될 듯하나 잘 모르겠습니다.

백봉   우리는 공적체라. 독으로서 독을 제除할 줄 알아야 돼요. 독약이 나쁘지만 독을 해독하는 데는 독이 아니면 안 돼. 그와 마찬가지로 망념으로써 망념을 제할 줄 알아야 돼요.

── 예? 망념으로써 망념을 제한다고요?

백봉   망념으로써 망념을 제해 나가면 어떻게 되죠? 망념이 없어져 버려. 나중에 되돌아서 참으로 진객眞客이 되고 진뇌眞惱가 되는 거예요. 그러니까 앞으로 어떻게든 쭉 계속해서 그 당처가 공했다는 것을 알고, 망념된 생각, 쓸데없는 생각도 그 당처가 공했다는 것을 알고, 공적체의 그림자라는 걸 느껴서 철저하게 돼 버리면 공적체를 찾을 필요가 없어요.

—— 공적체를 찾을 필요가 없는 까닭이 무엇입니까?

백봉 그만 그대로라. 만약 우리가 공적체를 다른 데서 찾아오는 거라고 한다면 수고가 들지만, 우리가 그만 망념으로서 망념을 제할 줄 알면 나중에 되돌아서 망념 그 자체가 공적이 돼 버리는 거예요.

—— 예, 이해될 듯합니다.

백봉 여러분 가만히 생각해 보세요. 공부라는 건 절대로 관념으로 해서는 안 돼요. 물론 관념으로 하던 사람이 툭 깨쳐서 어떻게 되는 수도 있지만 어려워요. 어디까지나 진짜를 붙들어야 돼. 상대성을 붙들고 절대성으로 들어가면 안 되는 법이 없어요.

—— 선생님, 상대성을 붙들고 절대성으로 들어간다는 말씀이 무슨 말입니까?

백봉 상대성 자체가 절대성이거든. 절대성이 없는데 어떻게 상대성이 이루어지느냐 말이여. 다만 상대성으로 나툰 데에 들어앉아서 절대성을 잊어버리니까 그런 것이지. '상대성은 절대성에서 왔다'는 것이 완전히 파악되면 '상대성이 곧 절대성'이지 어찌 상대성하고 절대성하고 둘이겠는가?

—— 예, 상대성이 곧 절대성입니다.

백봉 그러기 때문에 공적성空寂性이 바로 부처거든. 우리가 공적성을 여의고 어디 가서 부처를 찾지? 그러니까 나의 공적성을 인정하게 되면 남의 부처도 인정하게 되는 거여. 나의 공적성을 모르고 남의 공적성을 어떻게 찾지? 나의 공적성도 찾아내지 못하고 다만 느끼는 것뿐인데. 내 것도 못 찾는데 남의 것을 어떻게 찾아낼 수 있는가 말이여.
── 예, 찾아내지 못합니다.

백봉 그러기 때문에 한 사람의 도인道人이 나면 억만 사람들이 일시에 다 성불하는 도리가 여기에 있어.
── 예? 한 사람의 도인이 나면 억만 사람들이 일시에 다 성불하는 도리가 있다는 말씀이 무슨 말입니까?
백봉 한 사람이 도를 탁 깨치면 억만 사람들이 일시에 다 성불된다는 도리는, '억만 사람들이 모두 다 공적성이 있다'는 것을 내가 인정하면 그 사람들도 다 성불했어. 모두 다 성불했지만 '나는 성불하지 못한다'고 생각할 따름이야. 성불했다는 생각이 없을 따름이야. 다른 거 아니야.

── 모두 다 성불하는 도리를 다시 한 번 말씀해 주십시오.
백봉 일체 중생과 나의 당처가 하나이기 때문에 그렇거든.
── 예? 일체 중생과 나의 당처가 하나라고요?
백봉 공연히 '나는 성불하지 못한다'고 생각할 따름이야. 다른 거 없어요. 그러기 때문에 『금강경』 첫 구에 '고봉절정高峰絶頂에 홀로 앉아서 만 사람을 밟아 죽이라고 썼어.' 솔직한 말로 허깨비를 밟아 죽인들 무슨 죄가 있어? 보통사람들이 하면 큰일 나, 죄가 돼. 도인들은 밟아 죽여도 까딱없어. 그것에 머물지 않고, 다 공空한 줄 알거든. 그런 거예요.

부처가 무엇인가? 부처라는 명자, 이름자, 모습놀이, 그 위의威
儀에 쩔쩔 매. 그거 전부 상대성 놀음 아닌가? 그런 것에 쩔쩔 매
는 사람이 무슨 공부를 하지? 그런 걸 부수기 위해서 하는 공부
인데…… 물건은 부수기가 쉽지만 마음으로 만든 건 부수기가 참
어려워.

── 그러면 마음으로 만든 건 어떻게 부수어야 됩니까?

백봉 당처가 공한 줄 알아야 부수어지지. 마음으로 만든 건 잘 부수어
지지 않거든.
　　공적성이 우리 부처라, 비명비암한 그 자리라. 그 자리에 슬기가
있는 것이 부처여. 다른 거 아니여. 공적체에서 슬기를 나투어서,
슬기의 방편을 굴릴 줄 알아야 부처거든. 그래서 이 설법은 인생
의 중대한 문제이고 누리의 뼈고 허공의 뼈여. '허공의 뼈를 탁 추
려내면 허공이 와르르 무너져.' 자, 이거 무슨 소식인고? 한 번 말
해 봐! 허공이 아무것도 없는데 허공이 어떻게 와르르 무너질 수
있을까?

── 글쎄요……

백봉 허공이 무너진다는 건 명자라고 내가 몇 번이나 말했던고! 명자
놀이에 얽히지 마라 말이여! 허공이라는 명자도 없어진다는 뜻
아니여? 빤한 거 아니여? 그것을 쓸 때는 '허공이 내려앉는다, 허
공이 무너진다'라고 말하는 거여. 우리가 허공이라고 말하는 것
도 명자놀이 아닌가?

── 예, 명자놀이입니다.

백봉 우리가 부처라고 말하는 것도 명자놀이 아닌가? 중생이라고 말하는 것도 명자놀이 아닌가? 보리니 열반이니 천당이니 지옥이니 전부 명자놀이 아닌가?

── 예, 명자놀이입니다

백봉 우리는 명자에 들어앉지 말자는 거예요! 명자를 두드려 부수자는 말이에요!

── 예, 선생님 명심하겠습니다.

백봉 그러기 때문에 밝은 곳을 향해서 밝음을 치니 밝은 묶임이 풀려. 그래서 참으로 밝은 것이 나와. 법처法處를 향해서 법을 치니 법의 묶임이 풀려. 그래서 그때에 진법眞法이 나와. 도처道處를 향해서 도를 치니 도박道縛이 풀려, 도의 묶임이 풀려. 도라는 데 잔뜩 묶여 있거든. 쳐 버리니 도가 풀려. 그러면 진도眞道에 앉게 돼.

── 예, 선생님 말씀이 이해됩니다. 어떤 명자놀이도 하지 말고 명자를 굴리라는 말씀이지요?

백봉 그러기 때문에 부처 없는 곳을 향하여 위없는(無上) 자리에 턱 앉아서 착한 일로써 삼악도 중생을 제도하는 법이고 악한 것으로써 시방 성현을 제도하는 법이여.

── 예? 우리가 어떻게 성현을 제도할 수 있습니까?

백봉 우리는 시방 성현을 제도할 줄 몰라. 시방 성현이 어떤 사람들인가? 전부 상대성으로 선에 딱 들어앉은 사람들이거든. 물론 그중에는 굉장한 분들도 계시지만 대부분이 말이지.

그러기 때문에 우리는 악을 쓸 줄 알아야 되지. 악을 쓸 줄 아는 사람은 선도 써. 선으로써 삼악 중생을 건져야 돼. 이건 어쩔 도리가 없어. 그럼 악을 가지고서 누구를 건지느냐? 시방 성현을 제도할 줄 알아야 돼.

── 다시 한 번 말씀해 주십시오.

백봉　솔직한 말로 악을 굴릴 줄 모르면 한쪽에 치우친 거여. 그까짓 부처되기 뭐가 그렇게 어려운고?

── 예? 부처되기 어렵지 않다고요?

백봉　나쁜 일 안 하고 좋은 일 하면 되는 거 아닌가? 내 마음 씀씀이에 있는 거 아닌가? 그걸 누가 못 하겠어. 그런데 우리는 지옥에 떨어지는 것이 겁나서 안 돼. 화탕지옥인들 못 들어가란 법이 어디 있느냐 말이여. 지옥에 들어감으로써 연화가 피거든.

공부할 때 어떤 계기로 현상이 나타날 때 '다 쓸데없는 짓거리다'라고 생각해야지, 거기에 조금이라도 유의할 필요가 없어요. 그런 것이 과정에서 일어나는 현상일 뿐이지, 나쁜 것도 아니여. 다른 거 아니여.

── 예, 명심하겠습니다. 선생님.

색신과 법신은 둘이 아니다

백봉 여러분, 법신法身은 실다운 거라. 실다운 걸 바탕으로 가짜를 생각할 줄 알아야 돼요. 이런 도리를 다 알면서도 그만 색신色身에 치우치는 분수가 많아요. 실에 있어서는. 이거 절대 평등해야 됩니다.

색신을 생각하든지 또 법신을 생각하든지 가지런해야 되는데 이쪽이 좀 많고 저쪽이 적으면 평등이 안 되는 거여. 문제는 여기에 있습니다. 이거 단단히 알아두십시오. 어떻든지 여러분들, 앞으로 설법하는 것을 집에서 실험해야 됩니다. 처음에는 잘 안 되겠지만 실험해 나가면 차차차차 됩니다.

우리가 불법을 믿는다는 것은 생사 문제 해결하려고 하는 거 아니겠어요?

── 예, 그렇습니다.

백봉 우리가 누리의 주인공이라고 하는 걸 확인하려고 하는 거 아니겠어요?

── 예, 그렇습니다.

백봉 육신 이거야 불구덩이나 흙구덩이로 들어가는 거 문제 아니에요. 참말로 '나는 누리의 주인공'이라는 걸 확인하려고 공부하는 것이니까 어찌 집에서 공부하지 않겠습니까?
 불교라도 이승 도리로서 '그만 이렇다' 하고 거짓말이든 참말이든 믿기만 한다면 공부하기가 대단히 수월한데, 그래서는 생사 문제가 해결되는 것이 아니에요. 만약 조금이라도 해결된다면 수월한 걸 택하는 것도 좋겠지만 안 되는 것이거든요.
 여러분들, 우리 자신을 볼 때 어떻게 봅니까?

── 예? 우리 자신을 어떻게 보아야 합니까?

백봉 몸뚱이에다 너무 치우치지 말아요. 몸뚱이를 보는데 내 법신도 생각해. 우리가 이걸 알아버리면 자연히 그런 생각이 저절로 자리 잡혀 버립니다.

── 우리의 몸뚱이를 보면서 내 법신을 생각한다는 말씀이 무슨 말입니까?

백봉 법신을 걷어잡긴 걷어잡는데 법신에 치우치지 말고 색신을 걷어잡아야 되거든요. 색신을 걷어잡긴 걷어잡는데 색신에 치우치지 않으면서 나를 보는 거예요. 이거 조금 어려울지 모르겠어요.

── 예, 어렵습니다. 우리가 어떻게 하면 되겠습니까?

백봉 우선 내 자신을 볼 줄 알아야 돼. 아들 딸 자체를 볼 줄 알아야 돼. 아들 딸의 몸뚱이도 자체성이 없는 것 아니에요?

── 예, 몸뚱이는 자체성이 없습니다.

백봉 자체성이 없는 것을 알고, '빛깔도 소리도 냄새도 없는 법성신 자리가 있기 때문에 걸어 다니기도 하고, 밥도 하고, 청소도 하고, 밥도 먹는다'는 생각을 딱 가지고 색신을 색신으로 보지 않는 거예요.

── 색신을 색신으로 보지 않으면 무엇으로 봅니까?

백봉 색신을 색신으로 보지 않는다 하더라도 색신은 그대로 있는 것이거든요.

── 예, 그렇습니다.

백봉 색신을 색신으로 보지 말고 색신을 바로 법신으로 봐 버려요. 이렇게 보는 겁니다.

── 예? 색신을 바로 법신으로 보라고요?

백봉 나의 몸뚱이를 색신으로 보지 말고 바로 법신으로 봐 버려.

── 색신을 바로 빛깔도 소리도 냄새도 없는 법신으로 보라는 말씀이지요?

백봉 여러분들이 이렇게 습관을 들여서 보임保任해 나가면, 내가 지금 이 자리에서 말한 것이 딱딱 들어맞으면서 나중에는 여러분 자신이 여기에 대한 답을 '아, 이렇구나!' 하는 걸 느끼게 됩니다.

── 예, 그렇게 될 것 같습니다. 그러면 그때는 어떻게 됩니까?

백봉 그러면 벌써 그 자리가 '완전한 나'입니다.

―― 그러면 이 몸뚱이가 나라고 하는 생각은 어떻게 됩니까?

백봉 그 자리가 '나'이니까, 평상시에 내 몸이라고 생각하던 이 여김(念)은 벌써 멀리 가버립니다. '진신眞身인 나'가 나타납니다.

―― 그런데 이 몸뚱이가 '나'라고 하는 생각에 너무 찌들려서 잘 될지 모르겠습니다.

백봉 이 세상 사람들은 그만 '색신이 나다' 이렇게 생각하는 통에 이 생각을 없애기 참으로 어렵습니다. 그렇기 때문에 안 되는 건데……

우리 공부하는 사람의 입장은 색신을 바로 색신으로 보지 않는 데 있습니다. 그렇다고 해서 색신을 부인하는 거 아니에요. 색신을 소중히 생각하지만 색신을 색신으로 보지 않아. 색신 그대로 법신으로 봐 버려. 이런 습관을 여러분들이 들여야 됩니다.

―― 예, 알겠습니다.

백봉 색신을 색신으로 보지 아니하고 법신으로 보기 때문에 색신에 치우치는 것이 아닌 거예요.

―― 그러면 색신을 법신으로 보는 이유가 무엇입니까?

백봉 법신은 빛깔도 소리도 냄새도 없거든요. 그런데 맨날 법신, 법신 하면서 여기에만 들어앉으면 이것도 병이에요. 아무튼 색신을 법신으로 봐. 색신과 법신은 둘이 아니니까. 그렇게 하면 색신과 법신이 하나로서 딱 이루어지게 되는 겁니다.

삼매정중三昧定中에서 한 생각을 나툰다

백봉 색신을 법신으로 봐. 색신과 법신은 둘이 아니니까. 이렇게 하면 색신과 법신이 하나로서 딱 이루어지게 되는 겁니다. 꼭 그렇게들 아세요. 그렇게 하면 하루 이틀 사흘 나흘 지나면 영 달라집니다. 웬만한 조그마한 병도 낫습니다. 감기 같은 것도 나을 거예요. 이것이 적멸 중에서 한 여김을 일으키는 소식이에요. 삼매라 하면 적멸寂滅한 자리입니다.

── 적멸한 자리가 무엇입니까?

백봉 경계에 치우치지 않아. 내가 경계하고 타협하지 않는 거예요.

── 예? 내가 경계하고 타협하지 않는다고요? 자세히 설명해 주십시오.

백봉 눈과 타협하지 않아. 귀와 타협하지 않아. 경계가 있으면 '아, 경계가 좋다, 나쁘다' 알아도 거기에 타협하지 않아. 또 어떤 소리를 들어도 '어떤 소리가 있다' 이걸 생각하면서도 내가 그 소리하고 타협하지 않아. 이것이 삼매입니다.

혀하고 타협하지 않는 것도 역시 그거요, 귀하고 타협하지 않는 것도 역시 그거요, 눈하고 타협하지 않는 것도 역시 그겁니다. 그러니 타협하지 않아.

—— 눈하고 타협하지 않고 귀하고 타협하지 않는 것이 삼매라고요? 타협하지 않는다는 것이 무슨 말씀입니까? 타협하지 않으면 어떻게 됩니까?

백봉 모든 걸 타협하지 않아. 귀에 들리는 거든지, 눈에 보이는 거든지, 혀로 맛을 보는 거든지 타협하지 않아. '쓰다, 달다, 좋다, 나쁘다' 알긴 아는데 타협하지 않고 그대로 나의 본래의 그 마음, 심의식心意識 전의 마음, 진심 그 자리를 딱 가지고 있으면 그러한 환경이 그대로 들고 일어납니다.

만약 '내 마음으로써 내가 뭘 보겠다' 하는 그 생각과도 타협하지 않으면서 한 생각을 일으키면 '나를 보겠다, 부처님을 보겠다' 해도 좋은데, 완전히 적멸한 자리에서 한 생각을 일으키는 것과, 그 생각의 근본 자체가 '이래야 되겠다, 저래야 되겠다' 하는 건 문제가 다릅니다.

—— 어떻게 다릅니까?

백봉 생각이 턱 가라앉은 다음에 한 생각을 일으켜. '본래의 나의 모습,

빛깔도 소리도 냄새도 없는 그 자리, 다시 말하자면 밝은 것도 아니고 어두운 것도 아닌 그 자리, 나의 본래의 그 자체, 빛깔도 소리도 냄새도 없는 그 자체를 내가 보리라.' 아무런 타협을 하지 않으면서 그 생각을 가지면 단하선사가 말하듯이 푸르스름한 광경이 확 나타나는 거예요.

나는 이 말을 '밝은 것도 아니고 어두운 것도 아니다'라고 얘기를 하는데, 역시 푸르스름한 것이 밝은 것도 아니고 어두운 것도 아닌 그 자리와 꼭 같아요. 하지만 이것은 적멸삼매정중寂滅三昧定中이라야 됩니다. 눈하고 타협하지 않고, 귀하고 타협하지 않고, 모든 육근六根하고 타협하지 않으면서 푹 가라앉은 자리에서 한 생각을 턱 일으키면, 석가여래를 뵈려면 석가여래를 뵙니다. 또 나의 모습을 보려면 이 모습이 그대로 나타나요. 산하대지를 보려면 산하대지도 나타나는 거예요. 삼매정중에서 한 생각을 일으켜.

그런데 삼매정중이란 말은 쉽지만, 눈이나 귀나 혀나 몸뚱이를 바탕으로 어떤 다른 생각을 해서는 그건 삼매정중이 아닙니다. 부처님 말씀에 '보살은 일념一念을 일으켜서, 삼매정중에서 한 생각을 일으켜서 본다면 능히 보리라' 하신 것은 삼매정중에서 한 생각을 일으키라는 것입니다. 삼매정중은 참말로 이목구비하고 타협하는 법이 아닙니다.

─ 예, 알겠습니다. 선생님.

백봉 그제 누가 왔다 갔습니다만 여기 잘 들르는 사람은 아니에요. 그가 "내가 꿈에 무엇을 주어서 먹었습니다"라고 하는데, 그런 분들은 꿈이라야 돼. 삼매정중을 이룰 줄도 모르고 이루어지지도 않거든요. 꿈에서는 봐. 사실은 꿈에서 보는 건 망상 아니에요? 그런 분들은 꿈에서는 보는데 삼매정중에서 그걸 볼 줄 모르거든요. 만약 삼매정중에서 보려면 내 생각대로 봅니다. 내 생각대로 나타납니다.

—— 어떻게 그렇게 됩니까?

백봉 한 가지 예가 있잖아요? 공부 조금 한 사람들은 '내가 빛깔을 보겠다' 하면 빛깔이 나타나지 않나요? 그것이 하나의 증거거든요. '내가 산을 보겠다, 어떤 부처님을 보겠다' 하면 돌이나 쇠로 만들어 놓은 부처님이 턱 나타나듯이. 그것이 옳든 그르든 그렇게 나타나는 거예요.

여러분이 참말로 삼매정중에 들어갈 수만 있다면 그대로 봅니다. 나중에 가서 이 마음을 그대로 굴리게 된다면 지금 어떤 사람이 아프면 아픈 얼굴도 보고, 또 건강한 그대로도 보고, 또 무슨 옷을 입었는지도 봅니다. 실에 있어서는. 그러나 삼매정중이 반영 안 되면 자기 자신도 모르는 사이에 자꾸 상상이 들어가서 상상대로 나투는 거예요.

—— 그러면 어떻게 하면 삼매정중을 이룰 수 있습니까?

백봉 좌우간 눈하고 타협하지 않고 귀하고 타협하지 않고 코하고 타협하지 않아야 돼.

—— 타협하지 않으면 어떻게 됩니까?

백봉 타협하지 않으면 타협하지 않는 그 자리는 하나 있거든요.

── 예, 타협하지 않는 그 자리는 하나 있습니다.
백봉 타협하지 않는 그 자리, 빛깔도 소리도 냄새도 없는 의젓한 하나의 슬기 자리는 있는 것이거든요. 그건 모습이 없습니다.
── 모습이 없는데 어떻게 알 수 있습니까?
백봉 슬기 자리가 우뚝스리 있는 것이 저절로 느껴지는 법이에요. 눈에 보이는 법이 아니고, 아무것도 없으니 저절로 이것이 느껴져. 느껴졌다 해서 '어떻고 어떻다'는 말도 못하는 거예요. 삼매정중에서 한 생각을 턱 일으켜서 모습놀이를 하면 그 모습이 나타난다는 겁니다.

── 다시 한 번 말씀해 주십시오.
백봉 다시 말하자면 삼매정중에는 치우칠 것이 하나도 없어요. 가만히 생각해 보세요. 내가 알고 치웠든, 모르고 치웠든 어쨌든 치우친 것인데, 그만 모든 것, 눈과 타협하지 않고 귀와 타협하지 않고 생각과 타협하지 않아. 타협하지 않고 뚜렷하게 '내'가 있다는 생각으로 조용하게 있는데 치우칠 것이 있나요?
── 예, '내'가 있다는 그 자체로 있다면 치우칠 것이 없습니다.
백봉 하나도 치우칠 것이 없어. 치우칠 것이 없기 때문에 거기서 한 생각을 일으키면 마음대로 모습놀이도 할 수 있다는 겁니다.
    사실로 우리가 모습놀이도 해야 되죠. 모습놀이를 하지 않으면 그 정밀한 자리, 빛깔도 소리도 냄새도 없는 그 자리, 그거 있으나

마나에요, 있으나 마나에요.
그 자리에서 한 생각을 일으켜서 모습놀이를 해, 가장 중요합니다. 모습놀이 하는 건 좋은데 모습놀이 자체에 동화돼서 타협하기 때문에 도깨비가 되는 겁니다. 순수한 그 자리가 타협해서 되겠습니까? 타협해서는 안 되는 것이거든요.

─ 그런데 모습에 바로 휘둘려 버립니다.
백봉 그러니 우선 삼매정중에서 한 생각을 일으키는 데는 제일 첫째 눈하고 타협하지 않고 귀하고 타협하지 않고 혀하고 타협하지 않아. 다시 말하자면 심의식, 마음하고도 타협하지 않아. 마음이니 뭣이니 그 자리에는 다 없습니다. 다 없습니다. 그러면 여러분 자신들을 환하게 볼 수가 있다 그겁니다.
그런데 우리는 이 색신에만 치우쳐서 좀체 안 됩니다. 좀체 안 됩니다. 내가 이거 뼈저리게 느끼고 있어요. 내가 이렇게 설법해도 그래도 결정하지 못하는 사람들이 있어. '어떻고 어떻다.' 말은 잘해. 딱 결정만 하면 그대로 들어가는데……
─ 선생님, 그것이 그렇게 안 됩니다. 아마 실감이 안 되어서 결정하지 못하는 것 같습니다.

백봉 우리가 불도를 이룬다는 것은 땅 짚고 헤엄치는 거나 한가집니다. 우리가 딱 결정만 하면 그만입니다. 여러분 생각해 보십시오.
우리가 이렇게 어려운 공부 안 하고 수월하게 공부하다가, 나중에 죽으면 '나쁜 데는 안 가겠지' 이런 생각을 하는데 나쁜 데는 안 가겠죠. 그러나 갈 때 혼미한데 어쩔 겁니까? 나중에 혼미한 걸 누가 책임지겠습니까? 나중에 옥황상제 이상 더 좋은 데 간다 하더라도 혼미해 버리는데 어찌할 거여? 우리가 그걸 어떻게 보장할 수 있나요?

이건 경에 있는 말씀입니다. 공부하는 사람인데 모습놀이 하는 사람이라. '나는 좋은 세계 가겠다.' 일구월심 그랬어요. 그리고 몸을 버렸어. 몸을 버리면 이 자리가 어디 의지하려고 찾아다니는데, 굉장히 높은 데 좋은 집이 있어. 참 좋아. 구름이 가고 시원한 하늘이 있고. 그리로 갔는데 까치집이여 까치집. 이렇게 까치집에 가서 까치 새끼로 태어난 일이 있었다는 얘기가 있습니다. 공부하는 사람이 까치집에 태어난다면 곤란한 일 아니겠어요?

여러분! 이 공부 이렇게 안 하고 여러분이 몸을 버릴 때 혼미하면 어떻게 할 거요? 혼미할 때 이 몸이 열 개 있으면 무슨 소용 있으며, 자식이 만 명 있으면 무슨 소용 있으며, 부처님이 수억만 명이 있으면 무슨 소용이 있느냐 말이에요. 부처님이 인도한다 해도 안 통해. 안 통하는 거예요.

그러기 때문에 '살아도 내가 사는 것이고 죽어도 내가 죽는다'는 말이 그 말 아닙니까? 그러니 여러분들이 여기서 일대 각오를 해서 인생을 확 뒤집어 놓아야 됩니다. 여기서 얘기하는 것이 옳거든 그렇게 하세요. 아니면 나중에 속을망정 그럴 필요가 없어요. 만약 옳다고 생각하면 그렇게 딱 결정해야 됩니다. 이것이 공부하는 방편입니다. 그러니 삼매정중에서 한 생각을 일으킬 줄 모르면 백이면 백, 만이면 만 전부 혼미해 버립니다.

―― 그런데 삼매정중에서 한 생각을 일으킨다는 것이 어딘가 모순이 있는 말씀이 아닙니까?

백봉 이걸 어디서 증명하겠는가? 딱 한 가지 있습니다. 꿈속에서 압니다. 꿈속에서 내 꿈을 볼 줄 압니다. 그런데 꿈속에서 꿈을 보는 줄 알아버리면 꿈은 꿈이 아니야. 단단히 들어요. '꿈이구나.' 이걸 알아.

―― 어떻게 알 수 있습니까?

백봉 꿈도 식識의 장난이거든. 꿈속에서 꿈을 꿔도 이것이 진심에서 오는 것이거든요. 순전히 진심 장난입니다.

―― 그러면 진심의 장난과 마음과는 거리가 얼마나 많이 떨어져 있습니까?

백봉 역시 마음이 있기 때문에 식識이 일어나. 물이 있기 때문에 거품이 일어나는 거예요. 그렇지만 그 물은 천 리나 만 리나 떨어져 있어요. 우리가 꿈을 꿔 보면 그래요. 만일 우리가 본래의 그 진심 자리에서 한 여김(念)을 일으켰다 하면, 꿈을 꿔도 '아, 내가 꿈을 꾼다', 내가 꿈을 꾼다는 것을 환히 알 거 아니겠어요?

―― 예, 알 수 있겠습니다.

백봉 아침에 일어나서 내가 엊저녁에 꿈을 꾸었는데 꿈꾸는 줄 몰랐으면 '아이고 내가 이만큼 공부가 덜 됐구나!' 하는 걸 우리가 느껴야 됩니다. 남한테 말할 건 아니지만 이걸 딱 느끼면 공부해 나가는데 더 잘할 거 아니겠어요?

―― 예, 그렇겠습니다.

백봉   그러니 이거 참 중요한 얘기입니다. 여러분 일상생활을 할 때 절대로 모습놀이 하지 마세요. 부처님 말씀입니다. 한 번 모습놀이 하면 십 겁인가, 백 겁인가, 공 닦아놓은 것 전부 무너집니다. 경에 그렇게 말씀했습니다. 부처님이 거짓말을 하신 건지는 모르겠습니다. 그건 여러분들이 판단하세요.

       그러기 때문에 '이승 도리와는 교제하지 마라' 하는 말이 그 말입니다. 이것도 부처님 말씀입니다. 내가 생각을 쭉 가지고 나가다가 한 번 실수하면 몇 겁 공덕이 그대로 와해되어 버립니다.

       사실 우리가 이런 줄 알면 인정은 하겠지만, 마음과 마음이 서로 통하지 않으면 이 말이 통해지지 않습니다. 마음과 마음이 통하지 않는다는 것은 실감이 안 난다는 말 아니겠어요?

—— 예, 그렇습니다.

백봉   그렇지만 상대편이 모르는데 야단해 봤자 소용없어요. 우리는 집에서 살림하면서, 아이들 키우면서, 장사하면서 대도를 성취할 수 있습니다. 그런데 이건 재미가 좀 없을지도 모르죠.

—— 왜 재미가 없습니까?

백봉   이승 도리로 믿으면 간단하기도 하고 심심하지 않겠는데, 삼매를 익히려면 좀 심심해. 처음에는 좀 심심합니다. 공부하는 데 재미가 없어서 자꾸 떨어져 나가는 것이거든. 여기서 자꾸 물러섭니다.

—— 물러서면 어떻게 됩니까?

백봉   아이고, 죽을 때 절대 혼미해 버립니다. 물론 죽는 것이 죽는 거 아니라는 것도 여러분이 알아. 그러기 때문에 나는 것이 나는 거 아니거든요. 여러분들, 지금 몸뚱이 났다고 생각하지만 난 거 아니에요. 몸뚱이는 나타났어.

— 예, 몸뚱이는 난 것이 아니라 나타났습니다.

백봉 여러분의 법신 자리가 나긴 뭘 어떻게 난단 말이에요? 무엇이 있어야 났다 죽었다 하죠. 빛깔도 소리도 냄새도 없는데 무엇을 어떻게 났다 하겠어요? 또 설혹 여러분의 몸뚱이가 죽었다고 가정하더라도 죽을 것이 뭣이 있어서 죽겠어요? 다만 헛것인 이것이 나타났다 없어졌다 할 뿐이에요.

그러니 이런 도리를 여러분이 알고 '옳지, 색신 이건 허망한 것이다!' 딱 알아요. 또 허망한 것이 사실이니 몸뚱이가 늙는 거 아니에요? 진짜라면 왜 늙어요? 늙지 않거든요. '허망한 거다!' 이렇게 알고 색신을 색신으로 보지 않으면서 대치법代治法으로 이걸 법신으로 봐 버려. 권도죠, 수단 방편으로.

우리가 공부하는 데는 수단과 방편이 좋아야 됩니다.

이걸 색신으로 보지 말고 그만 법신으로 봐 버려! 손이 이렇게 있어도 '허공성이다!' 이런 식입니다. 그러니까 손을 손으로 보지 않아. 그러나 거짓이라도 손은 손이거든요. 이걸 허공성으로 봐. 다시 말하자면 '이거 빛깔도 소리도 냄새도 없는 거다', 이런 식으로 법신에도 치우치지 말고 색신에도 치우치지 말고 가지런하게 보는 연습을 하세요. 우선 집에 돌아가서 아들이나 딸을 그렇게 보면 하루가 다르고 이틀이 다르고 자꾸 달라집니다. 여러분, 여기서 대도를 이룹니다. 이것이 대도를 이루는 그겁니다.

여러분들 공부하다가 십 분이나 한 시간쯤 모습놀이 해 보세요. 그러면 지금까지 한 거 전부 와해돼 버립니다. 이거 부처님 말씀입니다. 그러면 이렇게 원통한 일이 없는 것이거든요. 그러니까 될 수 있는 대로 "삼매정중에서 한 여김을 일으켜라", 이거 부처님 말씀이라.

── 삼매정중이라는 것이 어렵지 않습니까?

백봉 삼매정중이라는 걸 어렵게 생각하지 마세요. '나는 마음을 고요적적하게 하겠다.' 이런 생각도 하지 마세요. 이 생각을 하면 벌써 '하겠다' 하는 그 생각이 하나의 번뇌거든요. 그러니까 안 되는 거예요.

그만 고요적적하게 할 것도 없어. 안 할 것도 없어. 그만 그대로 눈·귀·코·혀와 타협을 안 하는 방편으로 들어가. 눈에 비쳐도 그만 보기만 할 뿐이지 거기 들어앉지를 않아. 귀에 들려도 들은 그대로 알 뿐이지, 감정을 일으키거나 좋다 나쁘다 할 필요가 없어. 또 맛보는 것도 그래.

그리해서 그대로 가라앉은 나의 마음이 뚜렷하게 나타나면 그때가 삼매정중입니다. 그러면 이걸 실험해야 됩니다. 실험 안 하면 말한 것이 전부 헛말이 되어 버립니다. 그때 가서 비로소 '나'를 완전히 알게 됩니다. 꼭 그리 하세요.

── 고맙습니다, 선생님.

성태聖胎를 기른다

백봉 아난이 부처님을 만나서 슬피 울었어요. 설법을 아는 것으로는 아난이 가장 잘 알아. 머리가 얼마나 좋았던지 한 번 들은 것은 머리털만큼도 틀리지 않아요. 그러나 아난은 수행을 못 가졌어요. 아난존자는 아는 것만이 모든 거라고 생각했습니다. '아는 것이 불법이다.' 불견佛見을 딱 세웠거든요. '법은 이렇고 이렇다.' 아는 그대로 '이렇고 이러하니 이렇다.' 법견法見을 딱 세웠거든요.

처음에 밥을 얻으러 갈 때는 '내 마음이 평등하면 밥도 평등하다. 밥이 평등하면 법도 평등하다. 그러기 때문에 일체 제불보살과 중생이 전부 평등한 자리다. 그러니 밥을 얻는 데도 내가 평등하게 얻어야 되지 않겠느냐?' 그래서 천한 집이든지 귀한 집이든지 간에 차례차례 빌러 들어가다가, 마침 마등가집 문 앞에 턱 서게 됐단 말이죠. 마등가한테 꼼짝달싹 못하고 홀려 들어갔어요.

아난이 울었어요. 이거 아난의 울음뿐입니까? 여러분은 울지 않을 건가요? 그만 '이 몸뚱이가 전부다' 하면 울 필요가 없었는데, 법문을 많이 들었고 불법을 환하게 잘 알아. 불법지견을 딱 세웠어. 그런데 실제로 어떤 일을 딱 당하고 보니 그만 안 돼. 그러기 때문에 우리가 성태聖胎를 키워야 되는데, 성태란 거룩한 태라는 말입니다.

── 성태를 기른다는 말씀이 무슨 말입니까?

백봉 여러분들이 '삼천대천세계가 실다운 것이 아니다. 전부 하나의 그림자요 빛깔에 지나지 못한 거다. 그리고 우리의 몸도 물론 그렇다. 빛깔인 그림자는 절대성 자리가 나투는 상대성의 놀음놀이다.' 이런 생각을 잊어버리지 않는 것이 성태를 기르는 겁니다.

── 그러면 성태를 기르기 위해서 특별히 무엇을 해야 합니까?

백봉 성태는 밥을 먹으면서도 기를 수가 있고, 논에 가서 논일을 하면서도 기를 수가 있고, 장사를 하면서도 기를 수가 있습니다.

── 예? 그 말씀은 일상생활하면서도 성태를 기를 수 있다는 말인가요?

백봉 '우리의 몸은 무정물이고 자체성이 없다'는 걸 여러분은 이미 잘 알거든요. 자체성이 없기 때문에 자꾸 변해. 변한다는 말은 늙는다는 말을 뜻하는 것인데, 늙는다는 말은 결국 죽는다는 말을 뜻하는 것이니, 그건 전부 변하는 것이거든요. 자체성이 없으니 변하는 것이에요. 자체성이 있다면 변할래야 변할 수가 없고, 또한 변할 것이 없어.

—— 선생님, 다시 한 번 말씀해 주십시오.

백봉 몸뚱이를 끌고 다니는 법신 자리는 자체自體거든요. 이거는 빛깔도 소리도 냄새도 없어. 변할래야 변할 것이 없어. 그러니까 이건 영원하다는 결론이 나는 거라. 불에 들어가도 타지 않고 물에 들어가도 젖지 않아. 여러분들이 그러한 보배를 가지고 있다는 것은 춤출 일입니다. 이때 춤을 추는 거예요.

여러분들이 그러한 보배를 가지고 있기 때문에 오늘 이런 법회도 이루어지게 된 것이거든요. 그래서 무슨 일을 하든지 '내 자체성이 굴린다', 우리가 자체성을 법신이라고 이름 지읍시다. 법성신法性身, 법의 성품의 몸, 그만 '자체성 있는 것' 하면 말하기가 거북하다 말이죠.

—— 그러면 법신이라고 하는 것은 자체성을 가리키는 이름이군요.

백봉 색상신色相身, 자체성이 없는 몸뚱이, 제멋대로 변하는 몸뚱이, 몸뚱이로 하여금 글을 쓰게 하는 것은 법신이 시키는 거예요. 무정물인 손을 시켜서 법신이 글을 쓰는 거예요.

—— '빛깔도 소리도 냄새도 없는 법신이 변하는 무정물인 손으로 글을 쓴다.' 이 말씀이네요.

백봉 그러니까 색상신은 아무 죄가 없어. 빛깔도 소리도 냄새도 없는 법신이 글을 쓰려면 손으로 글을 써. 보통은 손 자체가 글을 쓴다고 하겠지만.

—— 예, 보통사람들은 그렇게 알고 있습니다.

백봉　실은 손은 자체성이 없기 때문에 법신이 시키는 대로 붓을 잡아서 글을 쓰는 겁니다. 밥을 먹는 것도 역시 그래. 자체성 없는 몸뚱이는 밥 먹는 줄도 몰라. 시고 단 줄도 몰라. 그러나 법신은 알거든. 장사를 하는 데도 법신이 무정물인 색신을 시켜서 장사를 하는 거예요. 논을 가는 데도 빛깔도 소리도 냄새도 없는 법신이 색신을 시켜서 소로 하여금 논을 가는 것이거든요.

── 그러면 시장에서 장사하는 것이, 직장에서 일하는 것이, 가정에서 아이 키우고 밥하고 청소하고 빨래하는 것이, 학교에서 공부하는 것이, 군대에서 나라를 지키는 것이, 자동차나 비행기를 운전하는 것이 모두 다 성태를 기르는 것이군요.

백봉　'몸뚱이는 무정물이다. 자체성이 없는 색신이다. 그러나 이거를 끌고 다니는 것은 빛깔도 소리도 냄새도 없는 법신 자리다.' 이런 생각을 놓치지 않는 것이 성태입니다. 그러기 때문에 이전 성현들도 이거를 턱 알면 십 년도 좋고 이십 년도 좋고 죽을 때까지 이걸 길렀습니다. 한문으로 성태聖胎, 태는 우리나라 말이 없어요. 우리나라 말도 그냥 태라고 합니다. 거룩한 태라.

지금 말한 그대로 아는 것이에요. 여러분들 단단히 아세요. 오늘부터 그대로 실행해 나가야 합니다.

── 예, 선생님 명심하겠습니다.

백봉　비록 하루 한 번이나 두 번밖에 생각하지 못하더라도, 한 번 생각하기 시작하면 나중에 쭉 생각하게 되는 거예요. '빛깔도 소리도 냄새도 없는 나'는 내가 아닌 나다!

—— 어째서 내가 아닌 나입니까?

백봉 내라 해본들 걸어잡을 것이 없어. 그런데 색신 손을 빌려서 이렇게 하고 저렇게 해. 색신 다리를 빌려서 여기도 가는 듯하고 저기도 가는 듯해. 원래 빛깔도 소리도 냄새도 없는 법신 자리는 가는 것도 없고 오는 것도 없어요.

—— 법신 자리는 왜 가는 것도 없고 오는 것도 없습니까?

백봉 무엇이 있어야 간다 온다 말하겠죠. 그렇지 않아요? 허공이 어떻게 간다 온다 말할 수 있겠어요? 아무것도 없는데.

—— 예, 간다 온다 할 수 없습니다.

백봉 그와 마찬가지로 '법신이 색신의 손을 빌려서 글을 쓴다. 법신이 색신의 다리를 빌려서 걸어 다니기도 한다.' 이런 식으로 밥을 먹어도 그렇고, 잠을 자도 그런 거예요. 일을 해도 그런 거예요.

—— 그러면 나중에 어떻게 됩니까?

백봉 여러분들이 이런 식으로 생각을 놓치지 않고 늘 그렇게 하면, 그만 지혜가 드러나서 나중에 광명을 놓습니다. 이것이 바로 성태입니다.

아난존자는 어떻게 됐느냐? 이런 법은 다 알아. 이렇고 이렇고 이렇다. 그런데 성태 자리, 거룩한 태의 자리를 기르지 못했어. 그만 말은 잘 아는데 자기 뼈가 되고 살이 되지는 못했거든요. 하기 때문에 마등가한테 그만 쏠리게 돼버린 거예요.

—— 만약 성태를 길렀다면 어떻게 되었을까요?

백봉 만약 성태를 완전히 길렀다면 그 속에 들어앉아도 상관없고, 나와도 상관이 없어. 그건 전부 모습놀이거든요, 모습놀이라. 모습놀이 속에 들어앉아도 상관없고, 모습놀이 속에 들어앉지 않아도 상관없단 말이죠. 법은 아는데 성태를 기르지 못했기 때문에 마등가한테 휘둘리게 되는 것이거든요.

보통사람들은 눈으로 보면 '좋다, 나쁘다' 해서 좋으면 '히' 웃고 나쁘면 성을 내거든요. 좋은 것도 보고 나쁜 것도 보지만 눈과 타협을 안 하니 좋아도 그만이요, 나빠도 그만이라.

이러한 마음 가짐새가 성태인데, 이러한 마음 가짐새를 밥 한 숟가락 뜨는 사이에만 가져도 "허공중에 칠보탑을 세우는 것보다 공이 더 많다"고 부처님께서 말씀하셨어요.

—— 눈과 타협하지 않는다는 말씀이 무슨 말입니까? 좋아도 그만이고 나빠도 그만이면 나무나 돌멩이하고 똑같지 않습니까?

백봉 이걸 가지는데 말하지 말라는 것도 아니고, 눈으로 보지 말라는 것도 아니에요. 귀로 듣지 말라는 것도 아니에요. 눈으로 보고 흥정하더라도 흥정하는 줄 알면, 장사하더라도 타협하는 것이 아니에요. 이것이 어렵습니다.

—— 예, 정말 어렵겠습니다. 눈으로 보면 '좋다, 나쁘다'에 금방 들어앉고, 흥정하기 시작하면 흥정하는 데 쏙 빠지기 때문입니다.

백봉 여러분들 중에서 만약 시장에 다니시는 분들이 계신다면 오늘부터 이걸 일부러 시험해 보세요. 손님하고 흥정해. 나는 더 받아야 되겠고 손님은 깎으려 하고, 주고받고 얘기를 하는데 '빛깔도 소리도 냄새도 없는 이 자리가 입을 시켜서 말하는구나.'
지금 말로 하니까 시간이 굉장히 많이 흐르는 것 같지만 생각을 그렇게 가지면서 '이 물건 좋소. 사세요.' 이렇게 하더라도 그 말마디에 내가 들어앉질 않아. 이것이 좀 어려워요.

── 잘 되지는 않겠지만 해보겠습니다.

백봉 이것을 여러분들이 한 달만 훈련하면 됩니다.

── 정말 그렇게 될까요?

백봉 지금 내가 말하는 줄 내가 알고 있거든요. 고민이 없어. 고통이 없어. 처음엔 조금 고통이 생기지만 나중에 고민이 없어. '그만 그런가 보다' 알고 있으니까. 처음엔 '빛깔도 소리도 냄새도 없는 내가 색신을 통해서 장사를 한다. 이렇게 입으로 외우듯이 해야 되겠다'라고 생각할지 모르겠습니다만, 습성이 딱 되면 그만 그대로 말하더라도 그 말에 주저앉질 않아. 처음에 훈련이 잘 안 되면 어쩌다가 말을 실수하는 수가 있긴 있습니다. '좋다'고 말할 것을 '나쁘다' 이럴 수도 있어요. 그러나 공부하는 과정에서는 어쩔 도리가 없습니다.
그러니까 여러분 성태를 기르는 방향으로 나가야 됩니다. 이거 잊어버리지 마세요. 우리가 살 길은 이 길뿐입니다. 솔직한 말로 죽어도 내가 죽고 살아도 내가 사는데 누굴 믿겠습니까? 내 자신밖에 믿을 데가 없어요. 그러기 때문에 죽음 앞에서는 자식이 수천 명 있어도 부처님이 만 명 있어도 소용없다는 것입니다.

―― 예, 그렇습니다.

백봉 　우리는 죽을 권리와 날 권리를 가지고 있습니다.
―― 예? 우리가 죽을 권리와 날 권리를 가지고 있다고요?
백봉 　모두 이걸 몰라서 그렇습니다. 부처님은 자기 권리 자기가 행사합니다. 어디에 '몸을 나투고 싶다' 하면 몸을 턱 나툽니다. 보살들도 다 그렇습니다. 또 몸을 없애려면 싹 없애버립니다. 중생들은 제일 소중한 권리를 망각하고 있습니다. 잊어버리고 있습니다.
―― 제일 소중한 권리는 무엇입니까?
백봉 　이런 헛거를 나투어서 써. 자체성이 없는 몸뚱이를 세상에 나투는 권리가 있습니다. 이건 자기가 하는 겁니다.

―― 예? 자기가 자체성 없는 몸뚱이를 나툰다고요?
백봉 　답답해서 어떤 사람은 인연에 따라서 난다고 하지 않습니까? 물론 인연의 굴림새로서 인연의 힘을 빌리기야 빌리지만, 인연 자체가 빛깔도 소리도 냄새도 없는 자리거든요. 그러니까 결국 내가 나는 권리를 행사해야 됩니다. 우리 중생들은 전부 나는 권리를 자기가 써도 몰라요.
　또 죽는 권리도 자기가 쓰면서도 몰라요. 모르기 때문에 안 죽으려고 바둥거리죠. 오래 살 수만 있다면 바둥거려도 좋지만, 그런 것도 아니거든요. 우리가 나는 권리와 죽는 권리를 잘 쓸 수 있다면 다른 것쯤은 문제없는 거 아니겠어요?
―― 예, 그럴 것 같습니다.

백봉 　어떻든지 여러분들 이 자리에서 거룩한 태를 기르도록 하십시오. 여러분들은 벌써 태가 되어 있습니다.

── 예? 벌써 태가 되어 있다고요? 어떻게 태가 되어 있습니까?

백봉 　여러분들 생각해 보세요. '산하대지든 무엇이든 실다운 거 아니다.' 과학적으로 여러분들이 인정하고 있거든요. '내 몸뚱이 실다운 거 아니다. 변하는 거다.' 의학적으로 여러분들이 인정하고 있단 말이죠.

── 예, 인정하고 있습니다.

백봉 　알고 있는 그 자리가 바로 태입니다. 알고 있는 태 자리를 잘 키워야 됩니다. 키우는 거 힘 안 듭니다. '나는 공부하는 학인이다.' 이런 생각을 턱 가지면 저절로 되는 겁니다. 그러면 하루 다르고 이틀 다르고 사흘 다르고 자꾸 달라집니다. 그래서 나중에 태가 완전히 갖추어진다면 그때는 겁날 것이 없습니다.

── 선생님 말씀이 이해는 됩니다만……

백봉 　좋다 해도 하나의 환상놀이, 나쁘다 해도 하나의 환상놀이. 무엇이 겁날 거 있습니까? 지금 당장 죽는다 해도 내가 쓰는 권리 행사라. 내가 쓰는 권리 행사에 무엇이 두렵고 슬플 것이 있습니까?

── 예, 그럴 거 같습니다.

백봉 　어쨌든 성태를 기르는 방향으로 나가야 합니다. 아난존자가 성태를 기르지 못했기 때문에, 속으로도 울고 겉으로도 울고 있습니다. 실은 아난존자가 우리를 대표해서 우는지도 모릅니다. 아난존자의 마음은 개인의 마음이 아니거든요. 평등선상에서 의젓하게 나투어 있거든요.

'마음이 평등하면 밥이 평등하고, 밥이 평등하면 법이 평등하다. 일체 중생으로 더불어서 전부 평등하다.' 이것이 마음에 탁 박혀 있거든요. 그러기 때문에 이런 분의 울음은 나라는 것이 없거든요. 이 울음은 우리가 뭐라고 얘기할 수 없는 그런 울음 자리입니다. 그러니 이름 짓기를 '중생을 대신해서 우는 거다' 해도 아무런 모순이 없는 겁니다. 속으로도 울고 겉으로도 울어. 아니 울고 어찌 할 겁니까? 가만히 생각해 보세요. 이제 발심發心이 나오기 시작하는 거죠.

슬피 우는 아난존자여! 슬피 우는 여김(念)은, 기어이 망상을 여의고 진심眞心으로 돌아가는 묘법妙法이니 울고 또 우시이다.

많이 들은 아난존자여! 많이 들은 슬기는 반드시 정정正定을 얻고 도력道力을 온전히 하는 비방秘方이니 듣고 또 들으시이다.

듣고 울고, 울고 듣는 데서 삼계의 화택火宅은 녹아나느니, 아니 울고 어이 하며, 아니 듣고 어이 하랴.

삼매정중三昧定中에서 한 여김을 일으켜 흰 학의 등에 높이 앉아 허공을 주름잡을 때까지, 중생의 울음을 도맡아 듣고 중생의 울음을 도맡아 울어나 봅시다 그려!

많이 들은 아난존자여! 참말로 많이 들었거든요. 다문제일多聞第一이거든요. 많이 들은 슬기는 반드시 정정正定을 (바른 가라앉음을 겸비해야만 합니다) 얻어서 마음이 탁 가라앉아야 도력을 얻습니다. 마음이 가라앉지 않으면 도력을 얻지 못합니다.

망심妄心 없이 정도正道를 써야 됩니다. 망심으로 정도를 쓰면 사도邪道가 돼버려. 그와 마찬가지로 정정正定도 망심이 없어야 돼. 정定자는 우리말로 번역하기 참 어렵습니다. 나는 정자를 '가라앉는다'라고 했습니다. '바르게 가라앉는 것', 샷된 마음이 아니고 바른 마음, 빛깔도 소리도 냄새도 없는 마음, 그 마음이 차분하게 가라앉아. 가라앉을래도 가라앉을 것이 없어요. 그 마음에 번뇌망상을 일으키지 않아. '이렇다 저렇다' 하는 마음을 일으키지 않는 것이 정정입니다.

'가라앉는다'는 말이 붙어도 가라앉을 것이 없습니다. 할 수 없이 '가라앉는다'라고 말을 하고 있습니다만, 그 말이 맞지 않거든요.

── 왜 '가라앉는다'는 말이 맞지 않습니까?

백봉 근사하기는 하지만 가라앉을래야 가라앉을 것이 있나요? 내 마음이 분별을 일으키지 않아. 분별을 일으키면 '가지고 싶다, 버리고 싶다'는 번뇌가 생겨. 분별을 일으키지 않는 마음이 성태며 정정입니다.

── 도력을 기르려면 정정이 안 되면 되지 않는다는 말씀이네요?

백봉 우리가 도력을 기르려면 정정이 없어서는 절대로 안 됩니다. 마음이 가라앉음으로써, 삼매정중에 들어서 한 생각을 턱 일으켜, 마음대로 도력이 되는 겁니다. 그러기 때문에 부처님께서는 아난존자가 마등가 집에 갔을 때 벌써 아셨거든. 부처님은 항상 정정이라. 아난존자가 그 자리에 안 왔으니까 그 제자를 생각하는 마음이 있어. '지금 어디에 있는고?' 하고 한 마음을 일으켰단 말이죠. 정정에서 한 마음을 일으켜보니 아난존자가 마등가 집에서 야단을 만났거든요. 이걸 보고 본처本處로 급히 돌아오신 거 아니겠습니까? 그러니 성태를 기른다는 것은 정정이 되자는 것입니다.

── 그러면 정정이 되는 방법은 무엇인지, 다시 한번 말씀해 주십시오.

백봉 눈하고 타협하지 않아. 귀하고 타협하지 않아. 입과 혀하고 타협하지 않아. 눈으로 보긴 보지만 그대로 볼 뿐이여. 귀로 듣긴 듣지만 그대로 들을 뿐이여. 시시비비를 따지지 않아. '잘 한다, 못 한다, 좋다, 나쁘다.' 따지질 않아. 이것이 바로 성태를 기르는 것이고, 다른 이름으로 말하자면 정정, 바른 가라앉음을 뜻하는 겁니다.

그러기 때문에 부처님께서도 이 문제에 있어서, "너희가 밥 한 술 뜨는 사이라도 정정이 돼. 성태가 돼. 이러하면 허공중에 칠보탑을 쌓는 그 공보다 훨씬 많느니라" 하고 말씀하신 것이 그겁니다.

── 어째서 그렇게 됩니까?

백봉 본래의 우리의 소식은, 본래의 진짜 나는, 빛깔도 소리도 냄새도 없는 자리거든요. 바로 그 자리가 정정이거든요. 바로 그 자리가 성태거든요.

우리 중생들의 그 자리도 부처님과 똑같은 자리이지만, 우리는 숱한 번뇌 망상의 구름을 막 일으키고 있어요. '이건 좋다, 저건 나쁘다. 이렇게 해야 되겠다, 저렇게 해야 되겠다.' 불교에 조금 지식이 있는 사람들은 이렇게 해야 된다는 불견佛見을 일으켜. 저렇게 해야 된다는 법견法見을 일으켜. 허공은 하나이고 부처님과 같은 허공인데 그만 거기에 시커먼 구름이 꽉 끼어서 허공이 안 돼. 이와 마찬가집니다.

―― 그러면 어찌해야 되겠습니까?

백봉 본래 여러분들은 정정正定 자리입니다. 바로 거룩한 태의 자리라. 본래부터 원래 해말쑥한 그 자리에요. 여러분들이 원래 해말쑥한 그 자리기 때문에 자체성이 없는 몸뚱이를 끌고 다니는 것이거든요. 눈이라는 기관을 통해서 보기도 하고, 귀라는 기관을 통해서 듣기도 하고, 혀라는 기관을 통해서 말도 하게 되는 것이거든요. 그러니 눈 자체가 보는 것이 아니라는 걸 여러분들이 잘 알아. 눈이 거울의 역할밖에 안 하거든.

―― 예, 이제는 알 수 있습니다.

백봉 귀 자체가 듣는 것이 아니라는 걸 여러분들이 잘 알아. 리시버 역할밖에 안 하거든요. 거울이나 리시버 그 자체는 뭘 모릅니다.

―― 예, 그것도 이제는 이해됩니다.

백봉 그와 마찬가지거든. 혀는 마이크 역할만 하는 것이라 자체성이 없는 것이거든. 이런 도리를 알아서 '그렇구나! 모든 것이 한 여김을 일으켜서, 먹구름을 일으켜서 맑은 하늘을 덮는 것이나 한가지구나.' 이렇게 턱 알아 버리면 먹구름이 그만 없어져 버립니다. 어느 사이에 없어졌는지 몰라요. '번뇌 망상들을 없애야 되겠다.' 이런 생각을 할 필요가 없어요.

―― 만약 내가 '번뇌 망상을 없애야 되겠다'고 하면 어떻게 됩니까?

백봉 '번뇌 망상을 없애버리겠다.' 이런 생각을 가지면 '번뇌 망상을 없애겠다'는 마음도 번뇌예요. 그러니까 번뇌 하나를 더 짊어지는 거나 한가지예요.

―― 그러면 공부를 지어갈 때 망상이 오면 어떻게 해야 됩니까?

백봉   망상이 오거든 망상 그대로 내버려 두어요. '너 왔나?' 이 정도로 해서 관심을 더 가지지 말아요. 번뇌가 일어나도 다른 생각을 더 가질 필요가 없어요. '너는 너다.' 이렇게 하면 차차차차 번뇌 망상의 당처가 빈 줄 알 뿐만 아니라, 자기 자신도 모르는 사이에 나의 성품자리가 환하게 그대로 드러납니다. 이것이 정정입니다. 그러니 정정이 돼야 도력이 발동하는 겁니다.

―― 그러면 여기서 말하는 도력은 무엇을 뜻하는 것입니까?.

백봉   도의 힘이 도력道力인데 이거는 제이第二의 소식입니다.

―― 그러면 제일의 소식은 무엇입니까?

백봉   정정이 제일第一의 소식입니다. 내 마음이 가라앉아. 눈하고 타협 안 해. 귀하고 타협 안 해. 혀하고 타협 안 해. 그러면 내 마음이 그만 허공과 같이 환하단 말이죠. 그러한 가운데서 한 생각을 일으켜서, 한 여김을 일으켜서 '이런 일을 해 보겠다, 저런 일을 해 보겠다' 하는 거예요.

―― 왜 이런 일 저런 일을 해보겠다는 한 생각을 내는 것입니까?

백봉   색신은 나의 그림자거든. 하기 때문에 색신을 살려야 되거든. '회사에 나가겠다. 장사를 하러 나가겠다'는 생각을 해. 이렇게 한 생각을 턱 일으키면, 그만 그대로 아무 실수 없이 일이 되는 거예요. 여기서 말하는 도력은 벌써 문제가 좀 다르죠.

―― 어떻게 다릅니까?

백봉   법을 굴릴 수 있어. 우리는 악한 거를 굴려서 착한 거를 만들 줄 알아야 됩니다. 이것이 좀 어렵습니다. 처음에는 말부터 배워서 이런 말을 늘 하면 나중에 그만 자기 자신도 모르는 사이에 알아 버립니다.

'악한 일을 굴려서 착한 일을 만들 줄 알아. 착한 것을 굴려서 악한 것을 만들 줄 알아.' 여러분 생각해 보세요. 착하다 악하다 구별하지만 성품은 하나죠? 물론 그 결과는 달라요. 그렇죠? 그 성품은 하나 아니에요?

─ 예, 성품은 하나입니다.

백봉   그러니 우선 이것부터 알아야 됩니다. 착한 성품이 따로 있고 악한 성품이 따로 있는 것이 아니에요. 마음은 하난데 내가 공연히 마음을 일으켜서 악하게 마음먹고, 착하게 마음먹고 할 뿐이에요. 그러나 성품은 하나거든요.

─ 그러면 악한 걸 굴려서 착한 걸 만들어서 어디에 씁니까?

백봉   중생을 제도하는 겁니다.

─ 그러면 착한 걸 굴려서 악한 걸 만들어서 어디에 씁니까?

백봉   성현들을 제도하는 겁니다. 이것은 좀 어렵죠.

─ 이미 성현인데 어째서 성현을 제도할 필요가 있습니까?

백봉   성현들은 착한 데만 들어앉아 있거든. 불법이 이렇기 때문에 어렵다 하는 거예요.

─ 그런데 그 말씀을 잘 이해하지 못하겠습니다.

백봉   한쪽에 치우쳤다 말이여. 착하다 하면 악하다가 있어서 절대성이 아니고 상대성이거든. 부처님은 상대성이 없어. 상대성을 벗어나 위에 쑥 올라가 있어. 그러기 때문에 악한 걸 쓰려면 악하기도 해. 착한 걸 쓰려면 착하기도 해. 마음대로 해. 그러나 성현들은 착한 데 딱 들어앉아 있어. 거기서 징역살이하고 있어. 이것 참 우습죠? 가만히 생각해 보세요.

── 예, 말마디로는 이해되나 그 의미가 너무 깊은 것 같습니다.

백봉   이것 참 의미가 있습니다. 그러니 착한 걸 굴려서 악한 걸 만드는 것은 성현들을 구하는 거예요. 이 성현들을 여러분들이 구하지 않고 누가 구할 거예요?

── 그래도 우리보다 훨씬 위대하신 성현들은 좀……

백봉   이거 말이 너무 엉뚱해 놔서 곧이들을 수 있는지 없는지 잘 모르겠습니다만, 여러분들이 자꾸 따지고 자세히 따져 보면 '그렇구나! 우리의 법신 자리, 빛깔도 소리도 냄새도 없는 이 자리가 바로 누리의 주인공이로구나! 여기는 성현이니 중생이니, 악이니 선이니, 아무것도 들러붙지 않는 자리구나!' 이걸 알게 됩니다. 착한 걸 굴려서 악을 만들어서 성현을 제도하고, 악을 굴려서 선한 걸 만들면 중생들을 제도하는 겁니다. 다른 거 아닙니다. 이것이 도력입니다.

── 그렇지만 그러한 도력은 아무나 쓸 수 있는 것이 아니지 않습니까?

백봉   이러한 도력을 여러분들이 앞으로 쓰려고 하면 노소가 상관없고, 남녀 분별이 없고, 인종의 분별이 없습니다. 이 자리는 빛깔도 소리도 냄새도 없는 자린데, 여기 무슨 남자가 있고 여자가 있고 늙은 것과 젊은 것이 있겠어요?

── 선생님 말씀은 이해됩니다만 정말 그럴 수 있을까요?

백봉 이 자리에 앉아야 비로소 도력을 쓸 수가 있는 거예요. 그래서 악한 걸 굴려서 착한 걸 만들어. 착한 걸로는 중생을 제도해. 그러니까 이 말은 착하다 악하다는 것이 하나라는 거 아니에요?

── 예, 착함과 악함이 하나라는 말씀입니다.

백봉 능히 착한 걸 굴려서 악한 걸 만들어서 성현을 제도하고, 악한 걸 굴려서 착한 걸 만들어서 중생을 제도하고 하니까, 여러분들 이거 엉뚱하게 생각하지 마소.

나는 착하다, 선행을 많이 했다고 자랑하는 성현들, 이 사람들 제도해야 됩니다. 이 사람들을 누가 제도하겠느냐? 여러분이 하는 거예요. 마음 공부하는 사람이 하는 거예요. 이 공부할 줄 모르면 제도 안 됩니다. 우리가 성현이라고 떠받드는 분들을 우리가 어떻게 제도할 겁니까?

이거 모르는 사람들은 이런 말 들으면 웃습니다. 날보고 미쳤다고 할 겁니다. "아니 성현들을 제도해?" 이렇게 할 겁니다. 왜 그러느냐? 저 사람들은 '좋다' 하는 데에, '착하다' 하는 데에 딱 들어앉아 있거든요. 우리는 들어앉아 있지 않아. 나는 들어앉아 있지 않습니다.

그러나 만약 선에 들어앉으려면 들어앉을 수도 있어. 선을 버리려면 버릴 수도 있어. 악한 데 들어앉으려면 악한 데 들어앉을 수도 있어. 악을 버리려면 버릴 수도 있어. 나는 그렇습니다. 벌써 그렇게 마음 가진 지가 오랩니다. 우리는 절대성 자리에 있기 때문이에요.

선이다 악이다, 이거 상대성이거든. 상대성에 앉았어. 그러니 선이다 하면 성현들이고, 악이다 하면 보통사람들이라. 성현을 존경하고 중생은 싫어해. 나는 선악에 관심을 안 가져. 성현이라 해도 나는 관심을 안 가져. 가질 필요가 없어. 그러나 쓸 필요가 있으면 방편으로 써. 이것이 도력입니다.

── 우리가 이렇게 하려면 어떻게 해야 됩니까?

백봉 정정이 되지 않으면, 내 마음이 해말쑥하게 가라앉지 않으면 도저히 이 도력을 이루지 못하는 겁니다. 그렇겠지요? 어떻습니까?

── 예, 그럴 것 같습니다.

백봉 사실이 그렇습니다. 우리가 선도 쓸 줄 알고 악도 쓸 줄 알아야 돼요. 물론 보통 자리에 가서 이런 말 하면 까딱 잘못하면 사람 버려버려요. 그러나 이 자리는 이런 말을 하더라도 버려지는 자리가 아닙니다. 이미 상대성에 앉아 있지를 않거든요. 상대성을 우리가 쓰긴 써. 선이다 악이다, 상대성이야. 밝다 어둡다, 상대성이야. 남자다 여자다, 상대성이거든.

그러기 때문에 제일 알아듣기 쉬운 것이 '사람으로서의 남자고 사람으로서의 여자'라는 말이에요. 비유로 사람이 절대성 자리라면, 남자나 여자는 상대성이거든요.

── 예, 이해됩니다.

백봉 어쩔 때는 잊어버릴 때도 있어요. 그러나 절대성 자리는 밝은 것도 아니고 어두운 것도 아니야. 착한 것도 아니고 악한 것도 아니야. 아는 것도 아니고 모르는 것도 아니야. 긴 것도 아니고 짧은 것도 아니야. 그 자리에 우리가 앉아 있거든. 절대성 자리에. 항상 그 자리에 앉아야 바로 그것이 정정이야.

── 그러면 도력이란 건 어떤 겁니까?

백봉 선과 악을 써. 밝고 어두운 걸 써. 남자와 여자를 써. 길고 짧은 것을 써. 이것이 도력입니다. 이거 중요한 대목이라. 그러기 때문에 여러분들은 정정이 되어야 한다는 이 말인데, 항상 삼매 중에서 한 생각을 일으킨 것인 줄을 알아야 됩니다.

── 삼매가 무엇입니까?

백봉 눈하고 타협 안 하는 것, 귀하고 타협 안 하는 것, 혀하고 타협 안 하는 것이 삼매입니다. 그러기 때문에 생주이멸生住異滅이 전부 삼매입니다. '난다 죽는다, 같다 다르다, 좋다 나쁘다.' 다 그래요. 본바탕인 삼매 자리가 있기 때문에, 사실 술 먹고 지랄하는 것도 다 삼매입니다. 물론 상대적으로 몰라서 그러는 거죠. 그래서 업만 짓는 거지만. 업을 짓는 것도 삼매가 짓는 거지 누가 짓는 겁니까?

── 예? 업을 짓는 것도 삼매가 짓는 것이라고요?

백봉 가만히 생각해 보세요. 이 설법은 알아듣기 조금 어렵습니다.

삼매를 놓치지 마세요. 그 자리가 바로 정정이고, 그 자리가 바로 도력으로 성태입니다. 여러분들이 거룩한 태를 키우는 방향으로 나간다면 부처라는 불佛자를 몰라도 됩니다. 이거 부처님이 하신 말씀입니다. 부처 불佛자, 깨달음을 뜻하는 글자인데, 이건 대명사 아닙니까?

—— 예, 그렇습니다.

백봉 우리가 부처 불佛자를 몰라도 생사 문제가 해결되는 겁니다. 만약 부처에 얽붙으면 부처님 얼굴에 사마귀 하나 나는 거나 한가지입니다.

부처님의 정정 자리가 나하고 다를 것이 뭐 있습니까? 부처님의 정정 자리나 부처님의 도력이나 부처님의 성태 자리가 나하고 꼭 한가지입니다.

그러기 때문에 자기가 그걸 잊어버리고, 부처님에게 얽혀 붙는다 하는 이러한 사고방식은 벌써 자기 자성 자리에 하나의 오점을 딱 찍는 거나 한가지입니다. 이렇기 때문에 어렵습니다. 이거 좀 엉뚱하다는 말도 있을 것입니다만, 어떻든지 여러분들은 발심해서, 인연이 있으니까 앞으로 열심히 정진해 주시기 바랍니다.

—— 예, 선생님 명심하겠습니다.

이 말 한마디
듣기 위해
이 세상에 왔노라

넷째 마디

공부의 마음 가짐새

◀ 빠르고 느림이 없다 ▶

〈거문고 법문〉

부처님께서 한 사미에게 물으시되
"너는 집에 있을 때에 무슨 일을 했느냐?" 하시니 "거문고를 즐겨 탔습니다."
"거문고 줄이 눅으면 어떻더냐?" 하시니 "소리가 나지 않습니다."
"줄이 너무 팽팽하면 어떻더냐?" 하시니 "소리가 끊어집니다."
"누그러움과 팽팽함이 알맞으면 어떻더냐?" 하시니 "맑은 음향이 고루 퍼집니다."
"도道를 배움도 또한 그러니라." 하시다.

백봉 지극히 쉬운 말입니다. 쉬운 말보다도 당연한 말입니다. 부처님께서 어떤 사미 보고 하시는 말씀이거든요. "뭘 했느냐?" "거문고를 뜯었습니다." "그럼 거문고를 뜯을 때 줄이 눅으면 어떻더냐?" "소리가 안 납니다." 사실 그럴 것 아니겠습니까? 줄이 느슨하면 소리가 나지 않는 건 사실이거든요. "그러면 줄이 팽팽하면 어떻더냐?" "소리가 끊어집니다." 이것도 활 쏘는 거나 한가지입니다.

"그러면 느슨하지도 않고 팽팽하지도 않으면 어떻더냐?" "그땐 소리가 잘 납니다." 도를 배우는 것도 그렇다, 이 말씀입니다. 그런데 이거 어렵습니다. 참말로 어렵습니다. 너무 쉽기 때문에 어렵습니다. 가만히 생각해 보십시오. '공부해야 되겠다!' 열심히 정진해. 그거 좋죠.

— 정진이란 무엇입니까?

백봉 정진이란 하나의 문제를 세워서 그 하나만을 딱 붙잡고 늘어지는 겁니다. 그런데 지금 이 말씀은 정진과 조금 다릅니다.

— 어떻게 다릅니까?

백봉 공부하는 데의 마음 가짐새를 뜻하는 겁니다.

— 공부하는 데 특별히 가져야 되는 마음 가짐새가 있습니까? 그냥 열심히 공부하면 안 됩니까?

백봉 하나의 목적을 세워서 하는 데는 딱 걷어잡고 늘어져야 돼요. 그러기 때문에 이전에도 어떤 선지식을 만나, 스승을 만나, 큰스님을 만나면 딱 잡고 늘어지는 이유가 그겁니다. 붙들고 늘어지긴 늘어지지만 마음 씀씀이를 너무 조급하게 가져도 안 되고, 너무 느리게 가져도 안 된다는 것이거든요.

── 마음을 조급하게도 느리게도 가져서는 안 된다는 말씀이 무슨 말입니까?

백봉　본무조속평등처本無早速平等處라. 본래로 바쁜 것도 빠른 것도 없는 평등처인데, 완급지재어자심緩急只在於自心이라. 늦고 급한 것이 오직 스스로 내 마음에 있다. 이런 글을 지어봤습니다. 여러분 허공에 급하고 늦은 것이 있습니까?

── 허공에 급하고 늦은 것이 없습니다.

백봉　무슨 말이 나오든지 허공하고 딱 대조해 보세요. 이것도 하나의 방편이에요. 대조할 것도 대조하지 않을 것도 없지만, 그렇게 하면 절대 실수하지 않습니다.

── 허공하고 대조한다는 것이 무슨 말씀입니까?

백봉　무슨 일이든지 허공하고 딱 대조를 해. 허공은 있는 것도 아니고 없는 것도 아니야. 빠른 것도 아니고 늦은 것도 아니야. 그만 그대로거든.

── 예, 그렇습니다.

백봉　이렇게 생각하면 자연히 이해가 돼. 화두 가지는 것 또한 그렇습니다.

―― 화두와 새말귀를 어떻게 가져야 합니까?

백봉   화두를 가질 때 은근하게 가져. 이전 화두도 좋고 우리 보림선원에서 얘기하는 새말귀도 좋고. '빛깔도 소리도 냄새도 없는 법신 자리가 무정물인 손가락을 통해서 글을 쓴다.' '무정물인 발을 통해서 걸어 다니기도 한다.' '내가 일을 잘 한다'든지, '글씨를 잘 쓴다'든지, '수판을 잘 놓는다'는 생각을 할 때 조급하게 가지지 말고 은근하게 가져야 된다는 겁니다.

―― 화두나 새말귀를 은근하게 가져야 되는 이유가 무엇입니까?

백봉   어떤 사람들은 '이 뭣고?' 하고 머리를 막 싸매는 사람들이 있습니다. 그것이 법으로써 나쁘다는 건 아니에요. 사실에 있어서는. 그렇게 상기가 돼서 죽을 고비를 한 번 넘겨 놓으면 상관없지만, 은근하게 가지는 사람에겐 미치지 못합니다. 조급하게 가지는 사람은 상기가 돼서 까딱하면 병나기 쉬워요. 은근하게 가지는 사람들은 병이 안 납니다.

―― 화두를 가질 때 소화도 안 되고 가슴이 답답한 적이 있었습니다.

백봉   부처님께서 육 년 동안 고행을 했어요. 마지막 딱 깨치고 보니 "공연히 쓸데없이 고행했다"고 하셨습니다. 이거 다 권도지만 하나의 예로 중생들을 위해서 말씀하신 거예요. 마음을 가라앉히는 수단과 방편이 조급한 데 있는 것도 아니고 생각을 하지 않는 데 있는 것도 아니거든.

은근하게 마음만 그대로 가져서 성품을 닦는 것이니, 마음만 그대로 가져 나가면 되는 건데, '공연스레 내가 육년 동안 고행을 했다. 조급한 마음을 가지고 고행했다'는 말씀이 있습니다. 부처님처럼 대근기인 분도 그러한데 더욱이 우리 중생들이 조급하게 생각해서는 될 것도 안 된다는 말입니다. 활 당기는 거나 거문고 뜯는 거나 꼭 한가지예요.

─ 그러면 우리가 어떻게 하면 되겠습니까?
백봉 그만 무조건하고 한 생각을 턱 돌려.
─ 한 생각을 돌린다는 것이 무슨 뜻입니까?
백봉 지금까지의 견해, 인생관, 인생관이라면 사회관이라고도 말할 수 있어요. 또 우주관이라고도 말할 수 있어요. 허공중에 이루어진 일체 만법一切萬法, 별도 하나의 법이고, 태양도 법이고, 지구도 법이고, 또 지구 위에 있는 나무도 돌도 사람도 흙도 바람도 구름도 어느 것 하나 법 아닌 것이 없어요. 그래서 일체 만법이라고 하는데,

'일체 만법은 자체성自體性이 없다'

이걸 여러분들이 딱 결정하세요. 물론 여러분들이 대부분 결정했을 겁니다. 실에 있어서는.

─ 그런데 왜 그렇게 결정해야 합니까?
백봉 자체성이 있는 걸 우리가 억지로 자체성이 없다고 생각하는 것이 아니라, 실로 자체성이 없거든요. 오늘 신문에 보니 태양의 직경

이 한 시간에 1.5미터 줄어들어서 십만 년 후에는 태양이 없어진다는 겁니다. 이건 과학자들의 말이니까 우리가 믿을 수밖에 도리가 없죠.

물론 태양도 하나의 모습, 지구도 하나의 모습, 모습 있는 것은 자체성이 없어. 자체성이 없으면 반드시 변하는 것입니다. 없어진다는 건 변하는 걸 뜻하는 것이거든요. 그러기 때문에 없어졌다가 다시 이루어져.

── 그러면 없어졌다가 다시 이루어지고 하는 모습은 원래 있는 것입니까?

백봉 물론 모습이라는 건 원래 없는 건데 그대로 이루어진 거여. 모습은 이루어졌다가 없어졌다가, 이루어졌다가 없어졌다가 하는 거여. 태양이 생긴 지 오십억 년 정도 된다는 말을 들었는데, 만약 태양이 팔분의 일이나 십분의 일만 줄어도, 벌써 기온 등 여러 가지가 달라질 겁니다. 그러면 지구도 태양도 난리가 날 겁니다. 태양에 정말로 큰 변동이 온다면, 태양 그 자체만의 변동으로 그치겠습니까? 지구에도 큰 변동이 오게 되는 것이거든요.

── 예, 그럴 겁니다.

백봉 사람이 죽으려면 죽어지나요? 죽은 다음에는 다시 다른 탈을 쓰고 나오거든요. 다른 몸을 받는다는 것인데. 좌우간 모든 거 여러분들이 실감나야 됩니다.

── 그런데 실감이 오지 않으니 어쩌면 좋겠습니까? 어떻게 하면 실

감이 오겠습니까?

백봉 솔직한 말로 백 년 설법 들으면 뭐합니까? 그대로 '실감난다' 늘 그렇게 생각해야 합니다. 생각난다는 것은 행하는 겁니다. 이것이 행하는 거예요.
어떠한 물체든지 '모습이 있는 것은 자체성이 없다.' 이렇게 딱 생각해요. 이런 생각을 가지고 나가면 문제가 속히 해결이 됩니다.

── 예, 그렇게 생각하겠습니다.

백봉 내 몸도 자체성이 없죠. 자체성은 하나의 슬기 자리 아니에요?

── 예, 자체성이란 슬기 자리를 말합니다.

백봉 슬기만이 있을 따름이거든요. 이 말 하려고 내가 이런 말 합니다.

── 슬기 자리만이 있을 뿐이다, 이 말씀이지요?

백봉 그 슬기 자리에 바쁜 건 뭐 있으며 늦은 건 뭐 있습니까?

── 슬기 자리는 모습이 없으니 바쁘고 늦고 할 것이 없습니다.

백봉 그래서 앞에서 내가 허공을 말한 것이 그겁니다. 여러분의 슬기 자리에는 바쁜 것도 없고 늦은 것도 없어요. 경계에 닿질려서 일어나는 마음을 여러분의 마음으로 알기 때문에, 어떤 경우에는 바쁜 생각도 나고 어떤 경우에는 느린 생각도 나서 여러 가지 희비애락이 다 달라지겠지만, 그 앞 소식에 빠르고 늦은 것이 있습니까?

── 없습니다.

백봉 그러니까 결국 부처님의 말씀도 "바로 너의 본래의 본성자리에 앉아라" 하는 말씀이나 꼭 한가지거든요. 그 자리에 앉아서 마음의 한 가닥의 여김(念)을 일으켜서, 네가 목적한 문제가 있으면 그 문제에 꾸준하게 나가라는 말씀이거든요. 그러니까 본래 이 자체에는 빠른 것도 없고 늦은 것도 없어요.
슬기 자리에는 빠르고 늦은 것이 없어. 슬기 자리는 시간이 딱 끊어진 자리여.

──시간은 어디서 오는 것입니까?

백봉 시간은 모습에서 오는 거예요. 지구가 언제 생겼다, 태양이 언제 생겼다, 모습에서 오는 것이지. 지구도 태양도 없어 보세요. 거기 무슨 시간이 붙겠어요?

──예, 모습이 없다면 시간이 들러붙지 못하겠습니다.

백봉 그러하기 때문에 모든 것이 자체성이 없다는 걸 딱 인정하면, 자연히 거기는 급한 거와 늦은 것이 설혹 말로서는 있다 하더라도 성립되지 않습니다. 이것부터 우리가 알아야 됩니다.
시간에 대해서 잠깐 얘기하겠습니다.
우리가 말하는 시간은 지구를 바탕으로 하는 시간입니다. 지구가 태양을 한 번 도는 것이 365일, 일 년이고, 지구가 스스로 한 바퀴 도는 것이 하루, 24시간이거든요. 그러기 때문에 우리가 말하는 '몇 십 년이다 몇 천만 년이다 몇 억 년이다' 하는 것은 지구를 바탕으로 하는 시간이에요.

──그렇습니다, 선생님.

백봉 그러나 여러분 생각해 보십시오. 우리는 지구를 바탕으로 한 시간을 진짜로 생각하지만 지구가 없다면 시간이 어디 있나요?
—— 만약 지구가 없다면 지구를 바탕으로 하는 시간도 없을 것입니다. 우리가 쓰는 시간은 지구에서만 가능한 시간입니다.

백봉 그와 마찬가지로 사왕천에는 지구의 오십 년이 하루에요. 그러면 지구에서 백 년이면 거기 이틀이거든요. 도리천에는 지구의 백 년이 하루입니다. 야마천에는 지구의 이백 년이 하루에요. 그러니까 여러분 생각해 보세요. 우리는 '지구가 한 번 빙 도는 걸 하루다', 이걸 절대로 생각하고 있거든요. 그래서 딱 고집하지만 사왕천만 가더라도 지구 사람들의 사고방식하곤 달라. 벌써 시간이 다르기 때문에. 지구는 지구를 바탕으로 한 시간이 나와. 사왕천에는 사왕천대로 바탕이 돼. 야마천에는 야마천대로 바탕이 돼. 도솔천에는 도솔천대로 바탕이 돼. 전부 다르지 않아요?
—— 예, 다릅니다.
백봉 시간이 우주 공간 전체에 다 같아야 되겠는데, 다 다르다 말이죠. 이거 여러분들 생각해야 됩니다. 다 달라.

—— 그럼 허공에 시간이 있는 겁니까?
백봉 허공에 시간이 없어요. 허공에는 시간이 붙을 수가 없어.
—— 허공에 시간이 왜 붙을 수 없습니까?
백봉 허공은 빛깔도 소리도 냄새도 없고 위도 없고 아래도 없거든. 그러니까 시간이 붙을 수가 없어. 시간이 붙는 것은 지구니 태양이니 도솔천이니 도리천이니 이런 데 시간이 들러붙는 거예요. 이 시간이 세계마다 다 달라. 그러면 시간이 참말로 진짜 시간인가?

─ 일정하게 정해진 시간이 없으니 진짜 시간이 아닌 것 같습니다.

백봉 전부 자기가 몸을 의지하고 있는 환경에 맞춰서 이러쿵저러쿵 하는 것이지 참말로 진짜 시간은 아니라. 그러기 때문에 우리가 지구를 의지하고 있는 동안에 법대로 시간을 쓰지만, 그 당처는 허공에 앉아야 된다 이거에요.

허공 자리에는 시간이고 조속早速이고 아무것도 없는 자리거든요. 무슨 일을 할 때 조속을 쓰더라도 거짓 시간이니까 거짓인 줄 알고 우리가 써야 된다는 겁니다.

우리가 당처인 허공에 앉아 있는데 조속이 어디 있습니까? 시간이 어디 있습니까? 솔직한 말로. 급한 것도 아니고 빠른 것도 아니고 늦은 것도 아니에요. 허공 자체에 급한 것이 무엇 있겠습니까? 시공간이 딱 떨어졌는데 급하기는 뭣이 급해요? 늦은 것도 아니에요.

공연히 우리가 어떤 경우나 어떤 경계에 당해서 급한 생각도 일으키고 늦은 생각을 일으키더라도, 우리의 슬기 자리 당처는 급한 것도 아니고 느린 것도 아니라는 걸 깨달아야 합니다.

─ 예, 알겠습니다. 선생님.

백봉 우리는 급한 것도 아니고 느린 것도 아니기 때문에 경우에 따라 모습을 굴리는데, 급하게 할 때는 급하게 해야 되겠고 늦게 할 때는 또 늦게 해야 돼요.

—— 그러면 공부를 지어 가는 데는 어떻게 해야 합니까?

백봉 　공부를 짓는 것, 다시 말하자면 대도大道를 성취하는 것은 허공을 걷어잡는 것이거든요. 허공 자체에 조속이 없는데, 우리가 빠르다 늦다는 생각을 가지고 어떻게 조속이 없는 그 당처를 맛보겠느냐? 이 말입니다.

—— 허공과 같은 마음을 가지지 않으면 허공을 맛볼 수 없다는 말씀이 이해됩니다.

백봉 　허공을 걷어잡는데 내 자신의 마음부터, 급한 것도 아니고 늦은 것도 아닌 마음 가짐새를 가져야만 허공을 직접 접하게 되는 것이지, 만약 내 마음이 바쁘면 바쁜 것이 가로막혀 있으니까 허공을 걷어잡지 못해. 몇 천만 년을 가도 허공은 바쁜 것이 아니거든. 원래 늦다든지 빠르다든지 이런 관념이 하나도 없는 자리인데 내가 늦다고 생각해서 느리게 행동하면 느린 것이 허공이 다하도록 갈 뿐이지. 이건 비유로 하는 말입니다. 허공을 접할 수가 없는 것이다 그 말입니다.

—— 선생님, 앞에서 말씀하신 대도란 무엇입니까?

백봉 　바쁜 것도 아니고 늦은 것도 아닌 그 자리, 구체적으로 말하자면 본래의 소식 자리를 말한 겁니다. 여여부동如如不動한 자리, 도道라는 건 여여부동한 자리에 앉기 위한 공부거든요. 의젓하여서 움직이지 않는 자리……

—— 여여부동한 자리, 의젓하여서 움직이지 않는 자리는 어떤 자리입니까?

백봉   그 자리는 착한 것도 아니고 악한 것도 아니고, 빠른 것도 아니고 늦은 것도 아니고, 밝은 것도 아니고 어두운 것도 아닌 자리여. 또 그 자리는 아는 것도 아니고 모르는 것도 아닌 자리여.
  그러니 우리가 조급한 생각이나 혹은 늦은 생각, 태만, 게으르다는 생각을 가지고 어찌 공부를 하겠느냐? 이 말입니다. 사실 그럴 수밖에 없는 것이 빠르지도 않고 늦은 것도 아닌 경지로 가려면 내 마음이 빠르지도 않고 늦지도 않아야 그 경지를 만날 거 아니겠어요?

— 예, 그렇습니다.

백봉   그 경지와 우리가 서로 접촉될 거 아니겠어요?

— 예, 그렇습니다.

백봉   이 경지가 빠른 것도 아니고 늦은 것도 아닌데 내가 빨라서는 우리가 접하지 못합니다. 또 내 마음이 늦으면 이것도 소용이 없어요. 그러기 때문에 본래의 소식 자리는 빠른 것도 아니고 늦은 것도 아니라고 생각된다면, 여러분의 슬기 자리, 법성신 자리가 딱 그렇다고 생각된다면, 여러분 자신들의 마음부터 조절할 줄 알아야 됩니다.
  어떤 문제를 턱 드는데 빠르게도 생각하지 않고 늦게도 생각하지 않은 것, 법성체, 법성계, 뭐라고 해도 좋습니다. 그만 그대로 법성계가 돼 버리고, 법성체가 돼 버리는 겁니다.
  그리고 한편으로 어떤 방편으로 열심히 공부한다고 꼭 되는 것은 아니거든요. 그 자리는 급한 것도 아니고 늦은 것도 아닌데 공연히 내가 **빠른** 생각을 가지면, 그 속에 있다 해도 **빠른** 거하고 이거하고 서로 타협이 안 돼요. 그러기 때문에 공부를 해도 안 된다고 하는 이유가 그겁니다.

── 그러면 우리가 이렇게 나가려면 제일 먼저 무엇을 해야 됩니까?
백봉 　두말할 거 없습니다. 사실 나는 이 말 한마디면 여러분들이 대도를 성취했다고 봅니다. 그런데 어떤 사람들은 대도가 딴 데 있는 거같이 생각해요. 그래서 뭣이 굴러 들어오는 거같이 생각하거나, 내가 거기에 간다고 생각하기 때문에 일이 안 되는 거예요.
── 예, 사실 그렇습니다. 다른 무엇이 있지 않을까? 하는 생각에 대도를 성취하고자 하거나 얻고자 합니다.

백봉 　누리에, 허공중에 벌어진 모습! 우리 몸뚱어리도 모습이거든요.
── 예, 모습입니다.
백봉 　모습이라는 건 자체성이 없어. 모습을 굴리는 그 자리는 하나의 슬기 자리고, 슬기 자리는 가고 오는 자리가 끊어진 자리야. 거래가 끊어졌기 때문에 시공이 끊어진 거 아니겠어요?
── 예, 그렇습니다.

백봉 　시공이 끊어졌기 때문에 조속이 끊어진 것이거든. 빠르고 늦은 것이 끊어진 자리거든. 그리 알아버리면, '내 슬기 자리가 하나 있다. 몸뚱이는 헛거다', 이렇게 딱 알아버리면 생사도 없어.
── 왜 생사가 없습니까?

백봉　시공간이 없으니 노소가 없어. 노소가 없으니 생사도 없어. 그 자리는 생사가 없으니 천당 지옥이 무너진 소식이거든.

──　태어남과 죽음이 없는데 천당과 지옥이 어찌 있을 수 있겠습니까?

백봉　천당이다 지옥이다, 노소다, 생사다 하는 것은 모습을 두고 하는 말입니다. 모습에는 빠르고 늦은 것이 있어요. 시공간이 들러붙기 때문에.

──　예, 모습에는 시간과 공간이 있습니다.

백봉　알고 보면 우리가 거짓 모습을 나투어서 모습을 굴리는 건 별문제로 하고 본래의 소식 자리는 노소가 딱 끊어진 자리입니다. 노소가 끊어졌으니 생사가 딱 끊어진 자리에요. 생사가 끊어졌으니 천당과 지옥이 뭉개진 소식이거든.

──　그러면 천당과 지옥이 없는 것입니까?

백봉　왜 없어요? 모습으로서는 내 자신이 짓기 때문에 있는 겁니다.

──　천당 지옥이 모습으로서 내 자신이 짓기 때문에 있다는 말씀이 이해가 안 갑니다.

백봉　솔직한 말로 우리의 법신 자리, 해말쑥한 자리가 그대로 의젓하게 있으나, 법신 자리는 빛깔도 소리도 냄새도 없어요.

──　빛깔도 소리도 냄새도 없는 법신 자리가 어떻게 모습을 지을 수 있습니까?

백봉　빛깔도 소리도 냄새도 없는 이 자리가 헛거를 나투는 데 살림살이가 이루어지는 거예요. 가짜 색신을 나투어, 가짜 극락세계를 나투어, 가짜 지옥을 나투어. 그러나 한 번 들어가면 가짠지 알아지나요?

── 어찌 모를 수 있습니까?

백봉 중생들은 극락세계에 가도 진짜로 알고, 지옥에 떨어져도 진짜로 알고, 내 몸뚱어리도 진짜로 알아. 그러나 이 도리를 참으로 알면 지옥이라고 우리가 싫어할 필요가 하나도 없어. 극락이라고 내가 좋아할 필요가 하나도 없어. 벌써 좋아한다 해도 하나의 번민, 싫어한다 해도 하나의 번민이에요. 번민 번뇌 자체가 벌써 지옥이에요. '아이고 좋구나, 난 여기 가야 되겠다.' 벌써 하나의 번뇌에요. 그러니까 우리가 지옥도 마음대로 굴려 쓸 줄 알아야 되고, 극락세계도 쓸 줄 알아야 됩니다. 지옥을 쓸 줄 모르는 사람이 극락세계를 어떻게 쓸 겁니까? 솔직한 말로.

── 그러면 지옥과 극락을 쓸 줄 아는 사람은 어떤 사람입니까?

백봉 시공간이 끊어진 자리에 앉아. 좋다 나쁘다는 관념이 끊어진 자리에 앉아. 빠르다 늦다는 관념이 끊어진 자리에 앉아서 되돌아서 조속을 써도 좋아요. 좋고 나쁜 걸 써도 좋아요. 생사를 써도 좋아요. 이건 전부 가짜니까. 가짜를 쓰는 건 좋은데, 가짜의 앞 소식에 진짜가 있다는 걸 우리는 절대로 잊어서는 안 됩니다. 여러분들이 이제 이걸 알았으니까 직접 행하세요.

── 어떻게 행해야 합니까? 다시 한 번 말씀해 주십시오.

백봉 직접 행하는 것이 가장 문제입니다. 내 몸은 조속이 있습니다. 그러나 이걸 굴리는 그 자리는 빛깔도 소리도 냄새도 없으면서 조속이 끊어진 자리에요.

─ 왜 조속이 끊어진 자리입니까?

백봉 시공간이 끊어졌기 때문에 이런 말이 나오는 겁니다. 이걸 시공간이라고 말을 붙여도 돼요. 슬기 자리는 시공간이 딱 끊어진 자리거든요. 시공간이 끊어진 절대의 소식, 이 소식을 여러분들이 전부 가지고 있습니다. 여러분들이 절대의 이 소식을 가지고 있지 않으면 이런 몸뚱이를 나투지 못하는 거예요. 그런데 답답하게도 얘기를 들을 땐 그런가 보다 하는데 문 밖에만 나가면 그만 '나다', 물론 내가 아니라는 건 아니지만 그만 몸뚱이에 탁 치우쳐서 꼼짝달싹 못하고 있거든요.

─ 정말 그렇습니다. 선생님, 우리가 어떻게 하면 이 버릇, 이 습관을 버릴 수 있겠습니까?

백봉 우리가 이걸 버리는 방법으로 제일 첫째 모습놀이를 안 해야 됩니다. 모습놀이 하는 데는 시공간이 살아나. 시공간이 살아나니까 자연히 조속이 있을 거 아니겠어요?

─ 예, 그렇습니다. 그러면 모습놀이를 하지 않으려면 어떤 모습놀이부터 하지 않아야 됩니까?

백봉 몸뚱이 모습놀이부터 안 하는 거예요. 물론 이거 내 관리물로서 없어질 때까지 잘 키워야 되지 않겠어요?

─ 예, 그렇습니다.

백봉 그러나 여러분이 이 몸을 굴리는 슬기 자리에 딱 앉으면 시공간이 딱 끊어진 자리에요. 그러기 때문에 여러분들 이거 알면 춤출 겁니다. 춤춰도 좋습니다. 이럴 때 춤 한 번 추세요. 우리가 아무 것도 모를 때는 '아이고, 나는 중생이다' 이랬죠? 또 모르는 사람의 분수로는 옳은 생각이지 틀린 생각도 아니거든요.

몸뚱이는 참말로 시공간이 있어. 변하는 거라. 상대성이라. 그러나 이것을 굴리는 그 슬기 자리는 모습이 없어. 빛깔도 소리도 냄새도 없어. 빛깔도 소리도 냄새도 없기 때문에 이 자리가 하늘과 땅이 생기기 전부터 있는 것이거든.

중생의 분으로, '몸뚱이가 나다' 하는 사람의 분상으로는 이 말이 좀체 먹혀들어 가지 않아. 말이 너무 엉뚱하기 때문에. 그래서 자꾸 '의사 선생한테 가서 물어 보소' 하는 그 말이 그 말 아니에요?

── 선생님께서 이 몸뚱이가 자체성 없는 무정물이고, 진짜 내가 아니라고 간곡하게 말씀하시고 또 하셔서 들을 때는 생각하다가도 순식간에 잊어버립니다.

백봉 여러분들은 조속이 없는 그 자리에 앉아 있어요. 시공간이 끊어진 자리에 앉아 있어요. 하늘과 땅이 생기기 전의 자리에 지금 앉아 있거든. 그리고 태양이나 지구가 뭉개진 후에라도 여러분은 그대로 있어요. 그러나 여러분의 몸뚱이는 그런 거 아니니까 걱정할 것이 하나도 없어요.

── 왜 걱정할 것이 없습니까?

백봉 몸뚱이 자체에 자체성이 없는데 그까짓 거 무슨 상관있나요? 참말로 몸뚱이에 자체성이 있다면 기가 막히죠. 큰일 나죠. 불 속에 집어넣어도 그만. 흙 속에 집어넣어도 그만. 불 속이나 흙 속에 들어가기 전에 이미 공기 중에 자꾸 산화돼서 변하는데, 공기 중에 산화되는 건 아깝지 않고 불 속에 들어가고 흙 속에 들어가는 거만 아까운 법이 세상에 어디 있나요? 그건 차별관이거든요.

── 가만히 생각해 보면 그렇습니다.

백봉 그러니까 이 몸은 자체성이 없는 거니까 걱정할 것 없습니다. 여러분의 몸뚱이는 생겼다가 꺼졌다가 생겼다가 꺼졌다가 하니까 생사가 있더라도 자체성 없는 생사가 열 번 아니라 천 번 만 번 있기로서니 무슨 상관있나요? 몸뚱이가 가는 대로 가면 그만 아니에요?

── 이치적으로는 맞는 말씀이지만 심정적으로는 그렇게 안 됩니다.

백봉 자체성이 가는 건 아니거든. 자체성이 없는 것, 지금도 공기 중에 자체성이 없는 거 자꾸 버리고 있거든요. 나중에 자체성 없는 거 불 속에 들어가니 무슨 상관있으며, 흙 속에 들어가니 무슨 상관있느냐 말이여.
'나'는 안 간다 말이여. 이 몸을 끌고 다니는 '나'는 불 속이나 흙 속으로 안 간다, 이거 사실로 말하는 거예요. 내가 궤변으로 말하는 거 아니에요. 관념으로 말하는 거 아니여. 이것을 여러분들 과학적으로 알아야 돼요. 그렇다는 걸 알면 생사 문제 여기서 해결되는 거 아니에요?

── 예, 해결될 거 같습니다.

백봉 우리가 생사 문제 하나 해결하면 그만이지 그 이상 더 무얼 할 거여? 물론 법을 잘 굴리는 것도 좋은데 그건 차후 문제로 하고, 실로 여러분들, 지금 몸뚱이가 이렇게 있다 하더라도 몸뚱이는 자체성이 없는 것이거든. 그러나 자체성이 없는 이 몸뚱이를 끌고 다니는 진짜 여러분, 빛깔도 소리도 냄새도 없는 이 자리가 있거든요.

── 이 자리는 어떤 자리입니까?

백봉 이 자리는 불 속에 들어가도 타질 않아. 물 속에 들어가도 젖지 않아. 불 속에 있기로서니 무슨 상관있나요? 말이야 바른 말이지 물 속에 있기로서니 무슨 상관있나요? 그러니 여러분! 어찌하든지 진짜 여러분을 발견해야 됩니다. 이 말이 좀 엉뚱한 말 같습니까?

── 사실 좀 그렇습니다.

백봉 엉뚱한 말이 아니고 사실을 사실대로 하는 말인데, 여러분의 슬기자리, 법성신 자리, 마음자리라고 합시다. 뭐라고 이름 붙여도 좋습니다. 무슨 이름을 붙여도 그 자리는 하나에요. 여러분 생각해 보세요. 여러분이 두 살 서너 살 때 생각과 지금 생각이 둘인가, 하나인가?

── 세월은 흘렀어도 그때 마음과 지금 마음이 같습니다.

백봉 물론 경계에 따라서 여러 가지 생각이 달라지는 건 사실이겠지만.

그때의 마음 씀씀이와 지금의 마음 씀씀이, 나중에 더 늙어서 이 몸을 버릴 때의 마음 씀씀이는 꼭 한가지입니다. 아는 분들은 그대로 행을 하도록 하고 어떻든지 '진짜 나'를 찾아야 해요.

── '진짜 나'는 누구입니까?

백봉 '진짜 나'는 무정물인 혀를 굴려서 말하는 그놈이여. 빤한 거 아니에요? 자체성이 없는 눈을 통해서 보는 그놈, 눈이 보지 않은 것은 사실이거든. 이건 여러분들이 더 잘 알기 때문에 더 말하지 않을 거예요. 그 자리에요.

그런데 이거 처음에 알기가 좀 어려워. 알긴 알아도 실감나기 좀 어렵지만 그러한 분위기 속에서 여러분들이 하루 이틀 쭉 지내고 나면 그때는 참말로 '아, 진짜 나로구나! 나로구나!' 손을 흔들긴 해도 이 육신이 하는 건 아니야.

육신을 끌고 다니는 이 자리!

빛깔도 소리도 냄새도 없는 이 자리가 참말로 있구나!

이 자리는 큰 것도 아니고 작은 것도 아니구나!

이 자리는 가는 것도 아니고 오는 것도 아니구나!

이 자리는 죽는 것도 아니고 사는 것도 아니구나!

이 자리는 늙은 것도 아니고 젊은 것도 아니구나!

이 자리는 남자도 아니고 여자도 아니구나!

이걸 알게 됩니다.

── 그걸 알게 되면 어떻게 됩니까?

백봉 이거 알면 여러분의 인생관이 달라지겠죠?

── 예, 달라지겠습니다.

백봉 만약 여러분들이 이렇게 공부를 닦아 나가지 않고, 만약 이 몸뚱이를 나다 해서 (물론 나긴 나지. 내 관리물이니까 내라 해도 좋아) 어떤 훌륭한 신이나 부처님께 의지해서 내가 어찌 하겠다 하면……

── 그러면 어찌 됩니까?

백봉 그거 모습놀이밖에 더 돼요? 부처님께서 이것을 가르치신 거예요. 여러분 팔만대장경에 '부처에게 귀의해라. 부처를 믿어라'라고 쓰여 있는데, 타불他佛, 다른 부처를 믿으라는 말이 어디 있나요? 그만 이 자리 하나뿐이지. 자불自佛을 말하는 것이거든요. 스스로 부처를 말하는 것이거든요.

우리가 『반야경』을 읽고 『천수경』을 읽는다 해도, 팔만대장경 어느 구석에 남의 부처에게 의지하란 말이 어디 있나요? 부처님께서는 이 말 한마디 가르치기 위해서 이 세상에 오셨습니다. 그래서 갖은 고생도 하셨습니다. 그렇게 고생하신 것은 육신을 중생들에게 보이기 위한 것이지만 말이죠.

팔만대장경 뒤져놓고 봅시다. 타불에 의지하란 말이 어디 있습니까? 부처를 믿으라는 말은 많이 있습니다. 이 말은 어디까지나 자불, 스스로의 부처를 뜻하는 겁니다.

── 그것이 왜 자불을 뜻하는 것입니까?

백봉 부처님의 법성신 자리와 중생의 법성신 자리가 둘이 아니고 하나이기 때문에 그렇습니다. 물론 거기에서 한 가닥의 여김을 일으켜서 각자 노는 것이 다를지언정. 예를 들어 타이어가 뚫어졌다고 합시다. 구멍이 크게 뚫어지면 큰 소리가 나고, 작게 뚫어지면 작은 소리가 나. 크고 작은 소리가 설혹 있다 하더라도 타이어 안의 공기는 하나 아니에요?

── 예, 소리는 다릅니다만 같은 공기입니다.

백봉 그러기 때문에 부처님께서는 타불他佛을 말씀하신 바가 없습니다. 만약 부처님께서 타불을 말씀하셨다면 나는 오늘부터 부처님하고 절연絶緣하겠습니다. 타이어가 뚫어져서 큰 소리가 나고 작은 소리가 나는 건 다 달라. 이와 같이 여러분도 한 가닥의 여김을 일으켜서 남자 몸도 나투고 여자 몸도 나투고, 늙은 몸도 나투고 젊은 몸도 나투었다 하더라도 그 공기는 하나 아니에요? 이 자리는 하나거든요.

── 예, 하나입니다.

백봉 그러니 두말할 것 없습니다. 어떻든지 우리는 절대로 타불에 의지하는 법이 아닙니다.

── 왜 타불에 의지하는 법이 아닙니까? 다시 한번 말씀해 주십시오.

백봉 석가모니불은 내 자성自性으로서의 석가모니불이에요. 내 자성이 없는데 석가모니불이 어디 있습니까? 설혹 있다 하더라도 나하고 무슨 관계가 있나요?

아미타불이 내 자성으로서의 아미타불이 아니라면 아미타불이 있기로서니 무슨 소용 있나요? 관세음보살은 내 자성으로서의 관세음보살이에요. 그러니까 문수보살도 그렇고, 보현보살도 그렇고, 대세지보살도 그렇고. 모든 보살은 내 자성으로서의 그겁니다.

이거 여러분들 의심하지 마세요. 만약 여러분들이 이걸 의심한다면 내 말을 곧이듣지 않은 겁니다. 그러면 나에게 그 죄가 있을지 여러분에게 그 죄가 있을지 이건 별문제예요.

'내'가 없는데 부처가 있을 수가 없어요.

'내'가 없는데 허공이 있을 수가 없어요.

'내'가 없는데 장엄불토가 있을 수가 없어요.

'내'가 없는데 지옥이니 천당이니 있을 수가 없어요.

지옥 천당이 어디다 발을 붙이겠어요? '내'가 잘 하는데 극락세계가 발을 붙이고, '내'가 못 하는데 지옥이 발을 붙이지, '내'가 없는데 어디에 무엇이 붙겠어요?

그러기 때문에 우리는 참말로 공부하자 이겁니다. 우리는 허송세월하지 말자 이겁니다. 내가 금년에 열 살이라. 일평생 한 백 년쯤 더 산다 합시다. 그까짓 거 구십 년 사는 거 문제 아닙니다.

── 우리가 진짜공부를 하려면 제일 먼저 알아야 되는 것은 무엇입니까?

백봉 내 자체를 알아야 합니다. 허공중에 법이 어떻다는 이 자체를 알아야 그때서 비로소 공부가 되는 겁니다.

── 공부는 무슨 공부를 합니까?

백봉 법을 굴리는 겁니다. 여기에 조금이라도 사심이 있어서는 되지 않습니다. 그러니 여러분들은 오늘 이 기회를 통해서 여러분의 육신을 끌고 다니는 슬기 자리, 법신 자리는 조속이 없다고 단정하세요.

— 왜 그렇습니까?

백봉 그 자리는 시공간이 없어. 허공에 시공간이 어디 있습니까? 허공에 만약 시공간이 있다면 허공이 생긴 지 몇 천억만 년 된다 이렇게 될 거 아니에요?

— 예, 그렇습니다.

백봉 허공에는 시간이 들러붙을 곳이 없어. 그러기 때문에 허공에 대해서는 애당초 수판을 안 놓습니다.

— 어째서 그렇습니까?

백봉 허공이 가도 가도 끝이 없거든. 위도 없고 아래도 없고. 그러기 때문에 허공이 언제 생겼다는 말이 성립 안 돼. 그런데 여러분! 이거 참 소중한 말입니다. 여러분의 육신을 끌고 다니는 이 슬기 자리는 허공하고 꼭 한가집니다.

자, 여러분의 육신을 끌고 다니는 이 자리가 허공인가? 우리 눈에 안 보이는 걸 보는 이 자리가 허공인가 모르겠어. 어느 것이 허공이에요? 이것이 허공인가? 여러분의 슬기 자리도 역시 이것이거든. 그러니까 우리가 마음을 이렇게 한 번 도사려 봅시다. 여러분의 생사 문제를 완전히 뒤바꿔 놓는 자립니다.

여러분이 살면 얼마나 더 살 겁니까? 앞으로 백 년 더 살 겁니까? 앞으로 천 년 더 살아도 좋아. 솔직한 말로 순간입니다. 나중에 목숨 딱 거둘 때는 만 년 산 사람이나 일 년 산 사람이나 한 달 산 사람이나 꼭 한가지예요.

— 예, 그럴 것 같습니다.

백봉 그러니 우리가 어찌 이 문제를 소홀히 하겠습니까? 여러분의 육신을 끌고 다니는 이 자리, 슬기 자리는 굉장한 자리입니다. 부처님께서도 이 자리는 말 못합니다.

— 부처님께서 말씀하지 못하는 까닭이 무엇입니까?

백봉 말을 하면 어그러져 버려. 말을 하면 틀려버려. 그러나 사생육도四生六道가 전부 이 자리에 앉아 있거든요. 자기가 껍데기를 나투어서, 이런 탈을 나투어서 탈의 심부름을 한다고 이러쿵저러쿵 해서 그렇지. 물론 그건 업연관계로 온 것이겠지만. 탈만 싹 벗어버리면 빛깔도 소리도 냄새도 없는 그 자리에요. 다른 거 아닙니다.

그러니 우리 영리하게 삽시다. 어리석게 살지 맙시다. 죽어도 내가 죽고 살아도 내가 사는데 어리석게 살 필요가 뭐 있습니까?

여러분 스스로가 자신을 존경하세요. 여러분의 그 자리는 바로 훌륭한 부처입니다. 그런데 여러분의 부처가 남의 부처한테 가서 꾸벅꾸벅 절을 한다? 턱도 없는 소리여! 물론 절은 친구 간에도 하는 거여. 하지 말라는 건 아니여. 마음을 그렇게 도사리고 해야 되지. 진짜 알뜰한 내 부처는 거름통 속에 집어 넣어버리고, 그만 이 색신으로 하여금 다른 데 의지한다는 이런 방식으로 나온다면 어떻게 됩니까? 그건 자살 행위지 뭣입니까? 이건 있을 수 없습니다.

그러니 조속이 없는 이 자리는 여러분의 법신 자리라는 걸 잊어버리지 말도록 하세요. 이제는 하나씩 하나씩 행을 해 나갑시다.

—— 행을 하면 어떻게 됩니까?

백봉 행을 하면 저절로 대도를 성취합니다.

—— 대도를 성취하는 것은 어려운 일 아닙니까?

백봉 요즘은 대도를 성취하는 거 문제 아닙니다. 어떻게나 지식들이 발달되었는지 요즘은 척척 알아듣습니다. 이 기회에 우리가 대도를 성취합시다. 이 기회 놓치면 참 후회막급입니다.

—— 예, 선생님 잘 알겠습니다.

◀ 단멸斷滅이 아니다 ▶

어떤 외도가 부처님께 물었다.
"모든 법이 항상恒常입니까?"
"……"
"모든 법이 무상無常입니까?"
"……"
외도가 이르기를 "부처님으로서 온갖 지혜를 다 갖추어 계시면서 이 말 한마디 대답을 못합니까?"
부처님께서 하시는 말씀이 "네가 묻는 것이 전부 희론戲論이니라."

백봉 어떤 외도가 부처님께 묻기를 "모든 법이 항상恒常입니까? 한결같습니까?"

한문으로 말하면 상常, 무상無常. 그런데 이렇게 말할 수밖에 도리가 없습니다. 그것이 제일 나을 겁니다.

상常입니까? 산하대지가 상常입니까? 항상恒常입니까? 불보살이 항상입니까? 다시 말하자면 중생이 항상입니까? 또 번뇌 망상 이런 것이 항상입니까? 이런 뜻입니다.

그러니까 상常인가? 이거 좀 재미있는 문제입니다. 그리 물으니 부처님이 대꾸를 안 해. 대답을 안 해. 그러면 무상無常입니까? 이래도 대꾸를 안 해. 상이면 상이라든지 무상이면 무상이라든지 말 한마디가 딱 있어야 되지 않겠어요?

── 글쎄요……

백봉　벌써 슬기가 있는 여러분들 답이 나왔습니다. 여러분의 머리에서 답이 나왔습니다. 만약 여러분들이 공부가 조금 덜 되면 답이 안 나옵니다. 그러니까 스스로 답이 나올 수 있도록 내가 얘기해 보겠습니다.

'무상無常입니까?' 하니까 대꾸를 안 해. 참 희한한 일이죠? 그래서 외도가 이르기를 '부처님으로서 온갖 지혜를 다 갖추어 계시면서 이 말 한마디 대답을 못합니까?' 참, 속인으로서는 옳은 말입니다. 캄캄 막힌 말이지.

도대체 상이 무엇이냐? 무상이 무엇이냐? 상, 한결같은 것, 무상, 한결같지 않은 것인데, 그야말로 명자名字, 이름자만 아는 것으로써 전부 안다고 자처하는 사람들이니까 이걸 어떻게 알겠습니까?

부처님께서 대꾸를 안 하시니, 소위 일체 지혜를 갖추었다는 부처님께서 대답을 안 하십니까? 이것이에요. 그러니까 부처님께서 하시는 말씀이 "네가 묻는 것이 전부 희론이니라." 그 말이 희론하는 데 지나지 않는다 이 말이거든요. 여기에 뼈가 있거든요. 상입니까? 해도 희론이라. 무상입니까? 해도 희론이라.

자, 우리가 생각할 때는, 우리 중생 입장에서는 부처님께서 희론이라.

—— 어째서 그렇습니까?

백봉 상이라 하든지 무상이라 하든지 딱 잘라서 '이렇다' 얘길 해야 되겠는데, 그렇게 얘길 안 하고, 네가 묻는 것은 희론하는 것이니라. 다시 말하자면 '장난으로 하는 말이다'는 것이나 비슷한 말이거든요. 그러면 그렇게 말씀하신 부처님의 말씀이 벌써 희론이라. 중생의 입장으로 볼 때는.

—— 그런데 부처님께서 그러시는 데는 어떤 뜻이 있지 않겠습니까?

백봉 우선 우리가 중생의 입장으로, 일체 만법을 단멸상斷滅相으로 보는가? 이거지.

텅 비었어. 아무것도 없어. 산하대지가 있다 하더라도 그 성품이 적멸한 자리야. 또 사람이 설혹 있다 하더라도 사람 그 자체, 사람뿐만 아니라 돌이나 나무나 지구나 태양이나, 다 한가지로 적멸상寂滅相이다, 이렇게 보는 것이 단멸상이에요. 끊어서 보는 건 단멸상이야. 산하대지를 걷어잡고 빈 걸로 보지 않고, 산하대지가 전부 빈 거다. 무조건 그만 아무것도 없는 거다. 이런 식이야.

—— 그러면 어떻게 보는 것이 단멸상이 아닙니까?

백봉 산하대지는 산하대지로서 인정을 하면서 '성품이 빈 것이다', 이렇게 생각하는 것은 단멸상이 아니에요. 말마디만 좇아서 '내 몸도 그만 빈 거다', 이런 식으로 아는 것이 단멸상입니다. 그 다음에 '산하대지도 있고, 사람의 몸도 있고, 번뇌 망상도 있는 거다. 자기 자체가 일으키는 거니까 있는 거다', 이렇게 생각하는 것이 단멸상입니다.

단斷을 무상이라고 할 수도 있고, 상이라고 할 수도 있어. 사실은 이렇게 붙이면 다른 문제가 많습니다.

—— 무슨 문제가 있습니까?

백봉 이걸 무위법無爲法이라 할 수 있는데, 사실 무위법은 절대로 단멸상이 아닙니다. 상식적으로 비슷하게 무위법, 유위법有爲法 이렇게 볼 수도 있습니다. 무위법이니 유위법이니 하는 것은, 무위법을 위한 무위법이 아니고 이름이 무위법이지. 유위법도 유위법을 위한 유위법이 아니고, 이름이 유위법이에요. 무위법이 있음으로서 유위법이 이루어지고, 유위법이 굴리어짐으로서 무위법의 살림살이가 이루어진다는 뜻입니다.

예를 들면, 형체가 있기 때문에 그림자를 나투어. 그림자가 있는 데는 반드시 형체가 있지. 결국 그림자와 형체가 둘이 아니나 이름자는 둘이야.

마찬가지로 무위법과 유위법이 둘이 아니나 이름자는 둘이야.

그런데 이건 조금 의미가 다릅니다. '단멸상은 아무것도 없는 것,

법도 아니고 아무것도 없는 거다. 그만 텅 빈 거다', 이런 식이여. 단멸상을 일으키는 데는 그만 공空으로만 보는 것도 아니여. 공도 없다는 거예요. 사실 공은 빈 거, 비었다는 사실인데, 실로 빈 것은 빈 것이 아니기 때문에 이름을 지어서 빈 거라고 하는 겁니다. 빈 것이 참으로 빈 거라면 빈 것을 위한 빔, 다시 말하자면 공을 위한 공이면 모든 게 끊어진 자립니다. 적멸이라도 흉악한 적멸, 생명이니 산하대지니 모습이니 하는 것도 일어나지 못합니다. 그러나 그 자체가 빈 탯거리이면서도 비지 않았어. 그러나 할 수 없이 비었다는 이름을 써서 말할지언정 실은 공을 위한 공이 아니야. 단멸상이라 하는 것은 그만 무조건하고 아무것도 없는 것, 이렇게 보는 거예요. 그 다음에 모든 걸 있다고 보는 겁니다.

그러니 부처님께 외도가 묻되 '자, 이거 상常입니까?' 여러분 가만히 생각해 보세요. 삼라만상이 상인가요? 우리의 몸뚱어리가 상인가요?

── 상이 아닌 거 같습니다만.

백봉 상일 수가 없어.

── 왜 상일 수가 없습니까?

백봉 변하기 때문에. 모습은 나중에 없어지기 때문에.

── 그러면 무상無常입니까?

백봉 또 무상도 아니야. 무상일 수도 없어. 없어졌다가 나타나고, 또 없어졌다가 나타나고…… 우리의 생각도 한 생각을 일으켰다가, 시간이 지나면 그 생각이 없어지고 다른 생각이 나고, 또 희미하면 생각이 없어지고 다른 생각이 나고 하거든.
── 예, 그렇습니다.
백봉 그러니 무상은 무상이 아니야.

── 외도는 어떤 것을 바탕에 두고 묻고 있습니까?
백봉 허공중에 이루어진 일체 만법이 상인가, 무상인가? 이 두 가지의 문제를 딱 걷어잡고, '이거 아니면 저거다.' '저거 아니면 이거다.' 이런 식으로 묻고 있어요. '상이다 무상이다', 여기에만 딱 얽혀 있어. 외도는 이거 해결 안 돼.

── 어째서 해결 안 됩니까?
백봉 이거 참 묘합니다. 그러니 부처님의 분수로 볼 때 어찌 하겠습니까? 만약 여러분에게 묻는다면 뭐라고 대답하겠습니까?
일체 만법은 상입니까? 여러분, 상이라 하겠습니까, 무상이라 하겠습니까?
자, 상이라 하여도 비방을 사. 무상이라 하여도 비방을 사. 다시 말하자면 단멸상은 무(없다), 유(있다) 이렇게 새겨도 됩니다.
자, 일체 만법을 있다 해도 비방을 삽니다. 있다 하면 있다 하는 동시에 없어지거든. 여기 꽃이 있어. 현미경으로 이걸 본다면, 지금 볼 때와 시간이 지나면서 자꾸 달라지거든요. 우리의 육안으로 볼 때는 어제나 오늘이나 지금이나 한가지라. 이런 식으로 자기가 자기 꾀에 넘어가서 그렇지, 사실 구체적으로 본다면 이것도 자꾸 변하는 것이거든.

─── 예, 순간도 쉬지 않고 변하고 있습니다.

백봉 자, 있다 하면 아까 있는 것이 변하는데 뭣이 있는가? 변한 것이 또 변하고, 변한 것이 또 다시 변해. 우리가 이걸 걷어잡고 어떻게 있다 하겠어요?
그러니 외도가 묻고 있는 겁니다. 없는 겁니까? 없는 거라고 말할 수 있을까요? 여기가 묘합니다. 여러분, 마음을 탁 가라앉혀서 이 얘기를 들으세요. 자, 여러분의 몸뚱이 있는 건가요?

─── 있다고 할 수 없을 것 같습니다.

백봉 있는 거 아니거든, 알고 보면. 그만 아무것도 모르고 공부도 안 하는 사람들은 '어? 내 몸 있습니다.' 이렇게 할 거여. 그러나 그건 모르고 하는 말이니까, 우리가 그런 말을 상대할 수 없어요. 그러면 지금 현재 당장의 몸 있는가?

─── 현재 당장의 몸이라고 말하는 순간 이미 변해 버리니 있다고 할 수는 없지만, 변하는 것이 있으니 없다고도 할 수가 없겠습니다.

백봉 우리가 현미경이나 다른 기계로 한 번 봅시다. 자꾸 변하니 아까 있던 거 지금 없어지고, 새로 생기고 하는데 뭣을 있다 하겠어요? 그러다가 나중에 이 몸뚱어리 전체가 변해. 그러면 여러분의 몸이 있는 거냐? 하면 '아, 있는 거다' 하고 말하지 못합니다.

─── 예, 그렇습니다.

백봉 여러분 가만히 생각해 보십시오. 여러분의 어릴 때 몸이 있나? 한 번 생각해 보세요. 열 살 스무 살 때의 몸이 있나? 생각하면 어디 있나요? 작년 몸이 있나? 생각하면 어디 있나요? 지금 현재 몸이 있나? 생각하면 지금 현재의 몸이 어디 있나요? 지금은 우리가 분별심으로 봐서 있다 하지. 그러면 명년이라 하고 딱 생각해 보세요. 명년에 이 몸 있는가?

―― 있는 듯합니다.

백봉 그러니 이거 있다 해도 말이 안 돼. 또 그렇다고 없습니까? 없다 해도 말이 안 되네. 이 혓바닥을 굴려서 없다 하는 이놈은 있거든. 기관은 또 있네. 그 자체야 변하건 안 변하건 간에. 있다 해도 비방이라, 이건 말이 안 돼. 여러분의 몸뚱어리가 지금 있다 해도 그건 말이 안 되는 거라. 없다 해도 이건 말이 안 되는 거라. 그러면 있지도 않고 없지도 않습니다. 이래도 말이 안 돼. 하하하.

그러니까 지금 여러분들은 '있다, 없다, 있지도 않다, 없지도 않다', 이런 말마디를 뛰어넘은 자리를 여러분들이 가지고 있어. 여러분 자신들이 모른다 하더라도 가지고 있는 데야 어떻게 하겠는가?

그러니 우리가 이 문제에서 딱 걷어잡을 것은 우리가 있는 것도 아니고 없는 것도 아니여. 상常도 아니고 단斷도 아니라 말이여. 단멸斷滅도 아니고 상주常住도 아니여.

―― 예, 선생님 말씀 명심해서 공부를 지어 가겠습니다.

부록

예불송

1. 세 줄의 공덕 (自性 三歸依)

나의 바른 깨침을 드높입니다
나의 바른 슬기를 드높입니다
나의 바른 거님을 드높입니다

2. 네 가지 나의 소임

나의 색신은 모든 부처의 위의를 들내는 대행기관입니다
나의 색신은 모든 부처의 슬기를 세우는 대행기관입니다
나의 색신은 모든 부처의 솜씨를 굴리는 대행기관입니다
나의 색신은 모든 부처의 자비를 베푸는 대행기관입니다

3. 염불송

부처님 거울속의 제자의몸은
제자의 거울속의 부처님에게
되돌아 귀의하는 이치를알면
부처가 부처이름 밝히심이네

4. 十字頌 (십자송)

일체중생본래불 一切衆生本來佛
이견착상낙귀굴 二見着相落鬼窟
삼세출몰시묘용 三世出沒是妙用
사종이류수연성 四種異類隨緣成
오온기비청정신 五蘊豈非淸淨身
육도만행무관사 六度萬行無關事
칠보보시기리다 七寶布施其利多
팔풍부동진공덕 八風不動眞功德
구소영지물여의 九霄靈知勿汝疑
시방사계심중명 十方沙界心中明

온갖 중생은 본래로 부처러니
둘로 보아서 모습에 붙이이면 도깨비굴에 떨어진다
삼세로 낳고 꺼짐이라서 이 묘한 씀이러니
네 가지 갈래는 연을 따라 이뤄지네
다섯 쌓임이 어찌 해맑은 몸이 아니리요
육도만행도 문턱은 아니어늘
칠보의 보시는 그 이익이 많기는 하나
팔풍이 움직이지 아니해야 참으로 공덕이니라
누리의 영특스런 앎을 너는 의심치 말지니
시방의 숱한 세계는 마음가운데 밝더구나

5. 十勿戒 (십물계)

수자심신물망본존 雖藉心身勿忘本尊
수유처자물타애견 雖有妻子勿墮愛見
수승가업물탐비리 雖承家業勿貪非利
수여세전물사대도 雖與世典勿捨大道
수유천하물괴법성 雖遊天下勿壞法性
수반연기물용악근 雖伴緣起勿容惡根
수종무상물태종덕 雖宗無相勿怠種德
수재삼매물립선상 雖在三昧勿立禪想
수흔지관물입영멸 雖欣止觀勿入永滅
수용생사물위오행 雖用生死勿爲汚行

비록 마음과 몸을 빌었어도 본래의 드높은 자리임을 잊지 말라
비록 처자를 두었어도 쏠려봄에 떨어지지 말라
비록 가업을 이으나 삿된 이익을 탐하지 말라
비록 세상법으로 더불어도 큰 도를 버리지 말라
비록 천하에 노니나 법성품을 뭉개지 말라
비록 인연 일어남을 짝하나 악한 뿌리를 용납지 말라
비록 모습 없음을 마루하나 덕심기를 게을리 말라
비록 삼매에 있으나 선의 새김을 세우지 말라
비록 지관을 즐기나 길이 사그라짐에 들지 말라
비록 낳고 죽음을 쓰나 더러운 거님을 하지 말라

6. 동업보살의 서원

우리는　옛적부터 비로자나 법신이나
변하는　모습따라 뒤바뀌는 여김으로
갈팡질팡 생사해에 뜨잠기는 중생이니
좋은인연 그늘밑에 동업보살 되고지고

괴로운　첫울음은 인생살이 시작이요
서글픈　끝놀람은 이세상을 등짐이니
들뜬마음 가라앉혀 보리도를 밝혀내고
부처땅에 들어가는 동업보살 되고지고

7. 마하반야바라밀다심경

관자재보살은 깊이 반야바라밀다를 행할 때 다섯 쌓임이 모두 비었음을 비추어 보고 온갖 괴로움과 재앙을 건졌느니라. 사리자여, 것은 빔과 다르지 않고, 빔은 것과 다르지 않으므로 것이 곧 빔이요 빔이 곧 것이니, 느낌 새김 거님과 알이도 또한 다시 이러니라.
사리자여, 이 모든 줄의 빈 모습은 생김도 아니고 꺼짐도 아니며, 더러움도 아니고 깨끗함도 아니며, 더함도 아니고 덜함도 아니니라. 이런고로, 빈 가운데는 것이 없으며, 느낌 새김 거님과 알이도 없으며, 눈 귀 코 혀 몸과 뜻도 없으며, 빛깔 소리 냄새 맛 닿질림과 요량도 없으며, 보임도 없고 나아가 알리임도 없으며, 안밝음도 없고 또

한 안밝음의 가뭇도 없으며, 나아가 늙고 죽음도 없고 또한 늙고 죽음의 가뭇도 없으며, 괴로움 모임 꺼짐과 수도 없으며, 철도 없고 또한 얻음도 없느니라.

얻을 바가 없으므로써 보살도를 닦는 이는 반야바라밀다를 밝힘으로써 마음에 걸림이 없고, 걸림이 없으므로 두려움이 없기에, 뒤바뀐 헛된 생각을 멀리 여의어서 마지막으로 열반에 들어가나니, 과거 현재 미래의 모든 부처도 이 반야바라밀다를 밝힘으로써 무상 정등 정각을 얻느니라.

알지어다, 반야바라밀다는 가장 놀라운 주문이요, 가장 밝은 주문이요, 가장 높은 주문이요, 무엇과도 견줄 수 없는 주문으로 능히 온갖 괴로움을 없애니, 진실하여 허망하지 않은지라. 이에 반야바라밀다의 주문을 설하여 가로되,

아제 아제 바라아제 바라승아제 모디 사바하 (삼창)

8. 원을 세우는 말귀

원을 크게 세웁니다 (삼창)
비로자나 자성불이 노사나 수용불로
이름세워 나투신 삼계도사 석가모니불과
무루지혜 유마거사를 정법으로 받드옵고
마음속에 깊이새겨 지극정진 하오리다
좋은나라 세우시는 아미타불
널리사랑 하옵시는 관세음보살

삼도지옥 여의시는 대세지보살
묘한솜씨 펴옵시는 문수보살
덕과목숨 이으시는 보현보살
선정해탈 하옵시는 지장보살
다음오실 교주이신 미륵보살
제불보살 마하살은 이내몸의 참면목을
하루속히 되밝혀서 견성성도 하게스리
가피력을 베푸소서 (삼창)

9. 누리의 주인공

해말쑥한 성품중에 산하대지 이루우고
또한몸도 나투어서 울고웃고 가노매라
당장의 마음이라 하늘땅의 임자인걸
멍청한 사람들은 몸밖에서 찾는고야

10. 보림삼강

우리는 불도를 바탕으로 인생의 존엄성을 선양한다
우리는 삼계의 주인공임을 자부하고 만법을 굴린다
우리는 대승의 범부는 될지언정 소승의 성과는 탐하지 않는다

11. 네 가지 큰 다짐

가없는 중생을 기어이 건지리다
끝없는 번뇌를 기어이 끊으리다
한없는 법문을 기어이 배우리다
위없는 불도를 기어이 이루리다

● **백봉白峰 김기추金基秋**

1908년 부산 영도에서 태어났다. 젊은 시절 항일민족 운동을 벌이다 일제에 의해 부산형무소에서 복역하였으며, 이후 만주땅에서까지 끊임없는 감시를 받다가 해방을 맞았다. 광복 후 교육사업 등 여러 사회활동을 하다 56세 때 여름에 불법을 만나서 '무無'자 화두를 갖고 정진, 이듬해인 1964년 화두를 타파하고 활연대오하였다. 이후 청담, 대의스님으로부터 출가를 권유받았으나 거사로 남아 속가에 머물면서 최상승 법문을 설하여 수많은 불자를 지도하고 거사풍 불교를 크게 일으켜 한국의 유마거사로 일컬어지기도 한다. 특히 새로운 수행방편인 '새말귀'를 주창하였다. 1985년 지리산 기슭의 보림선원에서 하계철야정진을 주재하던 중 '如何是最初句'(무엇이 최초의 구절인가?)를 걸게 하고 마지막 설법 후 78세를 일기로 입적하였다. 저서로는 『금강경강송』, 『유마경대강론』, 『벽오동』, 『선문염송요론』(전15권), 『절대성과 상대성』 등이 있다.

● **일심행一心行 안경애**

1955년 부산에서 태어났다. 부산대학교에 재학 중이던 1975년, 백봉 김기추 거사 문하에서 공부를 시작하였다. 이후 가정주부로 생활하면서 백봉 선생의 가르침인 새말귀 수행을 지속해 왔다. 2011년에는 보림선원 서울선원장(02-3452-3033)의 소임을 맡아 도반들과 함께 수행에 매진하고 있다.

이 말 한마디 듣기 위해 이 세상에 왔노라

초판 1쇄 발행 2013년 10월 5일 | **초판 3쇄 발행** 2021년 12월 20일
편집 안경애 | **펴낸이** 김시열
펴낸곳 도서출판 운주사 | 서울시 성북구 동소문로 67-1 성심빌딩 3층
　　　전화 (02) 926-8361 | 팩스 0505-115-8361
ISBN 978-89-5746-358-1　03220　　값 15,000원
http://cafe.daum.net/unjubooks 〈다음카페: 도서출판 운주사〉